中部地区
区域经济协调发展

尹继东 等◎著

科学出版社

北京

图书在版编目(CIP)数据

中部地区区域经济协调发展研究／尹继东等著. —北京：科学出版社，2009

ISBN 978-7-03-025559-4

Ⅰ. 中⋯　Ⅱ. 尹　Ⅲ. 地区经济－经济发展－研究报告－中国　Ⅳ. F127

中国版本图书馆 CIP 数据核字（2009）第 162863 号

责任编辑：侯俊琳　郭勇斌　苏雪莲／责任校对：赵桂芬
责任印制：赵德静／封面设计：无极书装
编辑部电话：010－64035853
E-mail：houjunlin@ mail. sciencep. com

科 学 出 版 社 出版
北京东黄城根北街 16 号
邮政编码：100717
http://www.sciencep.com

铭浩彩色印装有限公司 印刷

科学出版社发行　各地新华书店经销
*
2009 年 11 月第　一　版　开本：B5（720×1000）
2009 年 11 月第一次印刷　印张：18
印数：1—2 000　　　字数：360 000

定价：45.00 元
（如有印装质量问题，我社负责调换）

前　　言

1. 提升区域综合竞争力，是中部崛起战略的基本目标

中部崛起，其基本条件是通过内部合作与联动发展机制的完善、对外开放与产业互动机制的形成，不断做强自己的优势产业、优势企业和优势品牌，实现经济、社会、资源与环境的和谐发展，提升具有中部地区独特优势的综合竞争能力。

在区域经济发展中，竞争与合作并存。拥有竞争优势的区域，其极化效应明显，通过循环累积过程可以从邻近区域甚至跨区域吸纳人才、技术、资本和其他各种生产资源，使区域竞争力不断加强。但是，经济发达区域也离不开经济欠发达区域，发展条件的互补性是发达区域竞争优势存在的条件，而竞争优势本身受到多种因素的制约，是一个不断变化的事物。在一定条件下，经济发达区域的"涓滴效应"有可能超过"极化效应"，使原来欠发达区域实现跨越式发展。在欠发达的中部地区，各个省域之间经济发展很不平衡，差异性本身也意味着存在各自有特色的竞争优势，通过联合、合作、互动等市场机制和制度安排，可以实现竞争优势的放大效应，同样能够实现财富的循环累积效应。这个过程实际上是竞争和合作的过程。合作是实现优势互补、共同发展，是为了更加有效的竞争；而竞争是创新与突破，是为了在更高平台上的合作创造条件。在不同的利益主体之间，竞争与合作需要把握一种"度"，使合作与竞争成为推动区域经济发展的内在机制。因此，无论是经济发达区域还是欠发达区域，都要很好地认识到自己的竞争优势，把握自己的竞争力，并不断提升自己的竞争力。

对中部六省区域竞争力的判断，是中部经济联动发展、中东部地区经济互动发展研究的一个起点。提升区域竞争力是目标，了解各区域竞争力的状况是寻求达到目标的"桥"和"船"的基点。通过对全面发展竞争力、协调发展竞争力、可持续发展竞争力三大方面的综合分析，中部六省竞争力的指数排序分别为湖北 0.66，河南 0.47，湖南 0.07，江西 - 0.05，安徽 - 0.11，山西 - 0.85。显然，中部地区各省经济社会发展差异悬殊，发展潜力很大。

2. 中部省域经济联动发展机制的形成，是中部崛起的重要条件

中部地区经济的联动发展，本质上是力求通过经济、技术、要素等多方面的合作达到互惠互利，实现多赢的目的。通过与一般的强强联合及强弱联合不同的同质合作方式凝聚力量，通过区域联动解决经济发展瓶颈，实现区域协调发展。中部地区存在联动发展的有利条件，即发展背景的相似性、基础设施的完整性、产业空间分布的差异性、资源禀赋的互补性和经济联系的紧密性，但也存在行政分割严重、区域利益冲突多、产业结构不合理等问题。依据上述情况并结合区域联动的相关理论，中部地区的联动发展必须构建分工机制、合作机制及利益协调机制予以保障。同时，区域经济合作是有条件的，应该要有利益驱动和对不合作行为的约束，因此，区域合作机制的内在构建包括信息沟通机制、利益补偿机制、激励和约束机制。中部联动发展要循序渐进，一般从单一领域、具体项目合作开始，逐步转向多领域合作；从短期项目合作逐步过渡到长期资产纽带型合作联动；从松散的合作逐渐向紧密有序的联动发展推进。在实现中部联动发展的过程中，要以市场机制为基础，同时充分发挥政府的引导作用，统一规划，有重点地重构产业链，联合发展物流业，构建中部地区城市经济网络、科技创新网络和区域开放性市场，并通过建立健全相应的机制和政策措施使区域联动进一步制度化。

3. 中部与东部地区的产业互动，是中部崛起的重要途径

产业互动主要是指区域经济发展中依据市场规律而实现的产业互补、互利、互促的一种经济合作与竞争的行为，这种竞合过程将会推动企业的科技进步和产业升级。对发达地区而言，产业互动包含着产业的调整升级和战略层面上的产业合作；对欠发达地区而言，它至少包含以下三个方面：①产业转移机遇中的承接；②在市场竞争和科技进步的条件下，发挥后发优势的反梯度转移；③战略产业发展中的竞争与合作。中东部地区产业互动发展具有良好的条件，一是东部地区产业结构调整升级具有必然性。东部地区的经济增长速度在经过一段时间的快速发展后，产业结构滞后的效应逐渐显现，经济增速已经出现放缓的态势，因此东部地区要维持持续发展的态势，就必须进行产业结构的调整和升级。二是中部地区产业结构发展阶段和基础的变化。中部地区产业结构已发生了很大的变化，客观上有产业结构升级调整的必要，而且其已经完全具备承接东部地区产业转移的能力，甚至在某些产业上还具有与东部地区平等的地位，同样具有话语权。因

此，中部地区要更加开放，更好地融入中国和世界经济的分工体系当中，就更需要与东部地区进行产业互动，使自身得到迅速发展。三是中东部地区具有要素禀赋的差异与互补性。它们之间存在着互相依赖、互相补充、相得益彰、相辅相成的关系，这为中东部地区之间进行区域间的产业互动提供了客观基础。中东部地区产业互动发展的主要方式可以有多种类型，从要素的角度有资源依托型互动和资本联结型互动；从产业链的角度有产业链延伸型互动和物流通道型互动；从产业转移的角度有产业片段转移互动和产业簇群转移互动。

中东部地区产业互动发展要完善运行机制。市场机制在产业互动发展中起基础性作用，企业是区域合作的主体。要素区际流动的规模大小、速度快慢取决于企业在市场作用下的自主决策。政府在中东部产业互动中的功能定位，主要是营造良好的经济合作环境和纠正市场失效两个方面。政府的推动作用应该体现在三个层面：一是培育区域产业互动发展的市场体系和市场机制。通过制定相关的法律规范，促进市场体系的完善，为区域间的产业互动营造一个比较成熟的市场经济环境。二是在推动和促进企业跨地区经济合作方面发挥积极的服务和政策导向功能。三是有效协调区际利益关系。要通过一定的方式在地区间合理、有序地调整区际利益关系，这是实现区域产业互动顺利进行的重要条件。实现中东部地区产业互动发展要进一步克服制约因素。要正确把握中东部地区产业互动的发展趋势，特别是产业结构调整升级的趋势和产业互动模式变化的趋势。在促进中东部地区产业互动发展的基本策略上，一是要加强地方政府间的合作；二是经济发展要弱化行政区划，完善区域合作协调机制；三是建立跨区域协调的法律制度框架体系。就中部地区而言，要完善承接东部地区产业转移的自身发展机制和条件，就要发挥后发优势，实现自主创新和反梯度发展。

4. 推进省域经济的协调发展，夯实中部崛起的战略基础

省域内区域经济的协调发展，提升省域经济、社会、生态协调发展的水平，是提升中部地区综合竞争力的基础条件。在现有的行政区划条件下，推动地方经济的协调发展，是政府引导经济发展的重要抓手和政策的着力点。从对河南和江西两省的分析可见，地方经济及省域内各经济区域的经济社会发展取得了很大成就，但发展水平的差异性还比较大；从经济、社会、生态方面考察，不协调的状况比较明显，特别是近年来经济与生态环境的不协调矛盾加大。因此，要坚持实施区域经济协调发展战略，要进一步优化地区产业结构和产业分工体系，要推动区域分工合作、优势互补，政府要为地区经济的协调发展加强政策支持，要高度重视生态环境建设在区域经济协调中的作用。

iv 中部地区区域经济协调发展研究

本书是江西省社会科学研究规划重点项目（06JL02）"中部地区崛起战略的理论与对策——区域竞争力与区域经济协调发展研究"、教育部人文社科重点研究基地南昌大学中国中部经济发展研究中心招标项目"中部地区与东西部地区互动协调发展研究"两个课题的研究成果。两个项目均由南昌大学中国中部经济发展研究中心副主任，经济与管理学院院长、教授、博士生导师尹继东负责。本书主要由南昌大学尹继东、谢敏、石晓利、李智、孙贺先、朱甲羽、桑瑞聪执笔。参加课题研究的成员有：陈斐（南昌大学经济系副主任、教授、博士、博士生导师），周杰文、魏伯通、张文（南昌大学经济系副教授、博士），王秀之（南昌航空大学副教授、博士），黄小勇（南昌大学讲师、博士），章刚勇（南昌大学经济系讲师、硕士），梅小文（南昌航空大学副教授、硕士），李益梅（江西省委党校助理研究员）。他们所发表的论文没有收入本书。本书在研究过程中借鉴了大量文献，在此对所有文献的作者表示衷心的感谢。

尹继东
2009 年 6 月

目　　录

前　言

第一篇　提升竞争力：中部崛起的内在规定

第1章　区域竞争力研究综述 ································ 3
 1.1　区域竞争力研究的必要性 ························· 3
 1.2　国外区域竞争力研究综述 ························· 5
 1.3　国内区域竞争力的研究 ·························· 11
 1.4　国内外有关发展观的综述 ······················· 13
第2章　区域竞争力评价指标体系和评价方法 ··············· 16
 2.1　指标与指标体系 ······························· 16
 2.2　指标体系设计的原则 ··························· 16
 2.3　按照科学发展观的要求设计指标体系 ··············· 18
 2.4　区域竞争力的综合评价方法 ····················· 20
第3章　中部六省区域竞争力的评价 ····················· 23
 3.1　2005年中部六省区域竞争力评价实例分析 ··········· 23
 3.2　2006年中部六省区域竞争力评价实例分析 ··········· 35
参考文献 ··· 41

第二篇　经济联动发展：中部崛起的内在机制

第4章　研究中部区域经济联动发展的必要性 ··············· 45
 4.1　中部崛起必须加强内部合作以实现经济联动发展 ········ 45
 4.2　研究中部区域经济联动发展具有理论和现实意义 ········ 47
第5章　区域经济联动的理论及典型案例 ··················· 49
 5.1　区域联动发展的相关理论 ······················· 49
 5.2　国内外典型案例及启示 ························· 54
第6章　中部地区经济联动发展的现实基础和困境 ··········· 58
 6.1　中部六省经济发展能力的比较 ··················· 58
 6.2　中部地区区域经济联动发展的可行性 ··············· 66

　　6.3　中部地区区域经济联动发展的困境 ……………………………………… 70

第7章　中部地区区域经济联动发展的运行机制 ………………………… 76

　　7.1　中部地区区域分工机制 …………………………………………………… 76

　　7.2　中部地区区域合作机制 …………………………………………………… 80

　　7.3　中部地区区域利益协调机制 ……………………………………………… 84

第8章　中部区域经济联动发展的战略措施 …………………………………… 87

　　8.1　中部区域经济联动发展的基本步骤 ……………………………………… 87

　　8.2　中部区域经济联动发展的战略重点 ……………………………………… 88

　　8.3　中部地区区域经济联动发展的主要措施 ………………………………… 91

参考文献 ………………………………………………………………………………… 96

第三篇　中东部产业互动：中部崛起的重要途径

第9章　经济区域间产业互动发展的理论基础 …………………………… 101

　　9.1　产业发展的社会分工协作理论 ………………………………………… 101

　　9.2　空间产业推移理论 ……………………………………………………… 105

　　9.3　产业集群理论 …………………………………………………………… 106

　　9.4　国内区域产业互动研究现状 …………………………………………… 108

第10章　中东部地区产业互动发展的内涵与条件 ……………………… 113

　　10.1　中东部地区产业互动发展的内涵 ……………………………………… 113

　　10.2　中东部地区产业互动发展的条件 ……………………………………… 114

第11章　中东部地区产业互动发展的方式与机制 ……………………… 123

　　11.1　中东部地区产业互动发展的主要方式 ………………………………… 123

　　11.2　中东部地区产业互动发展的运行机制 ………………………………… 125

　　11.3　中东部地区产业互动发展的政策博弈分析 …………………………… 127

第12章　中东部地区产业互动发展的制约因素 ………………………… 130

　　12.1　地方政府利益的冲突，产业互动发展缓慢 …………………………… 130

　　12.2　产业互动中的非合作博弈现象 ………………………………………… 131

　　12.3　中部地区内部协调程度低，产业互动发展缺乏稳定支撑 …………… 132

　　12.4　产业集群效应低，导致东部劳动密集型产业区域黏性 ……………… 133

　　12.5　中部地区产业层次低，制约中东部地区在更高层次上的经济

　　　　　合作 ………………………………………………………………………… 133

第13章　浙赣产业互动发展的实践 ……………………………………… 135

　　13.1　浙赣产业互动的发展现状 ……………………………………………… 135

　　13.2　浙赣产业互动的环境和条件 …………………………………………… 136

13.3 浙赣产业互动的发展趋势 ··· 139

第14章 中东部地区产业互动发展的趋势与推动策略 ··············· 143

14.1 中东部地区产业互动发展的趋势判断 ························· 143

14.2 促进中东部地区产业互动发展的基本策略 ················· 146

14.3 对东部地区的策略建议 ·· 148

14.4 对中部地区的策略建议 ·· 148

参考文献 ··· 151

第四篇 省域经济研究之一：河南区域经济协调发展研究——协调发展水平视角

第15章 区域经济协调发展基本理论 ··························· 155

15.1 区域经济协调发展的理论背景 ······························· 155

15.2 区域经济协调发展的内涵 ······································ 157

15.3 区域经济协调发展理论的基本类型 ························· 160

15.4 目前区域经济协调发展评价指标体系及其模型评述 ······ 164

第16章 河南区域经济发展特征描述 ··························· 169

16.1 地理概况与经济区域划分 ······································ 169

16.2 河南区域经济发展现状 ··· 170

16.3 河南省区域经济发展地区差异呈扩大趋势 ················ 174

第17章 河南省区域经济协调发展状况定量评价 ··············· 179

17.1 河南省区域经济协调状况评价指标体系构建 ············· 179

17.2 区域经济协调发展状况评价模型建立 ····················· 185

17.3 河南区域经济协调发展空间差异分析 ····················· 191

17.4 河南省区域经济协调发展状况时间序列分析 ············· 200

第18章 河南区域经济协调发展的影响因素分析 ··············· 204

18.1 地理条件及区位因素 ·· 204

18.2 科技及人力资源因素 ·· 206

18.3 产业结构效率因素 ··· 207

18.4 区域经济政策因素 ··· 208

第19章 促进河南区域经济协调发展政策建议 ··············· 209

19.1 坚持区域经济协调发展战略 ··································· 209

19.2 优化地区产业结构，构建圈层的产业分工体系 ··········· 210

19.3 推动区域合作，形成分工合作、优势互补的发展合力 ······ 211

19.4 在不损害市场效率的情况下，政府必须为地区经济的协调发展

提供政策支持 ……………………………………………………… 212
19.5 实现可持续发展，高度重视生态环境在区域经济协调中的作用
………………………………………………………………… 213
参考文献 ………………………………………………………… 214
附录 A 指标均值化数据表 ……………………………………… 216
附录 B 子系统主成分的特征向量 ……………………………… 222

第五篇 省域经济研究之二：江西区域经济协调发展研究——工业化进程视角

第 20 章 区域工业化差异的相关理论 ……………………… 227
20.1 工业化的基本含义与一般特征 ……………………… 227
20.2 区域工业化理论 ……………………………………… 229
20.3 区域经济差异理论 …………………………………… 231
第 21 章 区域工业化水平综合评价模型 ………………… 235
21.1 传统的工业化发展阶段划分方法 ………………… 235
21.2 区域工业化水平综合评价模型 …………………… 237
第 22 章 江西各区域工业化水平差异的实证分析 …… 243
22.1 江西各区域工业化水平的初步判断 …………… 243
22.2 江西各区域工业化水平差异的比较分析 …… 245
22.3 小结 …………………………………………………… 251
第 23 章 江西各区域工业化水平差异的成因分析 …… 252
23.1 对江西工业化发展水平的区域界定 …………… 252
23.2 江西各区域工业化水平差异的客观性成因分析 … 253
23.3 江西各区域工业化水平差异的主观性成因分析 … 255
第 24 章 江西各区域工业化协调推进的思路与对策 … 262
24.1 江西各区域工业化协调推进的整体思路 …… 262
24.2 江西各区域工业化协调推进的具体对策建议 …… 264
参考文献 ………………………………………………………… 270
附录 江西省和各地区工业化指标的评测值和综合指数 …… 272

第一篇

提升竞争力：中部崛起的内在规定

第 1 章

区域竞争力研究综述

1.1 区域竞争力研究的必要性

1.1.1 竞争与合作并行是区域经济发展的趋势

21 世纪以来，经济全球化趋势势不可挡。从国际范围来看，各种区域经济联盟逐渐成为世界经济的主角。欧盟、北美自由贸易区、亚太经济合作组织，以及正在积极筹建中的亚洲自由贸易区、非洲经济一体化等各种区域经济合作体对世界经济的发展产生了深远影响。其中，欧盟最为引人注目。截至 2007 年 1 月，该组织已涵盖 27 个国家，总人口超过 4.8 亿，国民生产总值高达 12 万亿美元。从我国国内来看，也存在东部、中部、西部、泛珠江三角洲经济区、长江三角洲经济区、环渤海经济圈、广西北部湾国际区域合作区等诸如此类的划分，因此中国客观上是由各种具有差异性特色的经济区域组成的经济体。然而，既然有差别就会有竞争，不管是国际上的区域经济体，还是国内的区域经济体，除了合作外，各经济体在人才、技术、资本、能源以及寻求政策支持等方面的竞争已经相当激烈。即便是同处于中部的六省，其内部竞争也已达到惊人的地步。2006 年 4 月 15 日《中共中央国务院关于促进中部地区崛起的若干意见》[中发（2006）10 号] 中部六省推荐出的六个城市群中只选出四个进入国家宏观调控的视野，从中可见一斑。2007 年 12 月，国家发展和改革委员会（以下简称国家发改委）批准了武汉城市圈和长株潭城市群为全国资源节约型和环境友好型社会建设综合配套改革试验区，这也正是区域经济激烈竞争的结果。

区域经济发展中的竞争与合作并存。拥有竞争优势的区域，其极化效应明显，可以从邻近区域甚至跨区域吸纳生产资源，从而强化区域的优势产业、优势企业和优势品牌，形成区域经济优势的循环累积。这个过程实际上包含了竞争和合作，合作是为了更加有效的竞争，而竞争的关键是如何把握一种"度"，使其成为推动区域经济发展的内在机制。因此，无论是经济发达区域还是欠发达区域，都要很好地认识到自己的优势，把握自己的竞争力，并提升自己的竞争优势。

1.1.2 区域竞争力评价研究需要不断完善

区域竞争力的理论研究是竞争取胜的首要问题。自提出国际竞争力后，对国际竞争力的研究从概念到理论，从评价内容到统计方法，都取得了很大进展，并在经济研究、国家政策制定和政府管理工作中获得了广泛的应用。目前，已经有50多个国家参加到评估体系中来。我国也高度关注国际竞争力，国家经济体制改革委员会体制改革研究院20世纪80年代末就开始追踪国际上出现的这一新动向。我国1993年参加世界转型国家的国际竞争力评价，1995年正式参加世界国际竞争力评价体系。此后，众多学者结合中国各个经济区域的实际情况进行研究，取得了丰硕的成果。但是国内关于竞争力的研究带有很大的局限性，大多过于注重经济数量的增长，即便是在我们更加强调科学发展观的今天，在各级政府的考核体系中，仍然过于单纯注重对GDP增长的考核。在2008年"两会"期间，全国政协委员张大方就指出，"长期以来，对各级官员和干部的政绩考核指标内容不少，但实质上只有传统GDP才是唯一的硬指标。只要GDP上去了，政绩也就显现出来了"①。如果按照现有对竞争力的评价体系，上海、江苏、浙江、广东等沿海地区的竞争力大多排名靠前，然而，当我们面对源自广东的SARS，无锡的蓝藻，江苏、浙江的癌症高发期时，面对上海地面沉陷、温州城内千万条由美丽的江南河水变成的臭水沟时……这样的评价模型肯定需要修正。

在中共十六届三中全会明确提出"坚持以人为本，树立全面、协调、可持续的发展观，促进经济社会和人的全面发展"的科学发展观后，在2007年10月15日中国共产党第十七次全国代表大会上，胡锦涛总书记再次强调了科学发展观的重要性，并且首次明确提出要建设"生态文明"。在温家宝总理的2008年政府报告中，同样再次强调了必须"坚持科学发展观"，指出"科学发展观是发展中国特色社会主义的重大战略思想，是我国经济社会发展的重要指导方针。我们要坚持把发展作为第一要务，着力转变经济发展方式，调整经济结构，提高经济增长质量和效益；坚持以人为本，注重统筹兼顾，推动全面协调可持续发展。只有深入贯彻落实科学发展观，才能实现经济社会又好又快发展，促进社会和谐"。因而，在全国更加注重环境保护、生态文明的时代要求下，原有的关于竞争力研究的局限性也日渐显露出来。这就要求我们必须重新

① http://www.china.com.cn/2008 Lianghui/2008-03/15/content_12647492.htm

用科学发展观的视角审视已有的研究，重新在竞争力评价模式、内容等各个方面全面贯彻科学发展观。

1.2　国外区域竞争力研究综述

1.2.1　"古典贸易理论"和"新古典贸易理论"关于竞争优势的研究

关于竞争力的研究可以追溯到古典贸易理论和新古典贸易理论中关于竞争优势的表述。

英国古典学派经济学家亚当·斯密与大卫·李嘉图在劳动价值学说的基础上，就国际贸易发生的原因，从生产成本的角度提出了绝对优势（absolute advantage）与比较优势（comparative advantage）理论，该理论被称为古典贸易理论。亚当·斯密的绝对优势理论认为，两国只有在不同的商品上各自占有绝对优势时，才能通过贸易获得利益。李嘉图发展了亚当·斯密的绝对优势理论，在其代表作《政治经济学及赋税原理》中指出，每个国家都会有基于生产相对成本不同的比较优势，并能通过贸易获得比较利益。比较优势理论提出"两利相权取其重，两弊相权取其轻"的原则，解释了当一国没有任何绝对优势时，但只要不利程度有所不同，双方利用各自的相对优势进行专业化生产并自由交易，仍然能够实现比较优势并获得贸易利益。新古典贸易理论又称标准贸易理论，主要是利用新古典的分析方法即边际分析来分析国际贸易。它对古典贸易理论在产品数量、要素数量、机会成本变化、动态分析、产品生命周期和生产要素流动等六个方面进行了改进，其代表模型就是著名的赫克歇尔-俄林模型理论（简称 H-O 理论）。该模型认为比较优势受国内各种资源（生产要素的相对充裕程度）和生产技术（影响产品生产中不同要素的相对密集程度）之间相互作用的影响，强调各国资源禀赋的相对差异和要素利用强度的差异是国际分工的依据与国际贸易产生的原因。

H-O 理论的基本结论是：各国应当生产出口那些密集使用本国相对充裕要素的产品，而进口那些密集使用本国相对稀缺要素的产品。1985 年赫尔普曼和克鲁格曼《市场结构和对外贸易》一书的出版，标志着新贸易理论趋于成熟。这本书综合了各种新的贸易理论，提出了一个系统的分析框架，从而把新贸易理论提升到基础理论的高度，使其适用性进一步增强。书中提出的一个贸易模型不仅导入了规模经济、产品差异因素，符合垄断竞争假设的条件，而且还兼容了传统比较优势，从而使新贸易理论更一般化，解释力更强。

由上面的分析可知，不管是古典贸易理论还是新古典贸易理论，都强调了不同国家或区域由于资源禀赋、技术、资本、知识、劳动生产率等因素的差异而导致竞争优势的不同，并认为这是国际贸易产生的前提条件之一。竞争优势是竞争力的外化，竞争优势的取得最终要靠竞争力来支撑。从当时的社会环境来看，他们分析的只是国际贸易产生的原因以及如何获取竞争力和竞争优势，而没有涉及发展观的问题。

1.2.2 迈克尔·波特的竞争优势理论

美国哈佛大学教授迈克尔·波特（Michael E. Porter）是国际上研究竞争力问题的著名专家，从20世纪80年代开始，他连续出版了《竞争战略》（*Competitive Strategy*，1980）、《竞争优势》（*Competitive Advantage*，1985）和《国家竞争优势》（*The Competitive Advantage of Nations*，1990）三部著作，标志着"波特式"竞争优势理论的正式创立。从此，著名的"波特菱形理论"模型开始在竞争力研究领域中显现出强大的生命力，并且得到了广泛应用（图1.1）。他突破了原有的比较优势理论，采取价值链和波特菱形两种分析方法，并且在分析过程中实现两者的结合。波特花费了近四年的时间，先后考察了10个工业化国家的100多个工业。他发现，一个国家或地区在贸易和分工等方面的优势，来源于高生产效率，而高生产效率不仅来自要素禀赋或技术差异，还来自要素、需求、企业和产业等一系列因素的共同作用。波特认为，一国兴衰的根本在于其能否在国际市场上取得竞争优势，而竞争优势形成的关键又在于能否使主导产业具有优势，优势产业的建立要靠提高生产效率，提高效率的源泉又在于企业是否具有创新机制

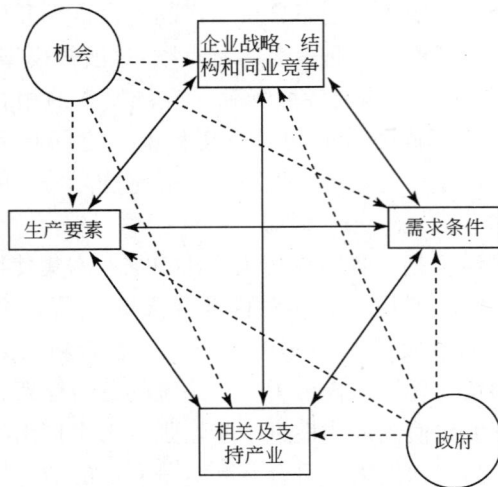

图1.1 波特菱形（钻石）模型

和创新能力。

他认为国家竞争优势的获得主要受到以下因素的影响[1]：

（1）·生产要素。波特将生产要素划分为初级生产要素和高级生产要素。初级生产要素是指天然资源、气候、地理位置、非技术工人、资金等；高级生产要素则是指现代通信、信息、交通等基础设施，受过高等教育的人力、研究机构等。波特认为，初级生产要素的重要性越来越低，因为对它的需求在减少，而跨国公司可以通过全球的市场网络来取得初级生产要素。高级生产要素对获得竞争优势具有不容置疑的重要性。高级生产要素需要先在人力和资本上大量和持续地投资，而作为培养高级生产要素的研究所和教育计划，其本身就需要高级的人才。高级生产要素很难从外部获得，必须自己来投资创造。

（2）国内需求。国内需求市场是产业发展的动力。国内市场与国际市场的不同之处在于企业可以及时发现国内市场的客户需求，这是国外竞争对手所不及的，因此波特认为全球性的竞争并没有减少国内市场的重要性。波特指出，本地客户的本质非常重要，特别是内行而挑剔的客户。假如本地客户对产品、服务的要求或挑剔程度在国际上数一数二，就会激发出该国企业的竞争优势。另一个重要方面是预期性需求。如果本地顾客的需求领先于其他国家，这也可以成为本地企业的一种优势，因为先进的产品需要前卫的需求来支持。

（3）相关产业和支撑产业。相关产业和支撑产业，指为主导产业提供投入的国内产业。国内具有发达的、完善的相关产业和支撑产业，它们在高级生产要素方面投资的好处将逐步扩溢到主导产业中，这样本行业就能降低产品成本，提高产品品质，从而建立自己的优势。对形成国家竞争优势而言，相关和支持性产业与优势产业是一种休戚与共的关系。波特的研究提醒人们注意"产业集群"这种现象，即一个优势产业不是单独存在的，它一定是同国内相关强势产业一同崛起的。

本国供应商是产业创新和升级过程中不可缺少的一环，这也是它最大的优点所在，因为一方面产业要形成竞争优势，就不能缺少世界一流的供应商，也不能缺少与上下游产业的密切合作关系；另一方面，有竞争力的本国产业通常会带动相关产业的竞争力。波特指出，即使下游产业不在国际上竞争，但只要上游供应商具有国际竞争优势，对整个产业的影响仍然是正面的。

（4）企业战略结构与竞争。企业的竞争能力与企业管理体制密切相关，而良好的企业管理体制的选择，不仅与企业的内部条件和所处的产业性质有关，而且还取决于企业所面临的外部环境。强大的本国竞争对手是企业竞争优势产生并得以长期保持的最强有力的刺激，同时也迫使企业去开拓国外市场。

1.2.3 　IMD 和 WEF 对区域竞争力的研究

1980 年瑞士国际管理发展学院（International Institute for Management Development，IMD）创立了国际竞争力评价体系，即早期的国际竞争力模型。后来，又在此基础上进行了改进，提出了线性的评价模型。

1. 早期的 IMD 国际竞争力模型（图 1.2)[2]

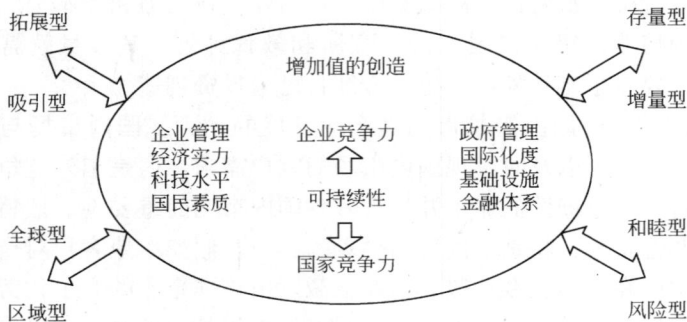

图 1.2 　早期的 IMD 国际竞争力模型

瑞士国际管理发展学院（IMD）在早期用八个要素建构了一个国际竞争力模型，它们分别是企业管理（management）、经济实力（domestic economy）、科技水平（science &technology）、国民素质（people）、政府管理（government）、国际化度（internationalization）、基础设施（infrastructure）和金融体系（finance）。并从四个角度对一个国家的竞争力特征进行了分析，它们分别是拓展型（aggressiveness）或吸引型（attractiveness）、全球型（globality）或区域型（proximity）、存量型（assets）或增量型（processes）、和睦型（social cohesiveness）或风险型（risk taking）（WCY，1997）。

2. 现行的 IMD 国际竞争力模型（图 1.3）

瑞士国际管理发展学院现在使用的模型较之前做了较大的调整，用四个要素替代了原先的八个要素，它们分别是经济表现（economic performance）、政府效率（government efficiency）、商务效率（business efficiency）、基础设施（infrastructure）。每个要素又各自包括了五个子要素，经济表现包含的子要素为经济实力（domestic economy）、国际贸易（international trade）、国际投资（international investment）、就业（employment）、物价（prices）；政府效率包含的子要素为公共财政（public finance）、财政政策（fiscal policy）、机构框架（institutional

拓展型　　　　　　　　　　　　　　　　存量型

吸引型　　增加值的创造　　　　　　　增量型

经济表现　企业竞争力　商务效率

政府效率　可持续性　基础设施

全球型　　国家竞争力　　　　　　　　和睦型

本土型　　　　　　　　　　　　　　　风险型

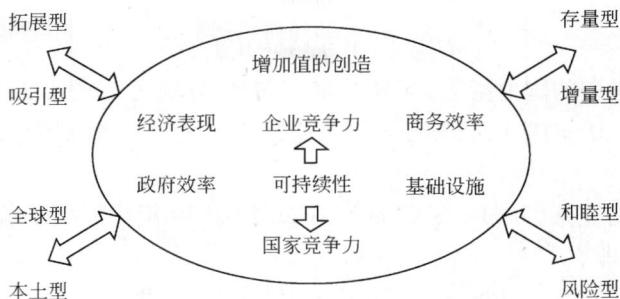

图 1.3　现行的 IMD 国际竞争力模型

framework）、商务法规（business legislation）、社会框架（societal framework）；商务效率包含的子要素为生产力（productivity）、劳务市场（labor market）、金融（finance）、管理实践（management practices）、态度与价值（attitudes and values）；基础设施包含的子要素为基础性基础设施（basic infrastructure）、技术性基础设施（technological infrastructure）、科学性基础设施（scientific infrastructure）、健康与环境（health and environment）、教育（education）。

3. WEF 对国际竞争力的评价

1985 年，世界经济论坛（World Economic Forum，WEF）在《关于竞争力的报告》中提出，企业国际竞争力是企业目前和未来在各自的环境中以比它们国内和国外竞争对手更有吸引力的价格和质量来进行设计生产、销售货物以及提供服务的能力和机会，国家竞争力则是指一个国家能够达到持续高经济增长率的能力。此后，WEF 和 IMD 共同对国际竞争力进行评价研究，并从 1989 年起每年合作出版《国际竞争力研究报告》。直到 1995 年后，由于 WEF 和 IMD 在研究方法上的分歧，它们才开始每年各自进行国际竞争力评价。

1994 年，WEF 将对国际竞争力的定义调整为"一国公司在世界市场上均衡地生产出比其竞争对手更多财富的能力"。在此定义中，WEF 更加强调竞争力是一国提高经济成长率，持续提高人民生活水平标准的能力，注重未来 5～10 年国家经济的成长潜力，侧重对经济的动态评比，因此新加坡、瑞士、中国香港等国家和地区的竞争力常常被 WEF 排在前面。

4. 国际上其他的有关区域竞争力的研究①

（1）德国富克斯（Withelem Fucks）等提出"三要素综合国力方程"。该方

————————

① http：//www.chinaiiss.org/top/cnp/method02.htm

程为

$$M_t = \left[(M_s)_t + (M_e)_t\right]/2$$

式中，M_t 为 t 时期的国力指数；$(M_s)_t$ 和 $(M_e)_t$ 分别为 t 时期的钢产量指数和能源指数。其中，$M_s = P_a \cdot S_b$，$M_e = P_a \cdot E_b$，P_a、S_b、E_b 分别为人口、钢产量和能源产量。

（2）美国的克莱因（R. S. Cline）在 20 世纪 50 年代提出了著名的"现代综合国力方程"，即

$$PN = (C + E + M) \times (S + W)$$

式中，PN 为综合国力指数；C 为基本实体，由人口和领土面积构成；E 为经济实力，由 GDP、能源、关键性非燃料矿物、工业生产能力、战略核力量和常规力量之和表示；M 为军事实力；S 为战略目标；W 为追求国家战略的意志，是指一个国家动员其国民支持政府的国防和外交政策的能力。现代综合国力方程等式右边的各项指标取值均按评分法来确定。

（3）小约瑟夫·S. 奈的"软、硬实力"评估模式。1990 年，美国哈佛大学教授小约瑟夫·S. 奈（Josph S. Nye）在其撰写的一篇题为"仍是竞赛中的强者"的文章中，全面系统地分析阐述了国家实力的概念和美国在全球的强国地位的现状和发展态势，并进一步指出，一个国家的实力由"软实力"和"硬实力"两部分组成，其中，"软实力"包括国家凝聚力、文化被普遍接受的程度和参与国际机构的程度，"硬实力"包括基本资源、军事力量、经济力量和科技力量。他认为，"软实力"与"硬实力"具有同等的重要性。根据"软、硬实力"评估模式，采取"强、中、弱"三个等级的定性定量测评法，小约瑟夫·S 奈对当时主要国家和地区的综合国力进行了测算，其等级总和排序是美国（七强）、欧洲（五强、一中、一弱）、日本（三强、三中、一弱）、中国（二强、四中、一弱）。

（4）韩国产业研究院于 1994 年从竞争力创造因素、出口结构、企业竞争力和政府竞争力等四个方面对国际区域竞争力进行了对比分析。

（5）1995 年，世界银行颁布了一项衡量国家（地区）财富的新标准，即一国的国家财富由三个主要资本组成：人造资本、自然资本、人力资本。

人造资本为通常经济统计和核算中的资本，包括机器、设备、基础设施、建筑物等人工创造的固定资本（又称产出资本）。

自然资本是指大自然为人类提供的自然财富，如土地、森林、空气、水、矿产资源等；可持续发展就是要保护这些财富，很多人造资本是以牺牲自然资本来提取的。如果将自然资本的消耗计算在内，一些人造资本的生产未必是经济的。

人力资本是指人的生产能力。它不仅与先天素质有关，而且与人的教育水

平、健康水平、营养水平有直接关系。

（6）日本综合研究所的国力评估。1987 年，日本经济企划厅综合计划局委托日本综合研究所进行了综合国力基础调查。在其出版的《日本的综合国力》一书中，提出了由国际贡献能力、生存能力和强制能力三个层次立体构建的综合国力评估体系。国际贡献能力是指积极促进国际组织的建立和发展，并以此为国际社会的进步作出贡献的能力；生存能力是指当一个国家在出现国内外危机时能够自保生存的能力；强制能力是指一国按照本国的意志来强迫他国改变行动的能力。调查采用了 Delphi 方法，使用了 15 个构成要素，拟订了 108 个评价指标，实际入选 70 个。该国力测度模式以经济实力为基础，以科技实力为重点，以国民意志为支柱，以对外关系为突破口，来反映和衡量当代综合国力竞争的基本特征和发展趋势。

1.3　国内区域竞争力的研究

区域竞争力研究始于国家竞争力研究。在国外，极少数学者直接研究区域竞争力，大多是研究国家竞争力，但是在一定程度上，国家也是一个具有区域性质的特定区域。我国学者自 20 世纪 90 年代初开始参与国家竞争力研究，随后以省、市、县为研究对象的区域竞争力研究逐渐展开，其中以王秉安、曹远征、倪鹏飞、张辉等的研究最具代表性。

1.3.1　王秉安的"直接－间接竞争力"模型[3]

"直接－间接竞争力"模型由我国区域竞争力研究的著名学者——福建行政学院的王秉安教授提出。他认为，区域竞争力由产业竞争力、企业竞争力和涉外竞争力三个直接竞争力因素构成，并受四个间接竞争力因素——经济综合实力竞争力、基础设施竞争力、国民素质竞争力和科技竞争力的影响。三个直接竞争力之间相互作用、相互影响，共同构成区域竞争力的主体；四个间接竞争力之间是相互作用、相互影响的主动关系，它们共同构成直接竞争力的依托，其中，经济综合实力竞争力和基础设施竞争力更体现为近期的支撑性竞争力。而直接竞争力也反过来影响着间接竞争力，只不过间接竞争力要通过直接竞争力才能凝结成区域竞争力。其相互关系如图 1.4 所示。

1.3.2　"三力体系"模型[4,5]

"三力体系"模型由中国人民大学竞争力与评价研究中心提出，认为"国际竞争力 = 核心竞争力 + 基础竞争力 + 环境竞争力"。核心竞争力是指生产增加值的竞争力，其中包括两个内容：一是三次产业生产范围下的全部公司或企业的竞

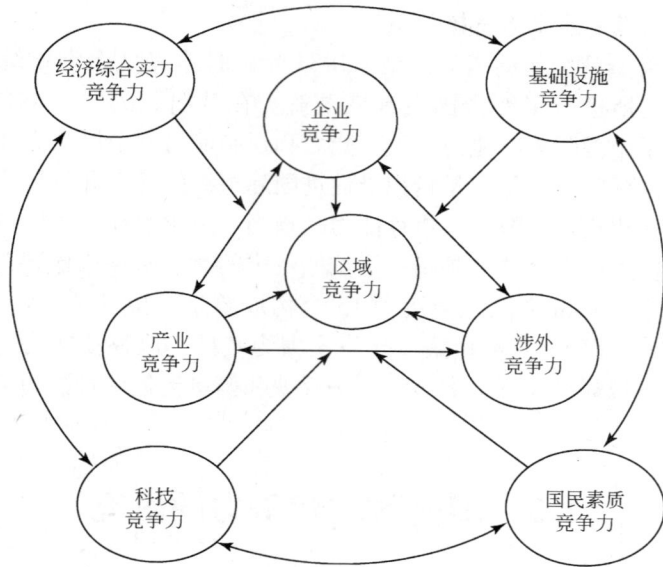

图 1.4　"直接-间接竞争力"模型

争力；二是产业结构的竞争力。核心竞争力水平取决于其竞争资本的水平，也取决于其竞争过程的水平。基础竞争力是指支持核心国际竞争力的基础设施和国民素质竞争力的基础。环境竞争力也是国际竞争力的重要组成部分，包括市场竞争环境与政府提供的社会组织和结构的环境。在国际竞争力的构成要素中，不仅包括竞争力的实力要素，而且包括竞争力的潜在要素；不仅包括竞争力的硬要素，而且包括推动竞争力的成长的软要素，竞争力是一个整体的竞争水平的系统提高。

1.3.3　"弓弦"模型

"弓弦"模型主要用于研究城市竞争力，由倪鹏飞博士创建。他认为，城市竞争力（UC）＝ F（硬分力，软分力），硬分力为弓，软分力为弦，城市竞争力为箭，它们相互作用形成城市竞争力。弓与弦的质量越好，搭配越恰当，形成的力就越大，城市竞争力这支"箭"就射得越远。[6]

硬分力＝人才竞争力＋资本竞争力＋科技竞争力＋结构竞争力＋基础设施竞争力＋区位竞争力＋环境竞争力＋聚集力

软分力＝秩序竞争力＋文化竞争力＋制度竞争力＋管理竞争力＋开放竞争力

1.3.4　"三要素静态－动态"模型

"三要素静态－动态"模型由我国著名学者张辉提出，他认为区域竞争力由区域网络、区域内部流和区域外部流三大要素构成，三要素有机地统一于区域之中，密不可分。正是由于区域网络、区域内部流和区域外部流都会随时间的改变而发生变化，因此，他分别从静态和动态的角度来构建区域竞争力模型，如图 1.5 所示。

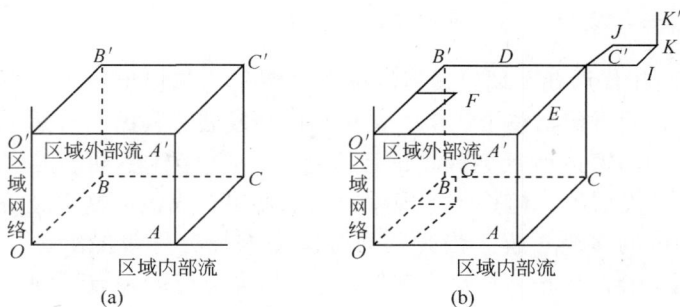

图 1.5　"三要素静态 – 动态"模型

在静态模型图 1.5（a）中，C' 点代表区域竞争力的最优均衡点；在动态模型图 1.5（b）中，三要素及均衡点有多种变化可能，其中 K' 点代表区域竞争力向更高水平均衡点变化，而 G 点则代表区域竞争力向更低水平均衡点变化。[7]

除了上述四个代表性区域竞争力模型外，还有广东社会科学院的丁力及其同事提出的"经济增长加速度"模型，宁越敏教授和唐礼智博士共同提出的"核心 – 外围"模型，以及王与君的"1121"模型和郝寿义的"三个层面"模型等。

1.4　国内外有关发展观的综述

1.4.1　西方发展观的演化历程

自 20 世纪 40 年代后，面对发展中的现实问题以及不同发展理论的提出，西方社会的发展观不断演变，大体经历了强调经济增长的片面发展观、经济增长与社会变革并重的发展观、以人为中心的综合发展观、可持续发展的发展观等几种主要形式。

1. 经济增长的片面发展观

第二次世界大战结束后，发展中国家普遍开始了工业化进程，发展经济学在世界范围内开始兴起。1956 年，美国经济学家刘易斯在《经济增长理论》一书中把发展等同于增长，认为只有促进经济增长，落后国家才能实现追赶目标。国内生产总值的增长是衡量一个国家或地区经济发展的重要标尺。实践证明，这一发展观并没有给人们带来所期望的福祉，相反却出现了高增长下的分配不公、社会腐败、政治动荡、环境污染和生态破坏等问题。学界将这种现象称为"无发展的增长"。

2. 经济增长与社会变革并重的发展观

20世纪60年代后期，瑞典发展经济学家缪尔达尔提出，发展不只是国内生产总值的增长，而且包括整个经济、文化和社会发展过程的上升运动。为此，他提出了在发展中国家进行社会改革的政策主张。80年代后期，美国发展经济学家托达罗认为，发展不纯粹是经济现象，应把发展看成包括整个经济和社会体制重组与重整在内的多维过程。当时的联合国秘书长吴丹曾提出过一个著名的公式，即"发展＝经济增长＋社会变革"。这一广为流行的观点反映了发展理论学者对发展问题的认识进一步深化。

3. 以人为中心的综合发展观

20世纪70年代以后，面对西方现代化带来的诸多问题，人们开始重新审视现代化，对发展也有了更新的认识，即增长不等于发展，发展是社会经济各个方面综合协调的系统工程。在这种情况下，一些美国学者率先发动了一场"社会指标运动"，提出了建立包括经济、社会、环境、生活、文化等各项指标在内的新的发展价值体系。联合国第二个发展十年报告也明确指出，发展已不再是单纯的经济增长，社会制度和社会结构的变迁、社会福利设施的改善具有同等重要的地位。1983年，受联合国的委托，法国学者佩鲁撰写了《新发展观》一书，更清晰地描述了发展的新内涵，提出了"整体的、综合的、内生的"发展理论，把发展看做是以民族、历史、环境、资源等自身内在条件为基础，包括经济增长、政治文明、科技进步、社会转型、生态平衡等各种因素在内的综合发展过程，他强调发展应致力于满足人的基本需要，促进人的发展。综合发展观将发展的评价标准由"物"转向了"人"，把"人的发展程度"当作对经济发展成果的最终检验指标。这是发展观的一大进步，但其局限性是只强调了当代人的发展，并未涉及后代人的发展问题。

4. 可持续发展的发展观

可持续发展观，是指既满足当前需要又不损害子孙后代满足其需要能力的发展观。它的一个重要特点是研究了人类的代际关系问题，即当代人与后代人的关系问题。在1992年的联合国环境与发展大会上，通过了《里约热内卢宣言》和《21世纪议程》两个纲领性文件，标志着可持续发展观被全球持不同发展理念的各类国家所普遍接受。

　　"可持续发展"的观念是对传统的发展模式所造成的各种困境和危机的反思，是针对工业社会"不可持续"的发展模式提出的。它主要解决的是"为谁而发展"这个价值论问题和"怎样发展"这个伦理问题。它将人与自然的关系问题再一次推到人类面前，强调以未来的发展规范现在的行动。可持续发展不仅是一种发展观，还是一种伦理观，这是人们对以往所持有的传统发展观及发展模式的扬弃。以往的发展观都表现为"征服自然、驾驭自然"这种二元对立的思维模式，人类对自然的态度体现为人定胜天的人文优势主义，反映出世界各国在传统发展观指导下对经济的偏执，这基本上是以经济发展为主要目标的"工业化实现观"。而可持续发展观既对社会经济发展伦理进行了关注，也实现了对传统发展观的超越，它不仅要求对社会经济发展中人与人、人与社会的伦理规范加以深化和拓展，而且要求用伦理的规范来认识和处理社会经济发展中人与自然的关系。

　　然而，可持续发展作为一种发展观，还只是一个普遍性的发展理念，不能为我们提出现成的发展模式，这就需要各国根据自身的不同国情，进行具体化、本土化，结合本国实际加以实施，只有这样才能体现出发展中的人文关怀。

1.4.2　集国内外发展观之大成的科学发展观

　　毋庸置疑，西方社会发展理论经过四个阶段的递进日益趋向成熟，其理论成果有很多合理之处，是人类在发展问题上进行科学探索的宝贵结晶。然而，由于各国国情不同，因此符合中国现阶段的发展观不可能也绝不能完全照搬西方的发展理论，而应是在借鉴的基础上对它的整体超越。中国共产党在十六届三中全会上提出了科学发展观。科学发展观的核心和本质是以人为本，其重要内容是全面、协调、可持续发展。坚持以人为本，就是要以实现人的全面发展为目标，从人民群众的根本利益出发谋发展、促发展，不断满足人民群众日益增长的物质文化需要，切实保障人民群众的经济、政治和文化权益，让发展的成果惠及全体人民。全面发展，就是以经济建设为中心，全面推进经济、政治、文化建设，实现经济发展的社会全面进步。协调发展，就是要统筹城乡发展、统筹区域发展、统筹经济社会发展、统筹人与自然和谐发展、统筹国内发展和对外开放，推进生产力和生产关系、经济基础和上层建筑相协调，推进经济、政治、文化建设的各个环节、各个方面相协调。可持续发展，就是要促进人与自然的和谐，实现经济发展和人口、资源、环境相协调；坚持走生产发展、生活富裕、生态良好的文明发展道路，保证一代接一代地永续发展。这就要求在经济、社会的发展全过程中体现科学发展观，同样在对区域经济竞争力的评价中，更加注重发展是否全面、是否协调、是否可持续。

第 2 章

区域竞争力评价指标体系和评价方法

2.1 指标与指标体系

指标具有表明、揭示等含义，是表示事物随时间变化而变化的定量化信息和反映总体现象的特定概念和具体数值。一般来说，指标由指标名称和具体数值构成。指标名称表明所研究现象数值方面的科学概念，即质的规定性。依据指标名称所反映的社会、经济内容，通过统计工作获得的统计数字就是指标数值。因此，指标是数与量的统一。

指标体系是指用来刻画、描述总体基本状况和各个变量分布特征的综合数量。所谓指标体系结构是指众指标之间的相互关系。最简单的指标体系结构是多个指标的集合，指标之间除了同属于一个集合之外，相互之间没有其他关系，各个指标都可以直观地反映系统某一侧面的属性。除了简单的指标集合之外，较常用的指标体系有树形结构和网络状结构。指标体系的树形结构排列使不同层面的指标之间具有从属关系，下一层次的指标属于上一层次，并以此类推，最后的指标位于树状结构的顶端。这种结构有助于指标间的分类，指标之间的关系也较清楚，符合人们的日常思维习惯。指标体系的网络状结构是采用网络图形来显示指标间的关系，该结构更适合描述现实世界事物之间的非层次复杂关系，它一般要同时涉及多个准则以体现系统的多种反馈结构。本书采用的是基于树形的网络结构设计方法。

2.2 指标体系设计的原则

用指标体系来评价中部区域经济的竞争力是一项复杂的工程，涉及众多的变量，具有庞杂性和不确定性等特点。要全面、正确地评价区域竞争力，指标设计过多将会面临数据无法获取等众多的现实阻碍；过少，又不能达到评价的目的。因此，在设计指标体系时应遵循如下原则。

2.2.1 目的性原则

在设计指标时，要有明确的目的性，因为多指标体系是由很多指标组成的有机整体，没有明确的目的性，会变成一堆杂乱无章的指标，变成指标的简单堆砌，用这样的指标不能很好地反映客观事物的规律和本质。"只有明确认识建立多指标体系的目的，根据目的去认识被反映事物的规律，找到这种规律性的外在表现，从而建立多指标体系，这样建立的多指标体系才能为研究目的服务。"同时，在建立指标体系的过程中，需要认真考虑每一个单项指标在指标体系中的地位和作用。本书将建立区域竞争力的模型，因此建立评价指标体系的目的就是要评价中部地区各省的竞争力。

2.2.2 科学性和可操作性原则

指标体系必须立足客观现实，建立在准确、科学的基础上，所选指标的集合能够反映江西区域经济发展在全面、协调和可持续三个方面发展的真实水平。指标概念必须明确，并且有一定的科学内涵，能够真实地度量和反映区域经济发展的结构和功能，以及主要的运行特征；同时，指标体系要广泛适用于不同区域，指标具有可测性和可比性，易于量化，并且所需数据应容易获得，计算方法应简单易行。

2.2.3 同一性原则

由于指标选取的面比较广，所以有些指标的数据大小与竞争力成正方向关系，但有些指标则与竞争力成反方向关系。为了便于计算和使所得到的数据更具有科学性，对与竞争力成反方向的指标需用负数代替，即这类数据的指标越大，与竞争力的差距也越大。

2.2.4 相对独立性原则

描述区域经济发展状况的指标往往存在指标间信息的重叠，因此在选择指标时，应尽可能选择具有相对独立性的指标，从而增加评价的准确性和科学性。

2.2.5 层次性和结构性指标并重原则

在进行指标设计时，一方面，要根据区域经济发展的内在机制构建层次性指标，以达到对区域经济发展水平和状态进行评价的目的；另一方面，还要依据区域经济发展的运行机理构建结构性指标，以达到对区域经济协调程度进行评价的目的。

2.3 按照科学发展观的要求设计指标体系

按照科学发展观的内涵和要求，结合前述关于竞争力的理论，从全面、协调、可持续三个方面，将区域竞争力进行分解，设计出能够正确反映区域竞争力的评价体系。本书设计的指标体系，由 13 个二级指标和 34 个三级指标构成，具体如表 2.1 所示。

表 2.1 区域竞争力评价指标体系

一级指标	二级指标	三级指标	表示参数	指标数量
全面发展竞争力	人口	总人口	X_1	3
		每万人大学生数	X_2	
		城镇人口比重	X_3	
	资源环境	人均水资源拥有量	X_4	5
		人均耕地面积	X_5	
		人均林地面积	X_6	
		森林覆盖率	X_7	
		废水排放密度	X_8	
	经济规模与发展速度	GDP	X_9	8
		人均 GDP	X_{10}	
		社会消费品零售总额	X_{11}	
		工业总产值	X_{12}	
		农业总产值	X_{13}	
		GDP 增长率	X_{14}	
		工业总产值年均增长率	X_{15}	
		地方财政收入年均增长率	X_{16}	
	科技投入	R&D 占 GDP 的比重	X_{17}	2
		万人拥有科技人员数	X_{18}	
协调发展竞争力	经济结构	第三产业占 GDP 比重	X_{19}	2
		霍夫曼系数	X_{20}	
	福利与生活质量	城镇居民人均收入	X_{21}	3
		城乡居民收入差距差异系数	X_{22}	
		恩格尔系数	X_{23}	
	人口、经济、社会协调度	人口经济协调系数	X_{24}	3
		经济环境协调系数	X_{25}	
		基尼系数	X_{26}	

续表

一级指标	二级指标	三级指标	表示参数	指标数量
可持续发展竞争力	经济推动能力	全社会固定资产投资额	X_{27}	3
		城乡居民储蓄存款余额	X_{28}	
		外贸依存度	X_{29}	
	知识创新能力	专利授权量	X_{30}	1
	资源承载力	水资源承载力指数	X_{31}	1
	环境承载力	废水排放达标率	X_{32}	1
	资源利用效率	万元 GDP 能耗	X_{33}	1
	环境治理力度	环保投入占 GDP 比重	X_{34}	1
合计				34

2.3.1　全面发展竞争力

按照科学发展观的要求，全面发展指的是"以经济建设为中心，全面推进经济、政治、文化建设，实现经济发展的社会全面进步"。从系统论的角度出发，全面发展强调的是均衡、整体性，不能出现"短板"。本书的目的是要建立一个恰当的评价指标体系，客观地表现中部各省的竞争力并进行对比和系统的评价。根据这一目的，在设计该评价指标体系时，重点应集中在区域系统内人口、资源、环境、经济和科技等方面发展水平的量化指标上。

本书用人口、资源环境、经济规模与发展速度、科技投入 4 个二级指标，总人口、每万人大学生数、城镇人口比重、人均水资源拥有量、人均耕地面积、人均林地面积、森林覆盖率、废水排放密度、GDP、人均 GDP、社会消费品零售总额、工业总产值、农业总产值、GDP 增长率、工业总产值年均增长率、地方财政收入年均增长率、R&D 占 GDP 的比重、万人拥有科技人员数共 18 个三级指标（$X_1 \sim X_{18}$）来对中部区域竞争力的全面发展竞争力进行评价。

2.3.2　协调发展竞争力

协调的本意为"和谐一致，配合得当"，它强调的是区域系统中各子系统和要素之间相互作用、相互关联，共同组成一个有机的体系。同时，从系统演化的角度和协同学的角度来看，协调是发展的必要条件，协调的最终目的是使系统的发展处于最优状态，使得发展能够更加和谐，可以反映出更多要素的诉求。

科学发展观指出，协调发展"要统筹城乡发展、统筹区域发展、统筹经济社会发展、统筹人与自然和谐发展、统筹国内发展和对外开放，推进生产力和生产关系、经济基础和上层建筑相协调，推进经济、政治、文化建设的各个环节、各个方面相协调"。从本质上来说，科学发展观所要求的协调发展，就是要求整个社会在经济、政治、生态等各个要素和各个层次之间，相互和谐一致，相互促进，共同发展。它是针对近些年来国内过于强调经济增长，而忽视社会、生态建设的弊端而提出的。

按照上述要求，从经济结构，福利与生活质量，人口、经济、社会协调度 3 个二级指标，以及第三产业占 GDP 比重、霍夫曼系数、城镇居民人均收入、城乡居民收入差距差异系数、恩格尔系数、人口经济协调系数、经济环境协调系数、基尼系数等 8 个三级指标（$X_{19} \sim X_{26}$）构建区域竞争力的评价指标体系。

经济结构主要评价三次产业产值结构，描述出经济构成的优化程度；福利与生活质量是对协调发展和"以人为本"的结合，是"协调"在"人民生活"上的具体体现；而人口、经济、社会协调度则表示区域内三大要素之间"和谐一致"的情况。

2.3.3 可持续发展竞争力

世界环境与发展委员会指出，可持续发展是指既满足现代人的需求又不损害后代人满足其需求的能力。换句话说，可持续发展是指经济、社会、资源的发展与开发要与环境保护同步协调，既要达到发展经济的目的，又要保护好人类赖以生存的大气、淡水、海洋、土地和森林等自然资源和环境。江泽民同志曾经指出，"绝不能吃祖宗饭，断子孙路"。

科学发展观指出："可持续发展，就是要促进人与自然的和谐，实现经济发展和人口、资源、环境相协调；坚持走生产发展、生活富裕、生态良好的文明发展道路，保证一代接一代地永续发展。"

本书从经济推动能力、知识创新能力、资源承载力、环境承载力、资源利用效率、环境治理力度 6 个二级指标及全社会固定资产投资额、城乡居民储蓄存款余额、外贸依存度、专利授权量、水资源承载力指数、废水排放达标率、万元 GDP 能耗、环保投入占 GDP 比重等 8 个三级指标（$X_{27} \sim X_{34}$）来评价区域可持续发展竞争力。

2.4 区域竞争力的综合评价方法

2.4.1 评价方法

本书采用因子分析法对中部区域竞争力进行评价。因子分析是由 Karl Pearson、Charles Spearma 和其他科学家在 20 世纪初提出来的，最早是用来在心理计量学中测量智力的。因子分析是主成分分析法的推广，其主要用来描述隐藏在一组测量到的变量中的一些更基本的但又无法直接测量到的隐性变量（latent variable，latent factor）。它是从研究相关矩阵内部的依赖关系出发，把一些具有错综复杂关系的变量归结为少数几个综合因子的一种多变量统计分析方法。它利用多元统计分析以及线性代数将多指标转化为少数几个指标，剔除解释能力较弱的成分，通过对主要因子进行重点分析，达到对原始变量进行分析的目的。

2.4.2　因子分析法的运用步骤

假设一共有 n 个样本，每个样本有 p 个值，则可以得到如下的原始矩阵：

$$X = \begin{bmatrix} X_{11} X_{12} \cdots X_{1p} \\ X_{21} X_{22} \cdots X_{2p} \\ \vdots \quad \vdots \quad \vdots \\ X_{n1} X_{n2} \cdots X_{np} \end{bmatrix}$$

第一步，采用 Z - Score 法对基础指标进行标准化转化：

$$X'_{ij} = \frac{X_{ij} - \bar{X}_j}{\sigma_j}$$

式中，X'_{ij} 为标准化后的指标值；X_{ij} 为指标值；$\bar{X}_j$ 为该项指标的平均值；σ_j 为该项指标的标准差。

第二步，计算样本相关矩阵 R：

$$R = \begin{bmatrix} r_{11} & r_{12} \cdots & r_{1p} \\ r_{21} & r_{22} \cdots & r_{2p} \\ \vdots & \vdots & \vdots \\ r_{n1} & r_{n2} \cdots & r_{np} \end{bmatrix}$$

矩阵中相关系数 r_{ij} 的计算公式为

$$r_{ij} = \sum_{k=1}^{n} X'_{ki} X'_{kj} / (n - 1) \quad (i, j = 1, 2, 3, \cdots, p)$$

第三步，求相关矩阵 R 的特征值、特征向量以及贡献率。

根据特征方程 $\partial(K) = \sum_{m=1}^{k} \lambda_m / \sum_{m=1}^{p} \lambda_m$，求得全部 p 个特征根。再根据方程组 $(R - \lambda E) U_m = 0$，求得与特征根 λ_m 对应的特征向量 U_m（$m = 1, 2, 3, \cdots, p$）。

第四步，求 m 个因子的累计方差贡献率：

$\partial(K) = \sum_{m=1}^{k} \lambda_m / \sum_{m=1}^{p} \lambda_m$，由 $\partial(K) \geqslant 85\%$ 确定 k 的值。

第五步，计算 k 个因子的综合得分。

将因子表示为原有变量的线性组合，即

$$F_{mi} = \sum_{j=1}^{p} U_m X'_{ij} \quad (i = 1, 2, 3, \cdots, n; m = 1, 2, 3, \cdots, p)$$

用每个主因子的贡献率作权重，进行加权求和即得综合值：

$$F_i = \sum_{j=1}^{p} \beta_m F_{mi} \quad (\beta_m = \lambda_m / \sum_{m=1}^{p} \lambda_m)$$

2.4.3 评价模型

以上所述的运用因子分析法对江西区域竞争力进行评价的步骤，以模型的形式表现出来，如图 2.1 所示。

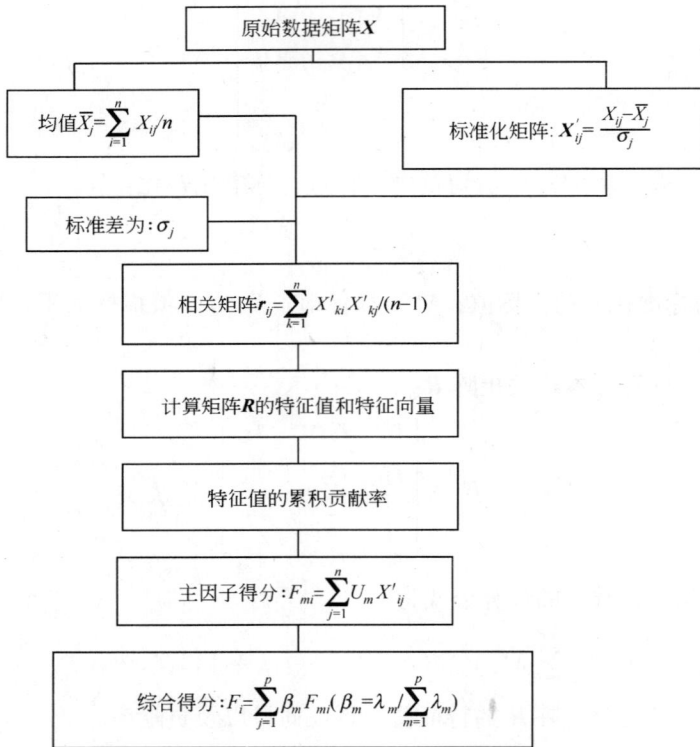

图 2.1 因子分析法对江西区域竞争力评价的步骤

第3章

中部六省区域竞争力的评价

根据第 2 章给出的评价指标体系和评价方法，本章以 2005 年和 2006 年为例，通过全国统计年鉴、各省区统计年鉴、全国和各省区的统计公报，以及互联网等渠道来收集如下 34 个指标的原始数据：总人口（万人）（X_1）、每万人大学生数（人/万人）（X_2）、城镇人口比重（%）（X_3）、人均水资源拥有量（立方米）（X_4）、人均耕地面积（公顷）（X_5）、人均林地面积（公顷）（X_6）、森林覆盖率（%）（X_7）、废水排放密度（吨/平方千米）（X_8）、GDP（万元）（X_9）、人均 GDP（元）（X_{10}）、社会消费品零售总额（万元）（X_{11}）、工业总产值（亿元）（X_{12}）、农业总产值（亿元）（X_{13}）、GDP 增长率（%）（X_{14}）、工业总产值年均增长率（%）（X_{15}）、地方财政收入年均增长率（%）（X_{16}）、R&D 占 GDP 的比重（%）（X_{17}）、万人拥有科技人员数（人/万人）（X_{18}）、第三产业占 GDP 比重（%）（X_{19}）、霍夫曼系数（X_{20}）、城镇居民人均收入（元）（X_{21}）、城乡居民收入差距差异系数（X_{22}）、恩格尔系数（%）（X_{23}）、人口经济协调系数（X_{24}）、经济环境协调系数（X_{25}）、基尼系数（X_{26}）、全社会固定资产投资额（亿元）（X_{27}）、城乡居民储蓄存款余额（亿元）（X_{28}）、外贸依存度（%）（X_{29}）、专利授权量（X_{30}）、水资源承载力指数（X_{31}）、废水排放达标率（%）（X_{32}）、万元 GDP 能耗（标准煤/万元）（X_{33}）、环保投入占 GDP 比重（%）（X_{34}）。将收集到的数据按照上面给出的因子分析的步骤，对中部区域竞争力进行实例评价分析。在处理的过程中使用 SPSS，通过电算化的形式完成。

3.1 2005 年中部六省区域竞争力评价实例分析

3.1.1 原始数据表

2005 年中部六省各指标的原始数据见表 3.1。

表 3.1 2005 年原始数据表

地区	X_1	X_2	X_3	X_4	X_5	X_6	X_7	X_8	X_9	X_{10}	X_{11}	X_{12}
山西	3 355	98.30	42.1	276.24	0.137	0.21	15.1	2 023.4	4 121	9 875	1 401	2 073

续表

地区	X_1	X_2	X_3	X_4	X_5	X_6	X_7	X_8	X_9	X_{10}	X_{11}	X_{12}
安徽	6 516	90.39	35.5	767.55	0.092	0.06	30.3	4 553.8	5 376	8 597	1 765	1 833
江西	4 311	101.87	37	2 393.16	0.050	0.24	42.1	3 593.7	4 056	9 439	1 236	1 456
河南	9 768	98.98	30.7	417.94	0.083	0.06	18	7 179.2	10 535	10 236	3 158	4 923
湖北	5 710	167.92	43.2	1 534.67	0.082	0.13	31.6	5 215.2	6 485	12 752	2 965	5 835
湖南	6 326	132.13	37	2 433.31	0.059	0.17	55	6 082.0	6 474	11 366	2 459	2 200

地区	X_{13}	X_{14}	X_{15}	X_{16}	X_{17}	X_{18}	X_{19}	X_{20}	X_{21}	X_{22}	X_{23}	X_{24}
山西	380	12.50	16.90	40.80	0.74	16.59	37.7	0.08	5 427	3.08	39.2	2.06
安徽	804	11.80	20.40	21.70	0.80	13.66	37.5	0.46	8471	3.21	44.9	1.39
江西	1 143	12.80	20.00	22.90	0.38	15.04	33.8	0.50	5 161	2.75	46	2.02
河南	3 128	14.10	18.70	30.90	0.50	15.63	29.9	0.41	8 668	3.02	42	2.69
湖北	2 142	11.40	19.30	20.60	1.02	24.44	40.7	0.37	5 556	2.84	44.7	4.57
湖南	948	11.60	15.30	22.60	0.80	19.87	40.4	0.54	5 488	3.05	46	2.28

地区	X_{25}	X_{26}	X_{27}	X_{28}	X_{29}	X_{30}	X_{31}	X_{32}	X_{33}	X_{34}
山西	0.48	0.23	1 859	4 168	10.92	1 220	0.36	91.25	2.95	0.87
安徽	0.21	0.26	2 521	3 509	12.76	1 939	0.53	97.50	1.21	0.13
江西	0.83	0.24	2 293	2 753	8.12	1 361	0.42	95.91	1.06	0.53
河南	0.37	0.24	4 379	6 489	5.96	3 748	0.24	95.55	1.38	0.19
湖北	0.31	0.24	2 835	4 466	13.27	3 860	0.65	86.56	1.51	0.17
湖南	0.42	0.24	2 540	4 154	12.52	3 659	0.41	87.01	1.4	0.19

3.1.2 对原始数据的标准化处理

此指标体系共 34 个指标，涉及中部六省，指标的经济含义各不相同，在数量级上存在很大的差异，如果不进行标准化统一是不可以直接使用的。标准化后，标量的均值为 0，方差为 1。也就是说，处理后各公共因子是相互独立的，各特殊因子之间也是相互独立的，而且各公共因子与各特殊因子之间也相互独立。本节使用 Z-Score 法，对 2005 年的原始数据进行标准化处理，处理结果见表 3.2。

表 3.2　标准化处理后的数据表格

地区	X_1	X_2	X_3	X_4	X_5	X_6	X_7	X_8	X_9	X_{10}	X_{11}	X_{12}
山西	-1.19	-0.56	0.99	-1.07	1.74	0.85	-1.13	-1.51	-0.86	-0.34	-0.94	-0.53
安徽	0.23	-0.83	-0.46	-0.56	0.26	-1.08	-0.11	-0.12	-0.33	-1.20	-0.49	-0.66
江西	-0.76	-0.44	-0.13	1.13	-1.10	1.26	0.67	-0.65	-0.89	-0.63	-1.14	-0.87
河南	1.70	-0.54	-1.51	-0.92	-0.02	-1.16	-0.94	1.32	1.83	-0.10	1.22	1.02

续表

地区	X_1	X_2	X_3	X_4	X_5	X_6	X_7	X_8	X_9	X_{10}	X_{11}	X_{12}
湖北	-0.13	1.78	1.23	0.24	-0.05	-0.23	-0.03	0.24	0.13	1.61	0.98	1.51
湖南	0.15	0.58	-0.13	1.17	-0.82	0.37	1.54	0.72	0.13	0.67	0.36	-0.46

地区	X_{13}	X_{14}	X_{15}	X_{16}	X_{17}	X_{18}	X_{19}	X_{20}	X_{21}	X_{22}	X_{23}	X_{24}
山西	-1.02	0.13	-0.78	1.81	0.15	-0.24	0.25	-1.89	-0.63	0.53	-1.71	-0.40
安徽	-0.61	-0.56	1.00	-0.62	0.41	-0.98	0.20	0.39	1.23	1.30	0.41	-1.01
江西	-0.28	0.43	0.80	-0.47	-1.42	-0.63	-0.69	0.65	-0.79	-1.44	0.82	-0.44
河南	1.67	1.72	0.14	0.55	-0.89	-0.48	-1.63	0.09	1.35	0.17	-0.67	0.17
湖北	0.70	-0.96	0.44	-0.76	1.36	1.74	0.97	-0.14	-0.55	-0.90	0.33	1.88
湖南	-0.47	-0.76	-1.59	-0.51	0.41	0.59	0.90	0.90	-0.59	0.35	0.82	-0.20

地区	X_{25}	X_{26}	X_{27}	X_{28}	X_{29}	X_{30}	X_{31}	X_{32}	X_{33}	X_{34}
山西	0.21	-1.34	-1.01	-0.07	0.11	-1.12	-0.52	-0.22	1.99	1.77
安徽	-1.06	1.48	-0.25	-0.60	0.74	-0.55	0.67	1.10	-0.55	-0.74
江西	1.84	0.75	-0.51	-1.20	-0.84	-1.01	-0.12	0.76	-0.76	0.63
河南	-0.32	-0.62	1.89	1.78	-1.57	0.89	-1.38	0.69	-0.30	-0.54
湖北	-0.60	-0.27	0.11	0.17	0.91	0.98	1.53	-1.21	-0.11	-0.58
湖南	-0.07	0.01	-0.23	-0.08	0.66	0.82	-0.17	-1.11	-0.27	-0.53

3.1.3　各因子的相关系数矩阵

表 3.2 给出了所有标准化后的数据。在进行标准化处理后，即可直接使用这些数据进行因子分析。本书使用 SPSS 进行计算，得到相关系数矩阵。具体情况如表 3.3 所示。

表 3.3　相关系数矩阵 R（34，34）

	X_1	X_2	X_3	X_4	X_5	X_6	X_7	X_8	X_9	X_{10}	X_{11}	X_{12}	X_{13}	X_{14}	X_{15}	X_{16}	X_{17}
X_1	1.00																
X_2	-0.05	1.00															
X_3	-0.79	0.56	1.00														
X_4	-0.23	0.43	0.12	1.00													
X_5	-0.27	-0.25	0.36	-0.84	1.00												
X_6	-0.82	0.06	0.52	0.51	-0.09	1.00											

续表

	X_1	X_2	X_3	X_4	X_5	X_6	X_7	X_8	X_9	X_{10}	X_{11}	X_{12}	X_{13}	X_{14}	X_{15}	X_{16}	X_{17}
X_7	-0.11	0.36	0.01	0.94	-0.80	0.33	1.00										
X_8	0.92	0.27	-0.63	0.13	-0.51	-0.65	0.23	1.00									
X_9	0.95	0.09	-0.64	-0.28	-0.15	-0.72	-0.22	0.89	1.00								
X_{10}	0.07	0.95	0.47	0.31	-0.17	0.04	0.23	0.36	0.27	1.00							
X_{11}	0.78	0.55	-0.25	-0.10	-0.18	-0.64	-0.05	0.86	0.88	0.67	1.00						
X_{12}	0.52	0.62	0.05	-0.23	0.03	-0.51	-0.32	0.56	0.69	0.71	0.87	1.00					
X_{13}	0.79	0.26	-0.46	-0.16	-0.27	-0.57	-0.25	0.77	0.88	0.38	0.83	0.83	1.00				
X_{14}	0.47	-0.58	-0.67	-0.41	0.05	-0.16	-0.51	0.22	0.52	-0.37	0.11	0.12	0.53	1.00			
X_{15}	0.10	-0.19	-0.16	-0.14	-0.14	-0.32	-0.26	-0.06	-0.05	-0.36	-0.13	0.12	0.25	0.14	1.00		
X_{16}	-0.20	-0.45	0.09	-0.68	0.79	0.19	-0.71	-0.43	-0.02	-0.24	-0.22	-0.10	-0.15	0.49	-0.37	1.00	
X_{17}	-0.13	0.67	0.62	-0.07	0.31	-0.25	0.05	0.02	-0.08	0.58	0.34	0.37	-0.15	-0.79	-0.20	-0.21	1.00

	X_{18}	X_{19}	X_{20}	X_{21}	X_{22}	X_{23}	X_{24}	X_{25}	X_{26}	X_{27}	X_{28}	X_{29}	X_{30}	X_{31}	X_{32}	X_{33}	X_{34}
X_{18}	1.00																
X_{19}	0.64	1.00															
X_{20}	-0.02	-0.07	1.00														
X_{21}	-0.50	-0.53	0.16	1.00													
X_{22}	-0.39	0.11	-0.19	0.58	1.00												
X_{23}	0.18	0.25	0.91	-0.13	-0.34	1.00											
X_{24}	0.89	0.28	-0.07	-0.27	-0.53	0.05	1.00										
X_{25}	-0.22	-0.31	0.08	-0.59	-0.69	0.14	-0.20	1.00									
X_{26}	-0.35	0.04	0.72	0.28	0.06	0.77	-0.38	-0.02	1.00								
X_{27}	-0.01	-0.63	0.29	0.67	0.00	-0.04	0.29	-0.31	-0.12	1.00							
X_{28}	0.15	-0.42	-0.16	0.52	0.21	-0.46	0.36	-0.45	-0.57	0.85	1.00						
X_{29}	0.50	0.96	-0.03	-0.30	0.27	0.26	0.18	-0.48	0.21	-0.58	-0.43	1.00					
X_{30}	0.64	0.11	0.39	0.20	-0.06	0.25	0.66	-0.49	-0.17	0.68	0.66	0.07	1.00				
X_{31}	0.55	0.74	0.13	-0.27	-0.18	0.47	0.45	-0.30	0.41	-0.40	-0.48	0.80	0.09	1.00			
X_{32}	-0.92	-0.73	0.11	0.63	0.21	-0.07	-0.66	0.16	0.47	0.19	-0.09	-0.55	-0.52	-0.37	1.00		
X_{33}	0.07	0.21	-0.94	-0.30	0.28	-0.86	-0.02	-0.05	-0.77	-0.40	0.11	0.13	-0.35	-0.20	-0.28	1.00	
X_{34}	-0.23	-0.06	-0.74	-0.52	-0.14	-0.62	-0.26	0.57	-0.50	-0.58	-0.29	-0.18	-0.74	-0.31	0.04	0.76	1.00

从表3.3中不难发现，各因子之间存在较大的线性相关性，如果直接使用可能会出现严重的共线性问题。

3.1.4 各因子的特征值和贡献率

从表 3.4 和图 3.1 中不难发现，前面五个特征值大于 1，后面的特征值很小，由于在表格中设置的取值是小数点后面 2 位，所以取值后在表 3.4 中全都为 0，从碎石图（图 3.1）中也可以清楚地看出。在此，将用主成分分析法从 34 个指标中提取的五个公共因子用 F_1、F_2、F_3、F_4、F_5 来表示。因子的贡献率反映了各指标对区域竞争力的重要程度，若因子对指标的贡献率接近 1，则表明几乎该变量的全部原始信息都被选取的因子说明了。

表 3.4 各因子的特征值和贡献率表

成分	初始特征值		
	特征值	贡献率/%	累积/%
1	10.74	31.59	31.59
2	9.56	28.13	59.72
3	7.25	21.33	81.05
4	4.19	12.33	93.38
5	2.25	6.62	100.00
6	0.00	0.00	100.00
7	0.00	0.00	100.00
8	0.00	0.00	100.00
9	0.00	0.00	100.00
⋮	⋮	⋮	⋮
34	0.00	0.00	100.00

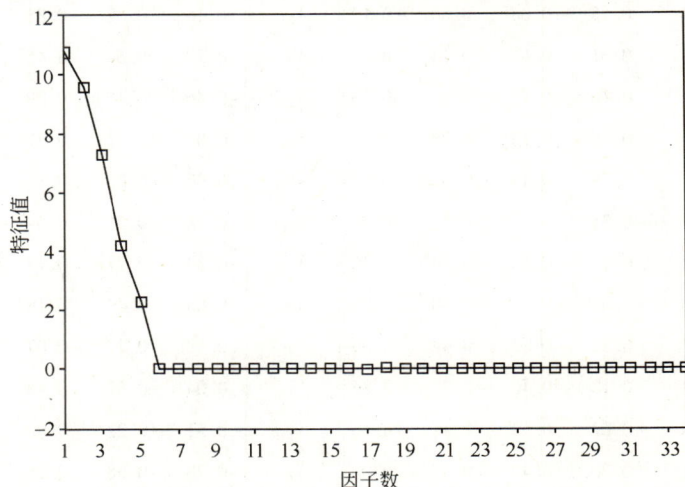

图 3.1 碎石图

3.1.5 因子载荷矩阵

进行因子分析的目的不仅在于找出主因子,更重要的是结合研究需要,分析各个主因子所表示的经济含义。由线性代数的相关原理可知,一个正交变换对应着坐标系的旋转,而且主因子的任一解均可由上述已经求得的矩阵经过旋转(右乘一正交矩阵)而得。经过旋转后,公共因子对指标的贡献率并没有改变,但因子本身可能有较大变化,从而可以通过适当的旋转得到更加适合分析的公共因子。表 3.6 中旋转后的因子载荷矩阵就是由表 3.5 中旋转前的因子载荷矩阵采用最大正交旋转法进行旋转而得的,该表反映了各个变量的变异主要由那些因子进行解释,表中的具体数字表示的是该指标被主成分提取的比例。同时,通过旋转使得载荷矩阵的每一列元素都按照其平方值尽可能大或者尽可能小,尽量地向 0 和 1 分化。从旋转后的因子载荷矩阵中不难看出,因子载荷已经出现了明显的两级分化。

表 3.5 旋转前的各因子载荷矩阵

	主要因子						主要因子				
	F_1	F_2	F_3	F_4	F_5		F_1	F_2	F_3	F_4	F_5
X_1	0.96	−0.21	−0.07	−0.12	−0.14	X_{18}	0.16	0.87	0.42	0.21	0.05
X_2	0.20	0.92	0.26	0.19	0.11	X_{19}	−0.40	0.81	0.19	−0.35	−0.18
X_3	−0.62	0.58	0.46	0.02	0.25	X_{20}	0.43	0.30	−0.83	0.02	−0.17
X_4	−0.13	0.62	−0.63	0.41	−0.20	X_{21}	0.64	−0.53	−0.09	−0.54	0.07
X_5	−0.33	−0.37	0.79	−0.36	0.08	X_{22}	0.04	−0.34	0.20	−0.80	−0.46
X_6	−0.77	0.15	−0.08	0.60	−0.10	X_{23}	0.15	0.57	−0.81	−0.01	−0.01
X_7	−0.08	0.61	−0.65	0.14	−0.42	X_{24}	0.39	0.64	0.45	0.30	0.39
X_8	0.94	0.16	−0.15	0.02	−0.25	X_{25}	−0.46	−0.17	−0.39	0.78	0.07
X_9	0.96	−0.16	0.18	0.08	−0.14	X_{26}	0.00	0.11	−0.87	−0.45	0.18
X_{10}	0.31	0.79	0.43	0.32	−0.02	X_{27}	0.96	−0.25	0.05	0.13	0.04
X_{11}	0.89	0.31	0.32	0.04	−0.07	X_{28}	0.78	−0.25	0.54	0.10	−0.14
X_{12}	0.72	0.31	0.50	0.14	0.36	X_{29}	−0.34	0.72	0.13	−0.58	−0.09
X_{13}	0.90	−0.05	0.12	0.30	0.27	X_{30}	0.83	0.49	0.18	0.07	−0.21
X_{14}	0.37	−0.82	0.03	0.44	0.06	X_{31}	−0.18	0.77	−0.07	−0.39	0.46
X_{15}	0.13	−0.18	−0.40	−0.22	0.86	X_{32}	0.04	−0.80	−0.48	−0.21	0.30
X_{16}	−0.29	−0.63	0.68	0.17	−0.16	X_{33}	−0.51	−0.22	0.82	0.01	−0.14
X_{17}	−0.01	0.70	0.47	−0.53	0.00	X_{34}	−0.78	−0.38	0.35	0.36	0.04

表 3.6　旋转后的各因子载荷矩阵

	主要因子						主要因子				
	F_1	F_2	F_3	F_4	F_5		F_1	F_2	F_3	F_4	F_5
X_1	0.96	0.15	-0.10	-0.19	0.01	X_{18}	0.08	0.07	0.90	0.39	-0.16
X_2	0.08	0.23	0.89	0.39	-0.07	X_{19}	-0.33	0.11	0.32	0.85	-0.23
X_3	-0.62	-0.28	0.55	0.49	0.03	X_{20}	0.27	0.95	-0.10	-0.05	0.00
X_4	-0.35	0.86	0.29	-0.03	-0.24	X_{21}	0.77	-0.11	-0.55	-0.02	0.32
X_5	-0.09	-0.95	-0.14	0.26	0.02	X_{22}	0.34	-0.34	-0.68	0.49	-0.24
X_6	-0.89	0.07	0.22	-0.25	-0.31	X_{23}	-0.02	0.98	0.07	0.16	0.11
X_7	-0.21	0.89	0.09	0.17	-0.37	X_{24}	0.25	-0.04	0.95	0.12	0.16
X_8	0.88	0.41	0.15	-0.09	-0.15	X_{25}	-0.66	0.24	0.08	-0.70	-0.07
X_9	0.95	-0.03	0.14	-0.27	-0.10	X_{26}	-0.05	0.73	-0.46	0.23	0.44
X_{10}	0.20	0.08	0.92	0.23	-0.24	X_{27}	0.90	0.03	0.10	-0.40	0.10
X_{11}	0.86	0.05	0.49	0.06	-0.10	X_{28}	0.84	-0.40	0.20	-0.25	-0.18
X_{12}	0.65	-0.19	0.70	0.01	0.23	X_{29}	-0.23	0.10	0.15	0.95	-0.06
X_{13}	0.78	0.04	0.41	-0.42	0.23	X_{30}	0.77	0.25	0.52	0.14	-0.23
X_{14}	0.33	-0.29	-0.22	-0.87	0.05	X_{31}	-0.22	0.28	0.38	0.72	0.45
X_{15}	0.03	0.16	-0.13	-0.11	0.97	X_{32}	0.06	0.00	-0.75	-0.42	0.51
X_{16}	-0.14	-0.88	-0.15	-0.30	-0.29	X_{33}	-0.33	-0.88	0.07	0.12	-0.31
X_{17}	0.11	-0.14	0.38	0.91	-0.03	X_{34}	-0.74	-0.58	-0.04	-0.31	-0.15

通过对表 3.6 中的数据进行分析，结合研究目的，可将 F_1、F_2、F_3、F_4、F_5 这五个主因子的经济含义表示如下：

第一主因子 F_1 所承载的载荷量主要集中在总人口（0.96）、GDP（0.95）、全社会固定资产投资额（0.90）、社会消费品零售总额（0.88）上，说明 F_1 主要反映的是区域内的经济总量。若将区域看成一个整体，则可以认为 F_1 表示的是区域整体发展水平因子。

第二主因子 F_2 所承载的载荷量主要集中在人均耕地面积（0.95）、森林覆盖率（0.89）、万元 GDP 能耗（标准煤/万元）（0.88）、人均水资源拥有量（0.86）上，可见 F_2 反映的是区域人均资源拥有量，由此可认为 F_2 表示的是资源环境支撑能力因子。

第三主因子 F_3 所承载的载荷量主要集中在每人口经济协调系数（0.95）上，该指标主要体现经济发展的协调、和谐程度，由此可认为 F_3 表示的是区域和谐发展能力因子。

第四因子 F_4 所承载的载荷量主要集中在外贸依存度（0.95）、GDP 增长率、R&D 占 GDP 的比重、第三产业占 GDP 比重（％）上。外贸依存度反映的是区域经济的开发程度，主要体现区域经济的对外开拓能力；R&D 占 GDP 的比重反映的是研发经费的投入量，主要体现科研对经济的推动能力；第三产业的比重反映的是产业结构的优化程度。从这三个指标可以看出，F_4 综合反映了区域内经济发展的可持续性，由此可认为 F_4 为区域的发展后劲因子。

第五主因子 F_5 所承载的载荷量主要集中在工业总产值年均增长率（0.97）上，主要体现的是区域工业发展速度因子。

3.1.6 因子得分系数矩阵

因子模型可以将变量表示成公共因子的线性组合，自然也可以将公共因子表示成原始变量的线性组合，根据计算因子得分的回归方法，将公因子对变量 $X_1 \sim X_{34}$ 作线性回归，得到系数的最小二乘估计就是所谓的因子得分系数，如表 3.7 所示。

表 3.7　因子得分系数矩阵

	因子						因子				
	F_1	F_2	F_3	F_4	F_5		F_1	F_2	F_3	F_4	F_5
X_1	0.09	−0.02	−0.01	−0.03	−0.06	X_{18}	0.02	0.09	0.06	0.05	0.02
X_2	0.02	0.10	0.04	0.04	0.05	X_{19}	−0.04	0.08	0.03	−0.08	−0.08
X_3	−0.06	0.06	0.06	0.01	0.11	X_{20}	0.04	0.03	−0.11	0.00	−0.08
X_4	−0.01	0.06	−0.09	0.10	−0.09	X_{21}	0.06	−0.06	−0.01	−0.13	0.03
X_5	−0.03	−0.04	0.11	−0.09	0.04	X_{22}	0.00	−0.04	0.03	−0.19	−0.20
X_6	−0.07	0.02	−0.01	0.14	−0.05	X_{23}	0.01	0.06	−0.11	0.00	−0.01
X_7	−0.01	0.06	−0.09	0.03	−0.19	X_{24}	0.04	0.07	0.06	0.07	0.17
X_8	0.09	0.02	−0.02	0.01	−0.11	X_{25}	−0.04	−0.02	−0.05	0.19	0.03
X_9	0.09	−0.02	0.03	0.02	−0.06	X_{26}	0.00	0.01	−0.12	−0.11	0.08
X_{10}	0.03	0.08	0.06	0.08	−0.01	X_{27}	0.09	−0.03	0.01	0.03	0.02
X_{11}	0.08	0.03	0.04	0.01	−0.03	X_{28}	0.07	−0.03	0.07	0.03	−0.06
X_{12}	0.07	0.03	0.07	0.04	0.16	X_{29}	−0.03	0.08	0.02	−0.14	−0.04
X_{13}	0.08	−0.01	0.02	0.07	0.12	X_{30}	0.08	0.05	0.03	0.02	−0.09
X_{14}	0.03	−0.09	0.04	0.10	0.03	X_{31}	−0.02	0.08	−0.01	−0.09	0.20
X_{15}	0.01	−0.02	−0.05	−0.05	0.38	X_{32}	0.00	0.08	−0.07	−0.05	0.13
X_{16}	−0.03	−0.07	0.09	0.04	−0.07	X_{33}	−0.05	−0.02	0.11	0.00	−0.06
X_{17}	0.00	0.07	0.06	−0.13	0.00	X_{34}	−0.07	−0.04	0.05	0.09	0.02

注：提取方法为主成分分析、因子得分。

3.1.7　计算主因子得分

利用因子得分系数矩阵和因子得分公式：

$$F_{mi} = \sum_{j=1}^{p} U_m X'_{ij}$$

可计算出主因子在各个变量上的得分值 f_p，如表 3.8 所示。

表 3.8　主因子得分矩阵

地区	F_1	F_2	F_3	F_4	F_5
山西	−1.31	−0.70	−1.35	0.05	−0.20
安徽	−0.07	−0.34	−0.73	−1.85	0.30
江西	−0.72	0.33	−0.25	0.06	0.65
河南	1.61	−1.12	0.71	0.46	−0.06
湖北	0.41	1.51	1.38	1.16	1.11
湖南	0.08	0.90	−0.34	0.13	−1.80

从表 3.9 中因子得分的协方差矩阵来看，因子得分的协方差矩阵为单位矩阵，说明提取的五个公共因子是不相关的，分析结果是有效的。

表 3.9　因子得分协方差矩阵

因子	1	2	3	4	5
1	1	0	0	0	0
2	0	1	0	0	0
3	0	0	1	0	0
4	0	0	0	1	0
5	0	0	0	0	1

注：提取方法为主成分分析、因子得分。

3.1.8　计算中部六省的综合得分

在得到表 3.8 所示的五个主因子得分以后，可根据如下的综合得分计算公式，计算出各省的综合得分：

$$F_i = \sum_{j=1}^{p} \beta_m F_{mi} \quad (\beta_m = \lambda_m / \sum_{m=1}^{p} \lambda_m)$$

计算结果如表 3.10 所示。

表 3.10　中部六省 2005 年的综合得分情况

地　区	得　分	排　序
湖北	0.62	1
河南	0.48	2
湖南	0.10	3
江西	-0.19	4
山西	-0.32	5
安徽	-0.69	6

3.1.9　对各省在五个主因子的得分进行比较

1. 第一主因子比较

在区域整体发展水平因子（F_1）的比较上，中部六省的排序情况依次如下：河南、湖北、湖南、安徽、江西、山西，可用图 3.2 来表示。

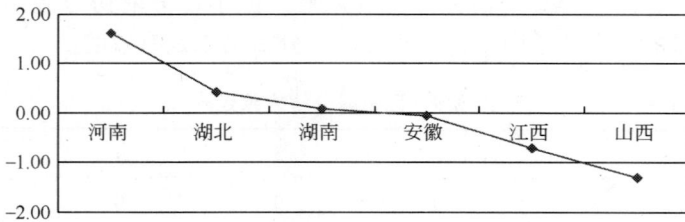

图 3.2　区域整体发展水平因子中部六省排序

第一主因子主要反映了总人口、GDP、全社会固定资产投资额、社会消费品零售总额等总量指标，而各省的这些总量指标差别比较大。这可以从原始数据中看出，如河南 2005 年的总人口、GDP、全社会固定资产投资总额和社会消费品零售总额分别是江西省的 2.27 倍、2.60 倍、1.90 倍和 2.55 倍，这就不难解释两省在第一因子上的差别。对于经济总量而言，江西在中部地区处于下游位置，可以说这是当前制约江西省区域竞争力的主要因素。

2. 第二主因子比较

第二主因子 F_2，即资源环境支撑能力因子，主要反映了人均耕地面积、森林覆盖率、万元 GDP 能耗（标准煤/万元）、人均水资源拥有量等资源和消耗指标。中部六省的排序情况依次如下：湖北、湖南、江西、安徽、山西、河南，具体参见图 3.3。

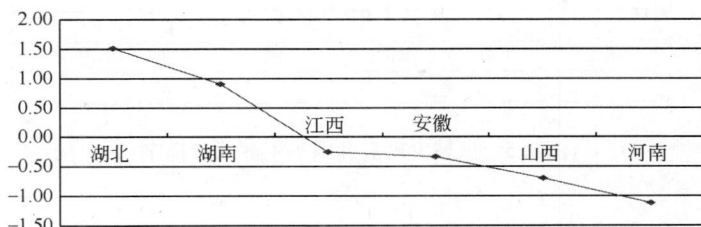

图 3.3 资源环境支撑能力因子中部六省排序

从图 3.3 中可以看出，江西、安徽的第二主因子排位在中部地区处于中等水平，可以说具有一定的优势。

3. 第三主因子比较

第三主因子即区域和谐发展能力因子（F_3）。中部六省的排序情况依次如下：湖北、河南、江西、湖南、安徽、山西，具体参见图 3.4。

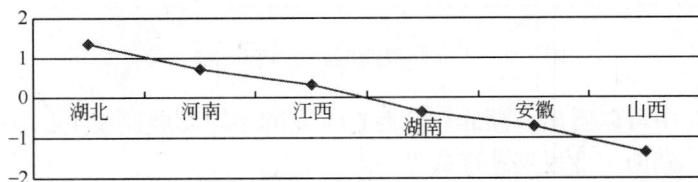

图 3.4 区域和谐发展能力因子中部六省排序

从图 3.4 中可以看出，在和谐发展能力上处于中部中间水平的是江西，其值大于零，稍稍高出平均水平。

4. 第四主因子比较

第四主因子 F_4 主要反映了区域内经济发展的可持续性，是区域的发展后劲因子。从各省的该主因子得分表，可知具体的排序依次如下：湖北、河南、湖南、江西、山西、安徽，具体情况如图 3.5 所示。

从图 3.5 中可以看出，就发展后劲来说，江西、山西、安徽的竞争力处于较低水平，需要重新审视自己，制定长远发展计划，大力提高发展后劲。

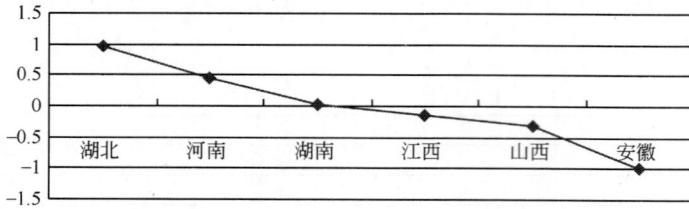

图 3.5　区域发展后劲因子中部六省排序

5. 第五主因子比较

第五主因子 F_5 主要反映了区域内工业总产值年均增长率，是衡量区域内工业发展速度因子。从该主因子的各省得分表，可知具体的排序依次如下：湖北、江西、安徽、河南、山西、湖南，具体情况如图 3.6 所示。

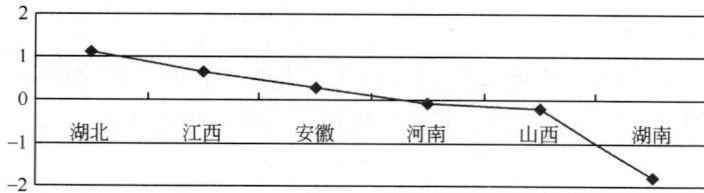

图 3.6　工业发展速度因子中部六省排序

从图 3.6 中可以看出，湖北、江西在工业的年均发展速度上，在中部地区具有一定优势。湖南工业发展速度较低。

6. 中部六省的综合得分比较

通过将五个主因子的得分与其对应的贡献率乘积求和，得出了中部六省的综合得分。按照得分，对这些省份的区域竞争力进行排序，依次如下：湖北、河南、湖南、江西、山西、安徽。江西在中部六省中排名第四，处于中下水平，这也是与江西目前的现状相符合的，具体如图 3.7 所示。

本书的指标体系按照全面、协调、可持续三个方面展开分析。通过主成分分析，找出了五个主因子，即区域整体发展水平因子、资源环境支撑能力因子、区域和谐发展能力因子、发展后劲因子、区域工业发展速度因子。不难发现，第一主因子（区域整体发展水平因子）反映的是区域的全面发展能力；第三主因子（区域和谐发展能力因子）所反映的是区域的协调发展能力；第二和第四主因子（资源环境支撑能力因子、发展后劲因子）反映的是区域的可持续发展能力。这

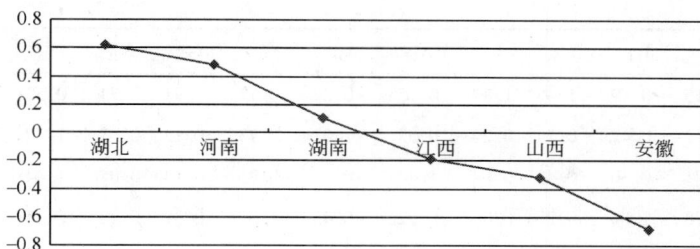

图 3.7　2005 年中部六省的综合得分比较

也说明，通过因子分析得出的中部六省的区域竞争力得分，是在科学发展观视角下的区域竞争力的得分；也说明对中部六省就 2005 年的数据所进行的因子分析是按照科学发展观的要求进行的，分析结果具有参考价值。

3.2　2006 年中部六省区域竞争力评价实例分析

下面将用 2006 年的数据，采用因子分析法对中部六省的区域竞争力进行评价，以便与 2005 年的分析结果进行比较。由于分析过程与 2005 年的基本相同，所以在分析的过程中，尽量省略重复的地方，尽可能多地使用图标将分析结果表示出来。

3.2.1　对原始数据的标准化处理

本书使用 Z-Score 法，对 2006 年的原始数据进行标准化处理，处理结果如表 3.11 所示。

表 3.11　标准化处理后的数据表格

地区	X_1	X_2	X_3	X_4	X_5	X_6	X_7	X_8	X_9	X_{10}	X_{11}	X_{12}
山西	−1.21	−0.24	0.98	−0.90	1.77	−0.52	−1.00	−1.21	1.17	−0.92	−0.92	−0.88
安徽	0.11	−0.89	−0.45	−0.42	0.31	−0.63	−0.34	0.09	−1.38	−0.50	−0.50	−0.59
江西	−0.74	1.02	−0.07	1.57	−0.80	1.73	1.64	−0.60	−0.91	−1.10	−1.10	−0.99
河南	1.70	−1.03	−1.57	−0.84	−0.13	−1.00	−0.82	1.78	0.66	1.35	1.35	1.48
湖北	−0.09	1.41	1.17	−0.29	−0.10	−0.14	−0.17	0.03	0.65	0.88	0.88	0.83
湖南	0.23	−0.27	−0.06	0.88	−1.05	0.57	0.69	−0.09	−0.19	0.30	0.30	0.15

续表

地区	X_{13}	X_{14}	X_{15}	X_{16}	X_{17}	X_{18}	X_{19}	X_{20}	X_{21}	X_{22}	X_{23}	X_{24}
山西	-1.15	-0.89	-1.48	1.87	0.15	-0.24	-0.11	-1.91	0.74	0.53	-1.25	-0.47
安徽	-0.11	0.42	0.54	-0.24	0.52	-1.02	0.73	0.15	0.37	1.30	1.33	-0.47
江西	-0.71	-0.30	0.48	-0.64	-1.44	-0.59	-0.75	0.13	0.04	-1.44	0.69	-1.06
河南	1.78	1.84	0.28	0.06	-0.92	-0.45	-1.57	0.32	0.42	0.17	-0.85	0.29
湖北	0.09	-0.53	1.13	-0.05	1.27	1.75	0.82	0.25	0.41	-0.90	0.52	1.83
湖南	0.10	-0.53	-0.96	-1.01	0.43	0.54	0.87	1.06	-1.99	0.35	-0.43	-0.11

地区	X_{25}	X_{26}	X_{27}	X_{28}	X_{29}	X_{30}	X_{31}	X_{32}	X_{33}	X_{34}
山西	0.21	-1.12	-0.96	-0.06	0.12	-1.12	-0.52	-2.00	1.99	1.77
安徽	-1.06	1.43	0.04	-0.57	1.56	-0.55	0.67	0.79	-0.54	-0.74
江西	1.84	0.89	-0.63	-1.23	-0.05	-1.01	-0.12	0.40	-0.76	0.63
河南	-0.32	-0.67	1.90	1.77	-1.22	0.89	-1.38	0.38	-0.29	-0.54
湖北	-0.60	-0.66	-0.11	0.16	0.49	0.98	1.53	0.18	-0.11	-0.58
湖南	-0.07	0.14	-0.24	-0.08	-0.90	0.82	-0.17	0.24	-0.28	-0.53

3.2.2 用 SPSS 进行因子分析后的各类结果表格

从表 3.12 中可知，前面五个特征值大于 1，后面的特征值很小，由于在表格中设置的取值是小数点后面 2 位，所以取值后在表 3.12 中全面为 0。在此，将用主成分分析法从 34 个指标中提取的五个公共因子用 F_1、F_2、F_3、F_4、F_5 来表示。

表 3.12 各因子的特征值和贡献率表

成分	初始特征值		
	特征值	贡献率/%	累积%
1	12.15	35.74	35.74
2	9.13	26.85	62.59
3	5.84	17.17	79.76
4	4.35	12.78	92.54
5	2.54	7.46	100.000
6	0.00	0.00	100.00
7	0.00	0.00	100.00
8	0.00	0.00	100.00
9	0.00	0.00	100.00
⋮	⋮	⋮	⋮
34	0.00	0.00	100.00

3.2.3　因子载荷矩阵

从表 3.13 中可知，F_1、F_2、F_3、F_4、F_5 这五个主因子所承载的载荷量与 2005 年的基本一致，也就是说，五个主因子的经济含义与 2005 年的基本相同，即：F_1 表示的是区域整体发展水平因子；F_2 表示的是资源环境支撑能力因子；F_3 表示的是区域和谐发展能力因子；F_4 表示的是区域的发展后劲因子；F_5 表示的是区域工业发展速度因子。

表 3.13　旋转后的各因子载荷矩阵

| | 主要因子 | | | | | | 主要因子 | | | | |
	F_1	F_2	F_3	F_4	F_5		F_1	F_2	F_3	F_4	F_5
X_1	0.90	0.24	-0.27	-0.24	-0.07	X_{18}	0.36	-0.24	0.94	0.44	-0.17
X_2	-0.19	0.05	0.87	0.86	0.10	X_{19}	-0.27	0.21	0.88	-0.23	-0.24
X_3	-0.48	-0.38	0.73	0.30	0.09	X_{20}	0.50	0.90	0.08	0.13	-0.47
X_4	-0.35	0.49	-0.12	0.58	-0.54	X_{21}	-0.05	-0.22	-0.13	0.00	0.54
X_5	-0.32	-0.94	0.06	-0.42	0.55	X_{22}	-0.03	-0.05	0.02	-1.00	-0.05
X_6	-0.47	0.33	-0.10	0.70	-0.41	X_{23}	-0.21	0.89	0.28	0.09	0.29
X_7	-0.33	0.55	-0.11	0.62	-0.44	X_{24}	0.67	-0.14	0.89	0.19	0.20
X_8	0.35	0.24	-0.30	-0.16	0.07	X_{25}	-0.46	-0.05	-0.50	0.71	-0.18
X_9	0.95	-0.92	0.13	0.12	0.08	X_{26}	-0.37	0.91	-0.13	-0.14	-0.06
X_{10}	0.89	-0.05	0.95	-0.02	-0.06	X_{27}	0.88	0.13	-0.39	-0.20	0.13
X_{11}	0.88	-0.05	0.16	-0.02	-0.06	X_{28}	0.87	-0.40	-0.18	-0.23	0.07
X_{12}	0.56	-0.08	0.08	0.03	-0.01	X_{29}	-0.50	0.39	0.45	-0.90	0.57
X_{13}	0.86	0.16	-0.26	-0.14	-0.02	X_{30}	0.89	0.06	0.33	0.05	-0.30
X_{14}	0.69	0.25	-0.57	-0.27	0.24	X_{31}	-0.17	0.39	0.86	0.17	0.24
X_{15}	0.38	0.66	0.16	0.35	0.94	X_{32}	0.40	0.91	-0.04	0.07	-0.07
X_{16}	-0.25	-0.81	-0.02	-0.23	0.48	X_{33}	-0.32	-0.90	0.11	-0.23	0.13
X_{17}	0.08	-0.08	0.77	-0.92	0.01	X_{34}	-0.66	-0.67	-0.26	0.18	0.12

3.2.4　因子得分系数矩阵

因子得分系数矩阵见表 3.14。

表 3.14 因子得分系数矩阵

	因子						因子				
	F_1	F_2	F_3	F_4	F_5		F_1	F_2	F_3	F_4	F_5
X_1	0.07	0.02	-0.04	-0.04	-0.02	X_{18}	0.05	-0.05	0.13	0.10	-0.04
X_2	0.02	-0.01	0.06	0.21	0.09	X_{19}	-0.03	0.03	0.16	-0.11	-0.12
X_3	-0.02	-0.05	0.12	0.06	0.01	X_{20}	0.04	0.06	0.03	-0.01	-0.11
X_4	-0.03	0.03	-0.02	0.08	-0.11	X_{21}	0.01	0.01	-0.05	0.09	0.32
X_5	-0.03	-0.05	0.00	-0.05	0.12	X_{22}	-0.04	0.02	0.03	-0.25	-0.10
X_6	-0.03	0.01	-0.03	0.12	-0.07	X_{23}	-0.02	0.13	0.04	0.01	0.13
X_7	-0.02	0.04	-0.02	0.09	-0.08	X_{24}	0.08	-0.02	0.11	0.07	0.07
X_8	0.07	0.03	-0.05	0.00	0.04	X_{25}	-0.02	-0.03	-0.10	0.16	0.00
X_9	0.05	-0.13	0.02	0.07	0.00	X_{26}	-0.05	0.13	-0.02	-0.08	0.01
X_{10}	0.09	-0.02	0.04	0.02	-0.01	X_{27}	0.07	0.02	-0.06	0.00	0.05
X_{11}	0.09	-0.02	0.04	0.02	-0.01	X_{28}	0.08	-0.06	-0.02	-0.01	0.00
X_{12}	0.09	-0.02	0.02	0.04	0.01	X_{29}	-0.05	0.09	0.07	-0.06	0.17
X_{13}	0.08	0.01	-0.04	0.00	0.01	X_{30}	0.08	-0.02	0.07	0.01	-0.09
X_{14}	0.05	0.04	-0.10	-0.02	0.09	X_{31}	-0.01	0.06	0.14	0.03	0.09
X_{15}	0.05	0.10	0.01	0.12	0.23	X_{32}	0.03	0.11	0.00	0.00	0.03
X_{16}	-0.01	-0.08	-0.01	0.00	0.10	X_{33}	-0.02	-0.11	0.02	-0.03	-0.02
X_{17}	0.00	0.00	0.17	-0.10	-0.05	X_{34}	-0.05	-0.08	-0.06	0.06	0.02

注：提取方法为主成分分析、因子得分。

3.2.5 计算主因子得分和综合得分

表 3.15 为主因子得分情况。

表 3.15 主因子得分情况

地区	F_1	F_2	F_3	F_4	F_5
山西	-1.00	-1.70	-0.05	-0.43	0.33
安徽	-0.47	0.70	0.21	-0.39	0.67
江西	-0.91	1.24	-0.42	0.14	0.64
河南	1.58	-0.29	-1.21	-0.23	0.29
湖北	0.68	-0.05	1.58	0.65	0.65
湖南	0.11	0.09	0.39	0.26	-1.98

中部六省 2006 年的综合得分情况见表 3.16。

表 3.16　中部六省 2006 年的综合得分情况

地　区	得　分	排　序
湖北	0.66	1
河南	0.47	2
湖南	0.07	3
江西	−0.05	4
安徽	−0.11	5
山西	−0.85	6

3.2.6　江西 2005 年和 2006 年各因子得分对比分析

各主因子的得分比较，可通过表 3.17 和柱状图 3.8 形象地表示出来。

表 3.17　主因子得分对比

项目	F_1		F_2		F_3		F_4		F_5	
年份	2005	2006	2005	2006	2005	2006	2005	2006	2005	2006
江西	−0.7	−0.91	0.33	1.24	−0.3	−0.42	0.06	0.14	0.65	0.64

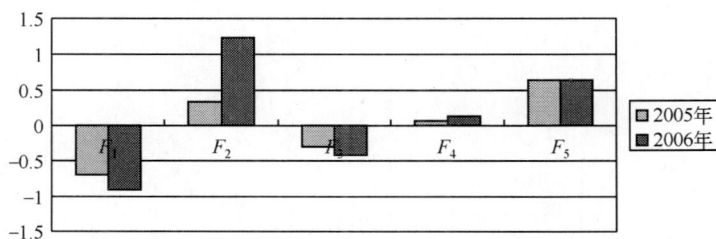

图 3.8　江西 2005 年和 2006 年各因子得分对比分析

从表 3.17 和图 3.8 中，可知将 2006 年和 2005 年比较，江西在第一主因子，即区域整体发展水平因子上，在中部地区的总体排位不变，都是倒数第二，但是得分从 −0.71 降到了 −0.91，这说明江西的整体发展水平相对降低了。而第二主因子，即资源环境支撑能力因子上，江西 2006 年得分比 2005 年大幅度提高，说明随着经济的发展，环境资源因素对其他省份的制约越来越明显，同时更加体现了江西省在这方面的优势。在第三主因子，即区域和谐发展能力因子上，江西的得分有所下降，由原来的 −0.3 降到了 −0.42，这说明江西在中部地区的经济、社会协调度有所降低，这是值得关注的一个趋势。在第四主因子，即区域的发展后劲因子上，从图 3.8 和表 3.17 中可以看出，江西省的发展后劲在增强，得分由原来的0.06上升到了0.14，这说明江西在中部崛起的过程中，在制定政策、把握机会方面取得了一定的成绩，使其发展后劲在增大，这使我们看到了江西实现进一步的发展、发挥后发优势的希望。在第五主因子，即区域工业发展速度因子上，江西2006年的工业发展和2005年比较，基本持平，略有下降，得分降低了0.01。

在综合得分方面，江西2006年的得分为 − 0.05，而2005年的得分为 − 0.19,排名没有变化，在中部六省中都排在第四的位置上。但是，值得注意的是，其得分还是比2005年提高了不少，这说明江西在中部地区的综合竞争力还是处于不断提高的过程中的，尽管不是很明显。但同时，我们还必须看到其得分都为负值，这说明其发展水平低于中部的平均水平。这和江西的实际情况是相符合的。

综上所述，江西在中部地区的优势在于其资源环境对经济社会发展的支撑上，而最大的不足在于历史积累下来的整体发展水平上。目前，江西面临着国内外对环境资源越来越重视的良好机会，同时也面临着如不加快发展步伐，可能导致与中部的领先省份差距不断扩大的不良局面。

参 考 文 献

[1] Porter E M，The competitive advantage of nations. New York：The Free Press，1998

[2] IMD. The world competitiveness. Year Book，1977

[3] 王秉安，陈振华等．区域竞争力理论与实证．北京：航空工业出版社，2000：92~95

[4] 曹远征．国家体改委经济体制改革研究院中国人民大学综合开发研究院联合研究组．中国国际竞争力研究发展报告（1999）——科技竞争力主题研究．北京：中国人民大学出版社，1999

[5] 赵彦云．中国人民大学竞争力与评价研究中心研究组．中国国际竞争力研究发展报告，2001

[6] 倪鹏飞．中国城市竞争力与基础设施关系的实证．中国工业经济，2002，(5)：621

[7] 张辉．区域竞争力的有关理论探讨．中国软科学，2001，(8)：93~98

第二篇

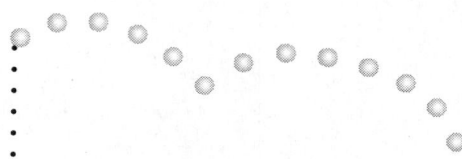

经济联动发展：中部崛起的内在机制

第4章

研究中部区域经济联动发展的必要性

4.1 中部崛起必须加强内部合作以实现经济联动发展

区域协调发展是国民经济平稳运行和较快发展的前提。对于我国这样一个自然条件复杂的多民族大国,区域协调发展不仅是重大的经济问题,也是重大的政治问题和社会问题。统筹区域协调发展,是"五个统筹"的重要内容,是落实科学发展观、构建社会主义和谐社会的必然要求。促进区域协调发展,逐步缩小区域发展差距,是我国现代化建设进程中的一项长期任务,也是当前的一项重要工作。

在我国经济发展的区域格局中,中部地区①具有举足轻重的地位。无论是从历史沿革看还是从地理条件看,中部地区对我国经济发展都具有重要的战略意义。中部六省有着承东启西、接南进北、吸引四面、辐射八方的区位优势,是东西部经济合作的桥梁和纽带,在全国板块经济中具有不可替代的作用。它的经济总量大,增长潜力强;基础设施粗具规模,辐射带动内地发展的功能强;产业经济实力雄厚,对推进重化工业、高加工度和高新技术产业,加快我国的工业化进程具有巨大作用。

但是,由于发展起点和环境、条件不同,中部地区正面临"多面夹击"的被动局面。中部六省——安徽、山西、河南、湖北、湖南、江西的经济发展水平远低于东部沿海地区,且发展差距还呈加速扩大之势。[1] 2000~2004 年的 5 年间,中部地区的山西、江西、河南、湖南、湖北、安徽经济年均增长速度分别为11.1%、10.7%、10.5%、9.7%、9.6%和9.4%,只有山西高于11%;而同期

---

① 我国在制定《国民经济和社会发展第七个五年计划》时,作出过东、中、西部三个经济地带的划分,中部地区包括山西、内蒙古、吉林、黑龙江、安徽、江西、河南、湖北、湖南九省区。后来,黑龙江、吉林、内蒙古三省区被纳入沿边开放范围。20 世纪 90 年代初,国务院发展研究中心组织了"我国中部地区经济发展战略和政策研究",在《谨防中部塌陷》的研究报告中,中部地区只包括"山西、河南、湖北、湖南、安徽、江西"内陆六省。本书所说的中部地区系上述我国内陆地区六省。

东部地区的天津（13.1%）、浙江（12.5%）、山东（12.2%）、江苏（12.2%）、广东（12.0%）、上海（11.5%）、北京（11.3%），以及西部地区的内蒙古（13.3%）、西藏（11.9%）、青海（11.6%）经济年均增长速度均高于11%。同时，中部地区的财政收入、城乡居民收入水平与其他地区相比也偏低，形成了事实上的"中部塌陷"。[2]

中部崛起是当前我国区域经济发展的重大问题。早在20世纪90年代，学者们就曾经呼吁关注中国腹地加快发展的问题。进入21世纪，中部发展的机会终于来临。2002年11月，党的"十六大"提出了"促进区域经济协调发展"；2003年10月，党的十六届三中全会提出了"有效发挥中部地区的综合优势"；2004年3月的全国人大会议上，国务院总理温家宝在《政府工作报告》中第一次明确提出了"促进中部地区崛起"的概念。2004年中央工作会议在部署2005年经济工作的六项任务时，又一次明确提出"促进中部地区崛起"。[3]

2005年10月11日，中国共产党第十六次中央委员会第五次全体会议通过的《中共中央关于制定"十一五"规划的建议》将区域经济协调发展作为十项发展目标之一，明确了中部崛起的路径，指出"中部地区要抓好粮食主产区建设，发展有比较优势的能源和制造业，加强基础设施建设，加快建立现代市场体系，在发挥承东启西和产业发展优势中崛起"，并指出"形成区域间相互促进、优势互补的互动机制，是实现区域协调发展的重要途径。健全市场机制，打破行政区划的局限，促进生产要素在区域间自由流动，引导产业转移。健全合作机制，鼓励和支持各地区开展多种形式的区域经济协作和技术、人才合作，形成以东带西、东中西共同发展的格局"。中部崛起离不开区域经济协调发展的大环境，中部的崛起实质上是在国家必要的政策扶植下，发挥中部地区的比较优势，培育自我发展能力，实现持续、快速、健康的发展。加快促进中部地区崛起，对于贯彻落实新的科学发展观，统筹区域和城乡协调发展，具有重要的战略意义。

在市场经济条件下，区域的自由性和区域经济的发展冲突是客观存在的，区域不是孤立存在的。[4]从世界经济一体化的趋势看，区域之间的联合与合作已成为一种趋势。因此，打破区域独立发展的思维方式，确立区域协调、联动发展已成为时代的要求。[5]国家"十一五"规划提出了"健全区域协调互动机制"和"主体功能区"的概念。主体功能区的新提法和区域政府政策模式的转变，意味着中国区域发展和区域合作的导向发生了变化，该构想强调区域经济的协调发展，即国家通过宏观政策和宏观调控确保区域经济非均衡度的适度化，实现社会的稳定和区域经济的协调可持续发展。[6]

在这个大背景下，中部地区要实现快速稳定发展，当务之急是要着力实施大开放主战略，把中部六省作为一个整体区域市场，以体制改革为突破口，加强区域内部合作。由于受行政区域划分、地方狭隘利益驱动的影响，中部地区各省之间缺乏必要的战略联系，特别是缺乏战略协作与战略联合，造成地方"诸侯经济"、重复建设现象，这不利于中部地区整体特色优势的综合发挥，不利于中部相互联动、整体崛起。[7]因此，中部崛起必须要加强区域合作。只有在开放的前提下互相沟通、加强合作，才能正确认识和发挥中部地区的比较优势，有效配置区域资源；才能打破行政划限制，加强区域市场一体化；才能在中部六省经济发展战略上统一思想，达成共识，共同争取国家宏观政策的支持。

本书就是立足中部地区的社会经济特点，以考察中部地区联动发展的难点和重点为切入点，以实现中部崛起和区域协调发展为目标，把握区域联动发展的理论基础，在综合分析中部联动发展的必要性和可行性的基础上，指出中部地区联动发展的现实困境，并构建博弈模型，运用博弈论的方法探讨中部区域如何构建区域分工动力机制、区域经济合作机制和区域利益协调机制及其实现方式，探讨中部联动的重点领域，并提出促进中部地区联动发展，推动中部崛起，提升中部地区区域竞争力，促进区际协调发展的相应对策和建议。

4.2　研究中部区域经济联动发展具有理论和现实意义

加入世界贸易组织（WTO）后，我国融入世界经济体系的进程加快，长期以来在计划经济体制下形成的以城市和行政区为单元的自闭式经济发展模式，正在或即将受到世界经济全球化和区域经济一体化的强势冲击。针对我国区域差异日益扩大和区域经济市场化、国际化不断深化的现实情况，通过加强对区域发展的协调和指导，在新时期条件下形成促进区域经济协调发展的机制和相关体制，探索达到区域协调发展和统筹发展的方式、方法和实现途径，是区域经济学和经济地理学学科领域迫切需要加以解决的重大课题。对中部地区区域经济联动发展进行研究，有助于通过研究中部六省之间的联动与协调发展，探讨促进区域经济协调发展的方式、方法、实施途径和相关体制机制等问题，对形成和促进我国区域经济协调发展的机制及学科发展具有重大的理论意义。

2006 年 4 月，中共中央和国务院下发了《关于促进中部地区崛起的若干意见》，提出将中部地区建设成为中国重要的粮食生产基地、能源原材料基地、现代装备制造及高技术产业基地和综合交通运输枢纽，并逐步解决中部地区发展面临的突出问题，这无疑给了中部六省新的压力。其实，中部六省也同时意识到必须改变现状，通过打破区域间的"行政"分割，形成合力，实现中部崛起。作为同一个经济板块，中部各省从本质上有着共同的利益和愿望。要完成中央提出的三大基地建设及建成综合交通运输枢纽的任务，就必须加强各省间的紧密合作，形成中部地区的联动。[8]

中部地区的联动既有利于促进该地区的经济发展，保持社会稳定，又有利于缩小东西差距，对整个国民经济的平衡发展具有极其重要的意义。另外，从中部地区经济协调发展的角度看，也有必要实行区域经济的联动发展。原因如下：

首先，同质区域间的类似、接近并不完全等于相同，它们彼此之间还存在着许多差异，且主导资源和资源组合特点也有差异，主导产品、产业、资源加工转移的方式也有所不同，因而同样存在着互补关系。在此基础上建立的分工与合作，更有利于发挥各省的优势，实现要素的合理流动和优化配置，提高劳动生产率，并增强国际竞争能力。

其次，这类区域既有一些共同的优势，也有一些共同的制约因素，如资金、技术力量不足，或能源资源缺乏、基础设施不足等。只有集中区域内的人、财、物等各种资源，才能联合解决一些制约区域发展的共同的"瓶颈"问题，为发挥区域内的优势创造重要条件。如果单干则既难以发挥优势，对于克服限制因素也会力不从心。

最后，通过区域合作联动，强化宏观经济的规划和协调，把眼前利益与长远利益、局部利益与全局利益结合起来，进行生产力的合理布局，可以提高布局经济效益，减少由于结构趋同、重复建设、各铺一摊、过于分散而造成的浪费，获取规模经济效益。并且可以合理安排建设项目，按照需要与可能，区分轻重缓急，统筹安排地区开发项目的进度，提高时序经济效益。

推进区域经济协调发展，是 21 世纪我国区域经济发展的战略方针。东部沿海地区得改革开放的先发效应，一直是中国经济高速增长的最主要力量。随着西部大开发战略的实施，西部省（自治区）也一直保持着较高的经济增长速度。[9,10]但由于东西之间存在着较大的经济技术差距和空间距离，要形成中国经济区域总体布局的均衡态势和完整结构，唯有作为承东启西的中部挺直腰板才是前提，只有这样中国经济才能协调健康发展。因而，研究中部地区的区域合作与联动具有重要的理论价值和现实意义。

第 5 章

区域经济联动的理论及典型案例

5.1 区域联动发展的相关理论

5.1.1 区域分工理论

区域分工是联动的前提条件，分工理论是区域联动的理论基础。比较优势理论是随着自由贸易的发展而产生的。亚当·斯密的绝对成本说和大卫·李嘉图的比较成本说从供给与成本的角度论述了国际贸易的成因。而哈伯勒则主张用比较机会成本代替比较劳动成本解释国际贸易产生的原因，认为生产机会成本低的商品有比较优势，参加分工和交换能为双方带来利益。赫克歇尔和俄林的要素禀赋论（H-O 模型）认为生产要素禀赋的差异导致了国际贸易的产生。美国学者M. Posoner 等提出新技术贸易论，认为技术差距的存在使得在某一个领域内新产品问世后至其他国家仿制的出现以前这一段时间内，创新区域具有出口优势，但动态技术优势会随着技术的国际标准化而消失。R. Vernon 则提出了产品生命周期理论，认为技术条件的变化是影响工业品贸易格局的决定因素，一切产品都有创新、成长与成熟、标准化、衰退这样一个过程，阶段的不同导致不同区域之间可以因地制宜进行合作。两位美国学者的观点如出一辙。[11,12]

苏联经济学家巴朗斯基将劳动分工理论引入经济地理学，并结合经济区和经济地域组织研究，形成了劳动地域分工论。劳动地域分工理论的基本观点可归纳为地域分工发展论、地域分工竞争论、地域分工层次论、地域分工协调论、地域分工合作论和地域分工效益论六大方面。[13]其中，分工合作论认为分工是合作的前提，合作是分工得以实施的保障，合作的目的是合作各方扬长避短，进行优势互补或优势相加，将分散的生产要素按最优结构合成新的生产力即协作生产力，取得"整体大于部分之和"的综合效益。这样，不仅可以避免区域产业结构雷同导致的区际冲突，而且可以提高协作区域总体在全国劳动地域分工的地位与作用，促进区域产业组织的创新和全国统一市场的形成及产业结构的协调化与高级化。

上述理论虽然都在不同程度上揭示了劳动地域分工的比较利益机制，但它们也存在某些不足之处。随后又有李斯特的动态比较生产费用说、日本小岛清的协议分工理论。[14]

劳动地域分工是指人类经济活动按地域分工，它是社会分工的空间表现形式。苏联经济地理学家萨乌什金将劳动地域分工划为六类：在经济上完整的地区（国家经济区）之间的劳动总分工；某些个别中心（工业枢纽、大城市）之间的劳动分工；经济中心（城市、联合企业、大型机械制造装配厂）四周的劳动分工；某一空间"场"内的劳动分工；阶段性分工和时期劳动地域分工。[15]劳动分工导致经济利益的产生就是劳动分工的经济性。劳动分工的经济性有两种：一是直接经济性，就是指采用一定程度的分工和专业化的生产方式能够带来生产效率的提高或生产资源的节约；二是间接经济性，就是指分工和专业化的发展为生产方式的其他创新提供了条件，而对这些生产方式创新的采用会带来生产效率的提高或生产资源的节约。[16]

Frobel、Heinrichs、Kreye 等提出了新国际劳动分工理论，认为国家力量和保护权力的降低导致了资本间的强烈竞争，导致了资本的结构变动，工业布局的消费指向性重新调整，高技术由发达国家承担，低技术由第二世界承担，跨国公司的发展和跨国资本的流动使一些技术扩散到第二世界，通过这些部门的"滴流效应"，最终改变当地其他经济部门，并解释了相对落后地区经济发展的外部动因。[17,18]

5.1.2 区域经济差异理论

区域经济差异一直是区域经济学研究的核心问题之一，也是世界各国经济发展过程中的一个普遍性问题。均衡与非均衡是贯穿区域经济发展过程中的矛盾统一体，它们相互交替，不断地推动区域系统从低层次向高层次演化。

1. 区域经济均衡发展理论

1）新古典理论

新古典理论（neoclassical regional growth theory）的核心思想是，在市场经济条件下，资本、劳动力与技术等资源要素实现合理流转与配置，并达到经济上的均衡，实现区域协调发展。该理论认为，区域经济增长取决于资本、劳动力和技术三个要素，各个要素的报酬取决于其边际生产力。在市场供求关系和资本边际收益递减规律的支配下，发达区域的资本会流向欠发达区域，欠发达区域的劳动力则会流向发达区域。资本要素和劳动力要素逆向流动的结果是，一方面，发达区域的投资者增加了收入，在消费递减的现实经济生活中，收入的增加意味着投资的增加；而发达区域投资的边际收益会递减的预期，迫使发达区域的投资者仍然回到欠发达区域扩大投资。这样，欠发达区域就会享有较高的资本积累率和支撑经济高速增长的宝贵资金。另一方面，欠发达区域的劳动力到发达区域被雇用，所取得的个人收入除本人生活外，相当大的部分会转化为欠发达区域的消费资金；而消费资金的扩大，也意味着需求的扩大，进而拉动生产扩大和投资的活跃，从而达到各地区经济平衡增长的状态，各地区都可以分享到经济增长的好处，区际差异最终会趋于减小。

2）发展经济学平衡增长理论

（1）罗森斯坦·罗丹（Paul N. Rosenstein-Rodan）的大推进论。1943 年，罗森斯坦·罗丹在他的"东欧和东南欧国家工业化问题"这一著名论文中认为，发展中国家要从根本上解决贫穷落后的问题，关键在于实现工业化，而实现工业化首要的障碍就是资本短缺，因为资本和市场必须具有相互关联的整体性和外展性，才能达到规模经济效益，所以资本和市场、供应和需求必须相互补充、相互支持。[19] 由于存在社会分摊资本、储蓄和市场需求三个方面的不可分性，小规模的、个别的部门投资是不可能从根本上解决问题的，所以应当采取"大推进"策略。"大推进"就是在各个工业部门同时进行全面的大量投资，使各种工业部门都发展起来，这样才能相互依赖，互为市场，克服不可分性，实现经济的大发展。

（2）纳克斯的平衡增长理论。1953 年，美国经济学家纳克斯（R. Nurkse）在《不发达国家的资本形成问题》一书中提出了"贫困恶性循环"理论。纳克斯认为，在发展中国家存在着供给不足和需求不足两个方面的恶性循环，即供给不足循环：低收入—储蓄—资本短缺—低生产率—低收入；需求不足循环：低收入—低购买力—投资引诱不足—低生产率—低收入。纳克斯认为，发展中国家要解开恶性循环的死结，就必须采取"平衡增长战略"，全面、大规模地在国民经济各个部门进行投资。纳克斯强调了市场容量狭小对经济增长的限制和扩大市场容量对经济发展的决定作用，同时纳克斯的平衡增长不仅包括工业，还包括农业、外贸等，并尤其重视农业的作用。[20]

此外，还有纳尔逊（R. R. Nelson）的低水平均衡陷阱论、莱本斯坦（H. Leibenstein）的临界最小努力理论等。

上述理论不仅强调部门或产业间的均衡发展，而且强调区域间或区域内部的平衡发展，即空间的均衡化，认为随着生产要素区际流动的加速，各区域的经济发展水平差异将趋于减小。据此，主张在区域内均衡布局生产力，在空间上均衡投资，使各产业齐头并进，最终实现区域经济的协调发展。

2. 区域经济非均衡发展理论

1）循环累积因果理论

1957 年，瑞典著名的经济学家缪尔达尔（G. Myrdal）提出了累积循环理论。他认为发达区域经济收入水平较高，必然导致储蓄率和市场发育程度均较高；这就意味着下一轮新增投资，既有现实的资本保证，又有现实的投资机会；投入高，产出高，从而收入会更高。[21] 这样循环往复的结果，是发达区域的财富会不断积累。同样的道理，不发达区域由于大量资源要素被发达区域吸引而流失，使其投资条件不断恶化，经济增长不断萎缩。缪尔达尔提出了"地理上的二元经济"结构（geographical dual economy）理论。他认为，由于发达地区与不发达地区之间不断的相互作用，产生了不断增加的内部经济与外部经济，使核心地区表现为一种上升的正反馈运动，而边缘地区则表现为下降的负反馈运动，由此产生的累积因果循环拉大了区域差异。其原因是在市场机制的作用下，回波效应远远大于扩散效应，会出现"马太效应"，因此缪尔达尔主张实行国家干预。

2）赫希曼的不平衡增长理论

1958 年，赫希曼在《经济发展战略》一书中提出了不平衡增长理论。赫希曼也提出了"涓滴效应"（trickling- down effects）和"极化效应"（polarized effects）的概念。在经济发展的初级阶段，由于"极化效应"占主导地位，区域差异会逐渐扩大，但从长期看，"涓滴效应"会缩小区域差异。赫希曼的结论是："发展是一种不平衡的连锁演变过程。"因为不平衡增长激励创新，使区域经济发展具有活力，因此为了突破各种外部条件的限制，赫希曼认为政府应进行相应的干预。一方面，在资源有限的情况下，政府要引导投资集中到产品需求收入弹性和价格弹性最大的产业，获得效益后，再投资改善基础设施部门，进一步改造投资环境；另一方面，为减少"极化效应"过于强烈带来的区域差异扩大，政府也必须在适当的时候采取措施，使"涓滴效应"能抵消和超过"极化效应"。由于存在政府的干预作用，因此从长期看区域间是会趋向均衡的。[22]

此外，还有威廉姆森（O. Williamson）的倒"U"理论、弗里德曼（J. R. Friedman）的中心-外围理论、弗朗索瓦·佩鲁（F. Perroux）的增长极理论等。

概而言之，上述非均衡发展理论大多强调了发展对于非均衡的依赖性，并认为无论经济发展处于何种水平，非均衡发展都是绝对的，而均衡发展是相对的，它是经济发展的必要条件，但是这些理论都忽略了均衡发展的积极作用。

5.1.3　区域合作理论

1. 区域发展的相互依赖理论

第二次世界大战后的 20 世纪 50~60 年代，随着世界经济的发展，国际相互依赖理论开始兴起。1968 年美国经济学家理查德·库珀出版了《相互依赖的经济》一书，提出了区域发展的相互依赖理论，阐明了国家与国家之间、地区与地区之间的经济社会发展不是独立的，而是彼此依存、相互联系的，因此各国、各地区之间应该积极开展区域合作，以便谋求共同发展。相互依赖理论认为，世界经济的相互依赖是资本主义发展的客观要求和必然趋势，不同的社会制度可以通过经济关系连接起来，并且西方经济学家还运用数学模型进行了定量分析，其主要指标有贸易依存度、贸易结合度、对外依存度等。[23]

2. 协同论

协同论是 20 世纪 70 年代后期才建立起来的综合性新理论（由西德理论物理学家 H. 哈肯提出），该理论认为区域经济发展不平衡是普遍存在的现象，现代区域经济系统可被视为非平衡开放系统。非平衡性是指地区、部门之间经济的不平衡发展。开放性是指区域系统内外往复不断的人员、财物和信息交流，以实现区际生产要素的流动与区际贸易。显然，区域子系统也具开放性。[24,25] 只有这样，地区和经济部门之间才能密切联系、互相依赖，否则，各子系统间的协同作用必然会减弱。协同发展理论主张区域经济发展要有利于优化全区域自然资源、经济资源和劳动力资源的配置；工业应接近原料、燃料产地、消费市场和交通枢纽，并使各产业形成最佳的区域组合；通过促进欠发达区域的快速发展，使区域经济差异逐渐缩小。[26]

3. "新功能学派"理论

"新功能学派"理论成功地解释了欧美成功发展的贸易集团模式，揭示了一种制度驱动、竞争型的贸易集团合作模式。[27] 这一模式的主要特征是参与区域合作的成员基本上都是发达工业化国家（也有个别新兴工业国），所要达到的合作目标是经由经济合作最终达到政治合作，合作的途径主要由各成员国通过协商谈判建立统一的区域组织，并分阶段推行以消除贸易障碍为中心的经济合作措施。

4. "经济圈"或"成长三角"理论

从国际区域经济合作发展的潮流来看，"增长三角"或"成长三角"（growth triangle）是 1990 年以来在跨国区域经济合作中出现的一种新型国际区域合作模式、一种新型经济地域类型、一种新型跨国经济合作区概念。学术界一般认为，"增长三角"或"成长三角"是指由几个地理上比较接近的国家的部分地区组成的小范围的经济合作形式，它通过各国为这一地区提供的各种特殊政策，充分发挥经济上的互补性和地域上的便利性，建立起以吸引外资、扩展对外贸易为主的外向型的，包括生产、贸易、旅游、科技、交通运输、能源环保、通信及人力资源开发在内的综合性经济区。[28]"增长三角"或"成长三角"概念也可适用于一国范围内的区域经济合作。这一模式的功能在于，通过生产要素的重新配置减少成本，从而使区域内生产的商品在全球市场上更具竞争力，使合作各方都能从中受益。对于"成长三角"合作模式成功发展的条件，该理论认为主要是：第一，参与成员存在较强的经济互补性；第二，地理上的接近；第三，政府的支持和政府间的政策协调；第四，基础设施发展良好；第五，具有向其他地区扩展的潜力。[29]

5.1.4　区域协调发展理论

区域经济协调发展理论是在区域分工与合作的理论基础上发展起来的，目的是探索如何实现区域之间经济的共同发展、共同繁荣，以及区域经济利益与国家经济利益的和谐。与区域经济的其他理论相比较，该理论还处于形成阶段。国务院发展研究中心课题组在《中国区域协调发展战略》一书中，对区域经济协调发展的含义作了四方面的解释：第一，先富后富，共同富裕；第二，公平竞争，特别强调发展机会的公平；第三，承认市场机制作用下区域发展的不平衡性，但是政府要扶持欠发达区域的发展，消灭绝对贫困；第四，实施空间一体化战略，既要发挥市场机制对区域经济发展的作用，又要加强政府对区域经济的干预。[30]

20世纪90年代以来，区域经济协调发展作为一个新理念已为理论界所广泛接受，也成为我国指导区域经济发展的基本准则。[31]目前，国民经济与区域经济发展的阶段性特点决定了统筹区域发展将是21世纪前期中国社会经济发展的重大问题。未来统筹区域发展的基本思路是：以明确的区域战略为依据，逐步完善区域管理的制度基础，制定合理的区域政策，统一安排解决各种问题区域的发展，将治疗区域经济领域中已经存在的落后病、衰退病和防治现在的膨胀与萧条病结合起来，形成相互合作、相互支持、共同发展的区域经济新格局。[32]

5.2　国内外典型案例及启示

关于区域合作，不论是国内还是国外都有成功的模式和经验。"珠三角"、"长三角"等国内几大经济合作区和欧盟等国际性区域合作组织的成功模式与经验都值得我们借鉴。

5.2.1　国内典型案例

改革开放后，"长三角"与"珠三角"创造了中国区域经济发展的典范，成为我国经济区域中增长最快、投资环境最佳的两大区域。20 世纪 80 年代初，我国率先在珠江三角洲创办经济特区，使之成为外商投资的热土。90 年代，浦东的开发、上海的发展，带动了长江三角洲经济的飞速发展。近年来，"长三角"与"珠三角"地区经济的发展，对全国经济增长的贡献越来越大，也为中部崛起提供了宝贵的可资借鉴的经验。

1. "珠三角"经济发展的经验借鉴

1) 建立健全市场经济体制，以加快市场化进程促经济发展

"珠三角"发展从启动到起飞的过程，实际上就是中国改革开放最初状况的体现。自 20 世纪 70 年代以来，珠江三角洲地区率先在国内实行市场化取向改革和对外开放，通过一系列特殊政策允许采用各种灵活的措施接受来自香港的资本主义企业。这一转型给"珠三角"的经济注入了活力。"珠三角"经济发展态势之所以如此迅猛，最主要的原因就在于投资者对这里日益完善的市场体制和区域统一大市场有着良好的预期。[33]没有障碍和壁垒，拥有共同的公平、有序的市场法则，使得"珠三角"的消费、出口和投资三大市场需求潜力大增，资源的配置效率不断提高，要素的集聚能力也不断增强。

2) 充分利用有利的地理位置发展外向型经济

"珠三角"的起飞与其能够高密度地吸纳资本是分不开的，而其吸纳资本的能力又与它充分利用自身特殊的地理位置优势有很大关系。自 20 世纪 70 年代末以来，"珠三角"就大搞"三来一补"等外向型经济，在充分发挥地理位置优势的条件下促进了各种民间合作、地区合作、跨省和跨国合作。改革开放以来，"珠三角"地区充分发挥了其地理位置优势，注重从香港等地引进产业和实行替代发展，并形成轻纺等产业的集群发展态势。

2. "长三角"经济发展的经验借鉴

1) 地方政府为区域合作与协调发展推波助澜

在"长三角"地域经济的发展与合作中，政府从台后走到了台前，从被动的执行公务变成了主动为企业服务。这些地区的政府领导还通过相互走访与考察，交流经验，互通有无。[34]政府的这种在省区间的协调为企业营造了一个既充满竞争又相互帮助的"求大同、存小异"的发展环境。在达成多方共识的情况下，"长三角"区域内、区域间的合作都取得了相当大的实质性进展。近年来，长江三角洲区域经济整合出现了多年企盼的积极变化，包括两省一市领导参加的"沪苏浙经济合作与发展座谈会"，"15 + 1"城市领导参加的"市长论坛"，交通、旅游、人才、金融等部门的联席会议和协调机制等，这些对"长三角"的经济发展起到了很好的推动作用。

2）产业集群发挥了明显的经济效应

在经济体制创新和政府的合理引导下，"长三角"地区成功地形成了服装、家具及一些小商品的集群发展模式，如在浙江义乌建立起以专业化和低成本产品批发为特征的企业集群模式。目前，义乌已形成了服装、饰品、针织、印刷包装、文具用品、家具、毛纺、拉链等在全国具有很高市场占有率的八大优势产业集群，涌现出"浪莎"袜业等一批知名品牌。[35] 义乌产业集群的最大优点是可以实现低成本、低技术的专业化分工，使得经济规模迅速扩大，经济效益迅速增加。再如，在浙江宁波形成了以西服、衬衫生产为龙头，集羊毛、羊绒、童装、针织、丝绸、皮革系列于一体的服装生产集群，一批拳头产品打入国内外市场。在服装业的带动下，宁波的许多与服装相关的产业也随之发展起来。可见，"长三角"企业集群规模经济效应的充分发挥，极大地促进了整个"长三角"经济的发展和地区的经济合作。

3）重视科技产业园区和高新技术产业的发展及其对经济的带动作用

以上海浦东和苏州两个高新技术开发园区为代表的"长三角"科技园区是"长三角"经济圈中最有代表性和示范意义的工业园区。高新技术产业的崛起是上海成为"长三角"龙头的重要基础之一。上海市六个最大的产业基地，即上海浦东微电子产业基地、国家生物医药基地、上海浦东软件开发基地、上海外高桥国际物流基地、金桥现代工业基地和孙桥现代农业开发基地都在浦东。苏州新一轮的崛起及其在十多年间迅速跃居国内城市竞争力的前列，主要得益于苏州以工业园区为代表的高新技术产业的迅速崛起。在启动之初，苏州工业园区就有清晰的定位，即建设具有国际竞争力的高科技工业园区和现代化、园林化的新城区。[36]

4）发达的基础设施和交通网络支持

"长三角"地区有着完善的基础设施和极为发达的跨区域快速交通网络。这些完善的基础设施和发达的交通网络把以上海为中心的近20个接近或达到现代化水平的大中城市连成一体，把山东、安徽等邻近省市纳入了自己的大市场腹地。这极大地提高了区内企事业单位和个人的工作效率，方便了区域内外的人际沟通、往来与经济合作。

5.2.2　国外典型案例

在区域经济合作方面，一些国际性区域合作组织给我们提供了丰富而宝贵的经验。在这方面，世界上进行得最早、做得最好的当属欧盟。2004年5月1日，欧盟成功东扩，如今已成为一个经济实力超凡、合作程度最高、区域内各国经济发展水平最为接近的囊括25国的区域联合体。从煤钢共同体到关税同盟、欧洲经济共同体，再到统一大市场，以及如今的欧洲经济与货币联盟，成员国之间在经济政策领域的合作不断加强。[37] 而在此过程中，统一大市场的形成可以说是促使成员国加强合作和经济快速发展的关键一步。欧洲统一大市场的形成消除了成员国之间贸易的非关税壁垒，实现了要素在区域内的自由流动，形成了比美国、日本等国更为广阔的范围安排，从而极大地促进了成员国之间贸易量的提高和合作程度的加深，使区内产品的竞争力不断提高。特别是东扩后，欧盟成为目前世界上最大的单一市场，实行单一贸易制度即实行统一的贸易规则、统一的关税、统一的行政手续，这必然会进一步加大欧盟的贸易量，繁荣欧盟各国的经济，提高其经济效率。在管理机构及协调机制设置和运行方面，欧盟也堪称典范。从性质上讲，欧盟是一个高度一体化的带有超国家性质的新型区域性合作组织，它具有严密的法律体系，并定期更选出一个成员国作为轮值主席国负责欧盟整体的内外事务。欧盟实行的是混合代表制，并设有四大主要机构，它们是作为咨询和监督机构的欧洲议会，作为立法决策机构的部长理事会，作为执行机构的执委会，以及负责解释和实施欧洲法律的欧洲法院。此外，欧盟还组建了区内中央银行，发行统一货币欧元，形成了超越主权国家并行使管理权力的组织机构。

5.2.3　对中部地区区域联动发展的启示

通过对国内外区域经济合作成功案例的分析，不难得出以下几点启示：一是发挥各成员政府的作用。从国际区域经济合作及老工业基地的改造中可以看出，政府在政策、资金等方面对区域合作必须给予大力支持。二是必须建立一个区域经济合作的统一管理机构。从欧盟的合作中可以看出，区域经济合作首先必须建立一个统一的管理机构，对中部地区基础设施建设、支柱产业选择等方面进行统一安排和协调管理。三是促进产业集群发展。从国内外区域经济发展模式中不难看出，产业集群这一发展模式的作用越来越明显。四是区域经济的统一大市场。从欧盟和"长三角"的发展中可以看出，必须打破区域行政垄断和贸易壁垒，建立资本、人才等要素自由流动的统一市场机制。五是分阶段、渐进性地实现区域经济合作进程。一体化程度最高的欧盟的发展就经历了一个从相互减免关税、建立关税同盟，到实行共同的农业政策、渔业政策、贸易政策和财政政策，再到欧洲货币体系的建立和实现单一货币的渐进性过程。由此可见，区域经济合作必须是渐进性的。六是建立四通八达的交通网络。从"珠三角"和"长三角"的发展中可以看出，建立四通八达的交通网络是区域经济合作的前提条件。

第 6 章

中部地区经济联动发展的
现实基础和困境

6.1　中部六省经济发展能力的比较

经济发展是区域发展的基础保障，雄厚的经济基础有利于加快区域的社会发展与进步。它将为资源环境的维护与开发利用提供必要的科技条件与物质基础，从而有助于推动资源环境和社会的可持续发展。经济发展能力越高，相应区域内的总体发展能力也越强。

6.1.1　中部六省经济发展总体水平的比较

1. 经济规模的比较

中部六省经济基础雄厚，区位优势明显，在我国的经济发展中具有重要作用。2007 年，中部六省共实现国内生产总值 52 041.07 亿元，占全国总量的 20.86%，而人均 GDP 水平均在全国平均水平之下。其中，山西 2007 年人均 GDP 水平在全国 31 个省（自治区、直辖市）中排名第 15 位，位于中部地区首位；湖北、河南、湖南、江西、安徽的人均 GDP 则分别排在第 16、17、22、25、28 位。

规模可以从总量上反映区域经济的运行情况，中部六省及全国的经济规模如表 6.1 所示。从具体指标看，河南地区生产总值、地区财政收入、全社会固定资产投资完成额、社会消费品零售额、金融机构年末贷款余额五项经济规模指标都位于中部地区第一位，与另外五个省份相比都存在着显著的优势，如河南地区生产总值为 15 012.46 亿元，是位于第二位的湖北的 1.63 倍，是位于末位的江西的 2.73 倍；地方财政一般预算收入为 862.08 亿元，是位于第二位的湖南的 1.42 倍，是位于末位的江西的 2.21 倍；社会消费品零售额为 4597.5 亿元，是位于第二位的湖北的 1.14 倍，是位于末位的江西的 2.73 倍；全社会固定资产投资完成额为 8010.1 亿元，是位于第二位的安徽的 1.57 倍，是位于末位的山西的 2.80

倍；金融机构年末贷款余额为 9545.48 亿元，是位于第二位的湖北的 1.27 倍，是位于末位的江西的 2.37 倍。在对外经济中，居于首位的是安徽，其进出口总额是 159.32 亿美元；其次依次为湖北、河南、山西、湖南，处于末位的是江西。可以看出，河南和湖北的经济规模相对较大，山西和江西的经济规模相对较小。

表 6.1　中部六省经济规模评价

地区	GDP/亿元	地方财政收入/亿元	社会消费品零售总额/亿元	固定资产投资/亿元	金融机构贷款余额/亿元	进出口额/亿美元
山西	5 733.5	597.89	1 914.1	2 861.5	5 394.47	115.79
安徽	7 364.18	543.70	2 403.7	5 087.5	6 042.51	159.32
江西	5 500.25	389.85	1 683.1	3 301.9	4 026.74	94.49
河南	15 012.46	862.08	4 597.5	8 010.1	9 545.48	127.85
湖北	9 230.68	590.36	4 028.5	4 330.4	7 496.46	148.69
湖南	9 200.00	606.55	3 356.5	4 154.8	6 037.40	96.86
全国	249 529.9	23 572.62	89 210.0	137 323.9	261 690.9	21 737.26

资料来源：中华人民共和国国家统计局编. 中国统计年鉴2008. 北京：中国统计出版社，2008；山西省统计局，国家统计局山西调查总队编. 山西统计年鉴2008. 北京：中国统计出版社，2008；安徽省统计局，国家统计局安徽调查总队编. 安徽统计年鉴2008. 北京：中国统计出版社，2008；江西省统计局，国家统计局江西调查总队编. 江西统计年鉴2008. 北京：中国统计出版社，2008；河南省统计局，国家统计局河南调查总队编. 河南统计年鉴2008. 北京：中国统计出版社，2008；湖北省统计局，国家统计局湖北调查总队编. 湖北统计年鉴2008. 北京：中国统计出版社，2008；湖南省统计局，国家统计局湖南调查总队编. 湖南统计年鉴2008. 北京：中国统计出版社，2008

2. 经济增长速度的比较

图 6.1 是中部六省及全国 2002～2007 年 GDP 增幅示意图，表 6.2 是中部六省及全国 2002～2007 年 GDP 增长情况，从中可以看出，中部地区近五年的平均 GDP 增长速度一直位于全国平均水平之上，2007 年六省平均 GDP 增幅更达到 14.07%，比全国平均水平高出 2.67 个百分点，反映出六省经济的强劲发展势头。

表 6.2　中部六省及全国 2002～2007 年 GDP 增长情况（单位:%）

地区	2002 年	2003 年	2004 年	2005 年	2006 年	2007 年
山西	10.8	13.2	14.1	12.5	11.8	14.2
安徽	8.9	9.2	12.5	11.8	12.9	13.9
江西	10.5	13.0	13.2	12.8	12.3	13.0
河南	9.5	10.5	13.7	14.1	14.1	14.4
湖北	9.1	9.3	11.5	12.1	12.1	14.5
湖南	9.0	9.6	12.0	11.6	12.1	14.4
全国	9.1	10.0	10.1	10.4	10.7	11.4

资料来源：中部六省及全国《2002～2007 年统计公报》

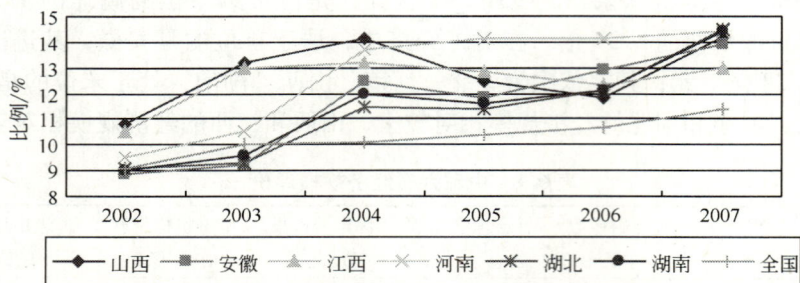

图6.1　中部六省及全国2002～2007年GDP增幅示意图

保持一定的经济增长速度是区域经济发展所必需的，本书分别选取GDP增长率、工业增加值增长率、社会消费品增长率和地方财政收入增长率四个指标来反映区域经济增长速度的变化（表6.3）。从中可以看出，中部六省四个指标值在考察期都是不断增大的，但从上述指标的平均增长率来看，各省的增长速度又不尽相同。第一，从GDP平均增长率看，处于领先水平的是湖南、湖北、安徽和河南，其增长率都在8%以上；第二，从工业增加值平均增长率看，处于领先水平的是湖北、河南和安徽，其平均增长率都超过了9%；第三，从社会消费品平均增长率看，处于领先水平的是安徽，其平均增长率达到了19.66%；第四，从地方财政收入年均增长率看，增长最快的有河南、安徽、湖北和湖南，它们的平均增长率在16%以上。

表6.3　中部六省经济增长速度比较（单位：%）

地区	GDP增长率			工业增加值增长率			社会消费品增长率			地方财政收入增长率		
	2002年	2007年	平均增长率	2002年	2007年	平均增长率	2002年	2007年	平均增长率	2002年	2007年	平均增长率
山西	10.8	14.2	5.63	16.8	21.0	4.56	11.1	18.6	10.88	20	30.5	8.81
安徽	8.9	13.9	9.33	15.3	24.5	9.87	7.5	18.4	19.66	10	27	21.98
江西	10.5	13	4.36	16.2	24.6	8.71	9.1	17.9	14.49	15.1	27.5	12.74
河南	9.9	14.4	8.67		24.2	11.25	10.6	18.5	11.78	8.6	27	25.71
湖北	9.1	14.5	9.77	12.3	23.6	13.92	11.3	18.1	9.88	11.2	24	16.47
湖南	9.0	14.4	9.86	16.1	24.3	8.58	11.1	18.4	10.64	16.02	26.2	16.18

注：GDP平均增长率 $= \sqrt[n-1]{a_n/a_1} - 1$，其中，$a_n$ 指2007年GDP增长率，a_1 指2002年GDP增长率，其他三个指标的平均增长率，依此类推。若无特殊说明，书中表格中平均增长率的计算均同于此。

资料来源：中部六省《国民经济和社会发展统计公报》（2002年、2007年）

3. 经济效益的比较

相比较东部地区由"速度东部"向"效益东部"的转变，中部地区也面临如何提高经济增长的质量和效益的问题。2007 年，中部地区经济效益明显改善，但各省之间差别较大。本书选用了人均地区生产总值、全社会劳动生产率、农业产出率、规模以上工业经济效益综合指数和单位 GDP 能耗五个指标，从整体和不同侧面反映中部六省经济发展的质量（表 6.4）。在整体效益中，人均地区生产总值处于首位的是山西（16 835 元），其次为湖北、河南、湖南、江西，处于末位的是安徽（12 015 元）；全社会劳动生产率处于首位的是山西（36 750 元/人·年），其次为湖北、河南，处于末位的是安徽（20 416 元/人·年）。在农业效益中，处于首位的是湖北，其农业产出率为 5.29 万元/公顷，其次为湖南、河南，山西最低（1.29 万元/公顷）。在规模以上工业经济效益综合指数上，处于首位的是河南，其次为湖南、湖北。在能源产出率上，处于首位的是江西，单位 GDP 能耗为 1.023 吨标准煤/万元，处于末位的是山西（2.888 吨标准煤/万元）。由此看出，在经济效益指标上，中部六省之间存在着显著的不均衡，其中河南、湖北、湖南具有相对优势，安徽、山西和江西处于较落后的水平，其总体经济运行质量还有待进一步提高。

表 6.4　2007 年中部六省经济效益情况

地区	人均 GDP /（元/人）	全社会劳动生产率/（元/人·年）	农业产出率/（万元/公顷）	工业经济效益综合指数/%	单位 GDP 能耗/（吨标准煤/万元）
山西	16 835	36 750	1.29	190.01	2.888
安徽	12 015	20 416	3.20	190.7	1.171
江西	12 562	24 906	4.02	203	1.023
河南	16 060	26 084	4.10	252.1	1.340
湖北	16 064	33 116	5.29	204.46	1.462
湖南	14 405	24 393	4.97	225.87	1.352

注：2007 年《中部六省统计公报》及山西省统计局. 山西着力推进工业结构优化升级取得新突破. http://www. stats. gov. cn/was40/gjtjj_ detail. jsp? searchword = % C9% BD% CE% F7&presearchword = % B9% A4% D2% B5% BE% AD% BC% C3% D0% A7% D2% E6% D7% DB% BA% CF% D6% B8% CA% FD&secondsearch = yes&channelid = 6697&record = 1。

资料来源：国家统计局. 中国统计摘要 2008. 北京：中国统计出版社，2008

6.1.2　中部六省经济发展后劲的比较

1. 三大需求对经济增长的贡献比较

消费、投资和净出口是拉动经济增长的"三驾马车"，能从一个侧面反映出地区经济发展的活力和后劲。从需求结构来看，2002～2007 年中部六省消费需求和投资需求的比重较大，投资率总体上处于上升的趋势，消费率则处于下降的趋势，这和全国水平的变动方向是一致的（图6.2和图6.3）。

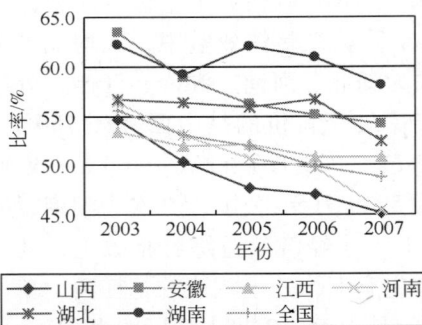

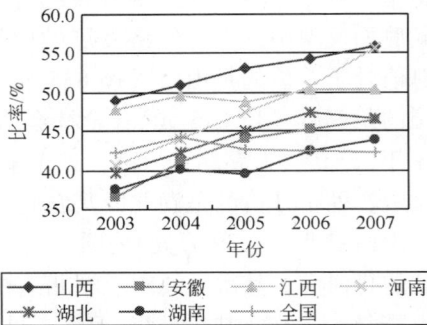

图6.2　中部六省及全国消费率的变动情况图　　图6.3　中部地区及全国投资率的变动情况图

　　从三大需求的增长情况来看，2002～2007年中部各省消费的平均增长率高于11%（表6.5），其中山西高于全国平均水平；投资增长最快的是山西、河南、江西，其平均增长率超过了22%；在净出口上，中部地区除湖北外，安徽、江西、河南、江西和湖南都出现了负增长。

表6.5　中部六省及全国三大需求的增长情况

地区	消费/亿元			投资/亿元			净出口/亿元		
	2002年	2007年	平均增长率/%	2002年	2007年	平均增长率/%	2002年	2007年	平均增长率/%
山西	1 184.01	2 586.56	16.92	919.23	3 204.43	28.37	-61.10	-60	
安徽	2 262.95	3 981.46	11.96	1 310.30	3 419.71	21.15	-4.16	-36.99	
江西	1 459.65	2 793.45	13.86	999.28	2 766.96	22.59	1.56	-60.16	
河南	3 441.71	6 831.27	14.70	2 546.46	8 366.37	26.86	180.56	-185.18	
湖北	2 669.7	4 999.66	13.37	1 994.77	4 450.25	17.41	196.45	100.13	
湖南	2 762.95	5 333.98	14.06	1 572.89	4 034.75	20.73	5.10	-168.73	
全国	62 364.6	128 444.6	15.55	42 355.4	111 417.4	21.34	2 794.2	23 380.5	52.94

　　资料来源：中华人民共和国国家统计局编．中国统计年鉴2003．北京：中国统计出版社，2003；中华人民共和国国家统计局编．中国统计年鉴2008．北京：中国统计出版社，2008

　　一般用投资、消费和净出口贡献率来反映其对经济增长的拉动作用。从2007年中部地区三大需求对GDP增长的贡献率来看，中部地区的经济增长主要还是靠投资和消费拉动，净出口对 GDP 的贡献不大，与全国平均水平还存在一定的差距（表6.6、图6.4）。差距就是潜力，因此中部地区具有强大的经济发展后劲。

表6.6　2007 年中部六省及全国三大需求对 GDP 增长的贡献率

地区	GDP 增量/亿元	消费		投资		净出口	
		增量/亿元	贡献率/%	增量/亿元	贡献率/%	增量/亿元	贡献率/%
山西	945.06	334.69	35.41	609.87	64.53	0.5	0.05
安徽	1 215.45	596.52	49.08	633.18	52.09	−14.25	−1.17
江西	825.37	420.54	50.95	411.94	49.91	−7.11	−0.86
河南	2 516.49	621.35	24.69	2 022.43	80.37	−127.3	−5.06
湖北	1 968.72	701.95	35.66	858.86	43.63	407.91	20.72
湖南	1 631.11	721.01	44.20	818.06	50.15	92.04	5.64
全国	41 591.2	17 849.3	42.92	17 015.4	40.91	6 726.5	16.17

注：贡献率指三大需求增量与支出法计算的国内生产总值增量之比。

资料来源：根据《中国统计年鉴2007》（中华人民共和国国家统计局编，北京：中国统计出版社，2007 年）和《中国统计年鉴2008》（中华人民共和国国家统计局编，北京：中国统计出版社，2008 年）数据测算得来

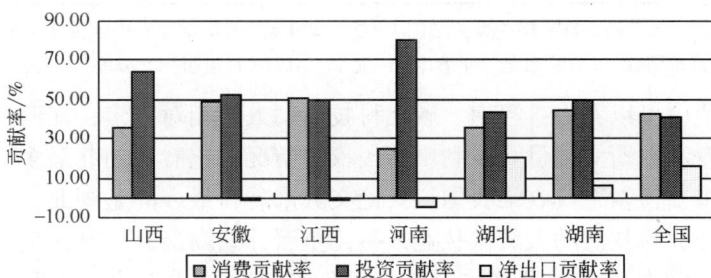

图6.4　2007 年中部六省及全国三大需求贡献率

2. 科技创新能力的比较

当前，区域科技创新能力建设在区域经济持续发展中的作用日益凸显，已经成为地区经济获取竞争优势的决定性因素，对欠发达地区而言，其作用更为明显。[39] 表6.7 反映的是中部地区科技创新能力情况。

表 6.7　中部地区科技创新能力情况

指标	年份	山西	安徽	江西	河南	湖北	湖南
科技活动人员/万人	2005	10.85	9.05	6.72	15.74	15.94	12.14
	2006	12.18	9.67	7.15	17.73	17.02	13.02
专利申请受理量/项	2005	1985	3 516	2 815	8 981	11 534	8 763
	2006	2 824	4 679	3 171	11 538	14 576	10 249
专利申请授权量/项	2005	1 220	1 939	1 361	3 748	3 860	3 659
	2006	1 421	2 235	1 536	5 242	4 734	5 608
国外主要检索工具收录我国科技论文数/篇	2004	889	3 188	231	929	5 188	2 839
	2005	1 860	4 639	573	1 508	9 068	4 451
企业科技活动人员占从业人员比重/%	2005	4.3	4.5	5.8	4.1	5.4	6.7
	2006	4.7	4.9	5.9	4.8	6.3	7.5
企业开发新产品经费占科技经费比重/%	2005	39.28	37.92	49.07	45.32	49.23	39.08
	2006	26.92	48.50	55.62	47.83	53.38	40.30
企业 R&D 经费支出占销售收入比重/%	2005	0.4	0.7	1.0	0.6	0.7	0.7
	2006	0.5	0.8	1.1	0.6	0.8	0.8
企业吸收经费与技术引进经费比例/%	2005	15.42	52.37	6.05	13.17	19.65	7.96
	2006	22.86	19.01	8.10	75.36	27.36	5.46

　　资料来源：国家统计局，科学技术部编．中国科技统计年鉴 2007．北京：中国统计出版社，2007；国家统计局，科学技术部编．中国科技统计年鉴 2006．北京：中国统计出版社，2006

　　从表 6.7 中可以看出：河南、湖北科技活动人员相对较多，江西和安徽相对较少；而从专利申请受理量和专利申请授权量情况对比看，湖北最多，其次是河南；从国外主要检索工具收录我国科技论文数来看，最多的是湖北，其次是安徽和湖南；从企业科技活动人员占从业人员比重看，湖南最高，其次为湖北；江西和湖北的企业开发新产品经费占科技活动经费支出比重较大；江西、湖北和湖南、安徽的企业 R&D 经费支出占产品销售收入比重较大；河南、安徽、湖北企业吸收经费与技术引进经费比例平均值较大；从企业消化吸收经费与技术引进经费比例变动幅度比较看，除安徽、湖南出现负增长外，其余省份都有不同程度的增长，其中河南增长幅度最大，其次为湖北。可以看出，河南、湖北、湖南的科技创新能力较强，另外三个省份相对较弱。

3. 人力资源开发的比较

　　人力资源的积累为经济的进一步增长创造了条件，使得技术创新和普遍应用成为可能，从而推动经济持续增长，而人力资源积累的关键在于教育。[40] 自 20 世纪 20 年代以来，表明时代特征的一个显著特点就是平均受教育水平的大大提高。表 6.8 是 2006 年中部六省人力资源分布情况，其中湖北、河南、湖南在各项指标上的位次都比较高。表 6.9 反映的是中部地区人口平均受教育等效年限和每十万人在校大学生数两个指标的对比。从表 6.9 中可以看出，2007 年中部地区人口平均受教育等效年限基本上高于全国平均水平，安徽除外；而从每十万人在校大学生数这个指标来看，湖北、江西在该指标上的数值较大，可见中部地区的人力资源开发潜力和积累都有了很大提高。

表 6.8　2006 年中部六省人力资源分布情况（单位：人）

地区	R&D 人员		普通高校毕业生数		中等职业学校毕业生数		大专及以上人数		年龄在 15～64 岁人数	
	绝对额	排序	绝对额	排序	绝对额	排序	绝对额	排序	绝对额	排序
山西	38 767	4	108 431	6	109 527	6	1 949	5	22 741	5
安徽	29 875	5	144 183	4	173 287	3	2 499	4	38 938	3
江西	25 797	6	141 085	5	172 836	4	1 719	6	26 841	6
河南	59 692	2	202 144	2	335 796	1	3 331	2	61 929	1
湖北	62 100	1	262 591	1	168 598	5	3 885	1	38 862	4
湖南	39 752	3	191 257	3	215 907	2	2 777	3	42 001	2

资料来源：中华人民共和国国家统计局编. 中国统计年鉴 2007. 北京：中国统计出版社，2007

表 6.9　中部地区人力资源开发比较（2007 年）

地　区	平均受教育年限/年	每十万人在校大学生数/人
山　西	8.68	1 863
安　徽	7.21	1 485
江　西	8.2	2 111
河　南	8.15	1 455
湖　北	8.38	2 683
湖　南	8.38	1 838
全　国	8.15	1 924

资料来源：中华人民共和国国家统计局编. 中国统计年鉴 2008. 北京：中国统计出版社，2008

综上可知，无论从经济规模还是从经济增长速度、经济效益、三大需求结构、科技创新与人力资源开发来看，中部六省的经济发展水平和发展能力都存在一定的差异，具有一定的梯度，这种区域内经济发展的梯度性和差异性给中部六省之间的经济合作提供了有利条件，也促进了区域间的经济合作和联系。

6.2　中部地区区域经济联动发展的可行性

中部地区区域经济联动发展不仅是必要的，而且是可能的。中部六省有丰富的资源和相融性较强的经济基础和文化基础，这些都为六省开展区域内的合作交流提供了可能。

6.2.1　中部六省发展背景的相似性

改革开放以来，中部地区处于相对滞后的状态，落入"中部塌陷"的被动境地。[41] 在东部大发展、西部大开发和东北振兴行动计划的鼓舞下，中部地区正迎来前所未有的发展机遇，当然也面临着严峻的挑战和巨大的压力。[42] 促进中部地区崛起不仅是中部省份的内部发展问题，也是事关中国国家竞争力提升的重大战略问题，是区域经济协调与可持续发展的客观要求。[43]

有利的政策环境，是促进中部崛起的重要因素。当"促进中部崛起"战略被写进"十一五"规划时，中部六省迎来了新的发展契机。目前，中部六省已形成了经济合作的愿望，纷纷出击为中部崛起出谋划策，在中部区域经济合作方面取得了丰硕的成果。2005 年 9 月 10～11 日，中部六省共同签署了《中部六省人才开发合作框架意向书》，以推动六省人才资格证书的互认，消除中部人才流动的"地区壁垒"。[44] 2005 年 9 月 24 日，中部六个省会城市的代表共同签署了一项《区域经贸合作框架协议》。2006 年 8 月 11 日，中部六省就区域统筹协调发展、城市规划调控、历史文化遗产保护和城市有序发展等方面问题在安徽黄山市达成共识，并签署了《中部六省城市规划会商合作机制协议书》，等等。所有这些都说明，在全球经济一体化和区域经济一体化的大背景下，中部地区已意识到走区域经济联动之路，是实现中部崛起的必然选择。

6.2.2　中部地区基础设施的整体性

中部地区地处全国水陆空运输的中枢，区间通达性良好。区域内有四通八达的铁路、公路网络和水运航道，各省会城市和省内一些重要城市都建有机场，空中航线也为中部地区的合作联动以及"走出引进"提供了便捷的通道。京广、京九铁路纵穿南北，陇海铁路横贯东西，几十条干线和几百条支线铁路与主干线融会贯通，营运里程达 1.51 万千米。境内的京珠、沪瑞及几十条省际高速公路与 10 纵 14 横的 24 条国道，以及成千上万条省乡道，织成一张四通八达的公路交通网，通车里程达 35.3 万千米。[45] 而以长江、黄河为骨干的两大内河航道和民用机场群也在国内发挥着举足轻重的作用。中部地区辐射全国的立体交通运输网络提升了景区的通达性,加强了主要城市间的联系,加速了省际要素的流动,为中部地区的区域经济联动发展提供了必要条件。从六省经济协作的角度看,由于其交通运输网络密不可分,只有加强联合协作,才能有利于干支线的衔接,有利于搞好水陆联运,提高运网建设和运输效益。

6.2.3   中部地区区域产业的空间分布差异性

从第一产业的内部结构特征来看,中部地区的农业分布主要集中于三大平原,即以两湖平原(江汉平原和洞庭湖平原)为主的农业区、以鄱阳湖平原为主的农业区和以黄淮平原为主的农业区。从中部六省的整个农业产业带的分布来看,中部六省的农业产业分布的特点:一是北部地区大都以小麦、玉米、优质杂粮、干鲜水果和畜牧业为主;二是南部平原地区大都以优质水稻、"双低"油菜、棉花和淡水鱼产品为主;三是广大的丘陵地区则以柑橘、茶叶、干鲜水果和畜牧业等优质经济作物为主。这种农业产业内部结构分布的空间差异性和产业结构的互补性,给中部六省区域联动提供了有利条件。

从第二产业的内部结构特征来看,中部六省大多以汽车、钢铁、机械、电力、电子设备、精细化工等为主。[46]纵观中部六省主要产业的分布现况可见,中部六省大多依托本地资源和传统特色发展工业,这些产业具有很强的关联性。例如,中部的汽车工业目前已经形成了很强的产业链,如提供汽车生产的上游原材料工业,有长江沿岸的钢铁工业、河南洛阳的玻璃等化工工业、湖北的电力工业以及江西、安徽、湖北、湖南的电子设备工业。下游产品有北部山西和河南的石油等,这些产业构成了整个汽车工业的产业链,具有很强的关联性,也促进了整个汽车工业的发展。这种产业的空间分布差异性和产业内部结构的互补性,为中部六省的工业产业化经营和合作奠定了基础,为中部六省加快建成全国能源、原材料加工基地和现代装备制造业基地提供了有利条件。

从第三产业内部结构的分布来看,中部六省也存在着一定的地域分布差异性,形成了一定的产业互补。比如,旅游资源的分布就存在两大地带性,即沿黄河沿岸沿线和沿长江沿岸沿线,这为中部地区的旅游合作提供了有利条件。

6.2.4   中部地区区域资源禀赋的互补性

联合开发中部地区具有区域比较优势的能源、矿产资源,可以取得规模经济效益,促进区域整体优势的发挥。中部地区区域内自然资源的特点是"北煤南水"。山西、河南是以能源、冶金和重型机械为主的重工业区,该区煤炭最为富集,可以就地开发火力发电,其优势资源还有铁矿、铝土矿等;工业以煤炭基地、冶金、铝业、重型机械、通用机械等重工业为主。该区的主要问题是水资源短缺，生态环境有恶化的趋势，这里的资源分布与另外四省的资源分布互补性很强，因而有利于中部区域间的经济合作与联动。湖北、湖南、江西和安徽是中部地区经济实力较强的农业、重工业区，水力资源丰富，可以开发水力发电。该区是全国最好的谷物、棉花、油料等农业的重要基地，区内还有大批金属和非金属等优势资源，钢铁、合金、有色金属优势也比较突出，该区发展的劣势是缺乏煤炭资源，基础设施水平有待提高和改善，这里的资源分布与山西、河南的资源分布互补性很强，因而有利于中部地区区域经济合作与联动。

就中部六省的旅游资源而言，其具有得天独厚的优势（表 6.10 和表 6.11）。2006 年中部六省接待国内旅游者 50 297.46 万人次，实现国内旅游收入 3 302.93 亿元，分别占全国的 36.08% 和 53.02%；接待入境旅游者 465.85 万人次，全年实现旅游总收入 3 358.72 亿元，约占全国的 37.59%。中部地区的自然景观和人文景观丰富且关联度高，大别山、长江、淮河等使六省之间山水相连、资源互补，这些都为中部的旅游合作提供了有利条件。因此，中部六省应对相关景点统一规划、协调开发，构建中部联动的旅游经济合作网络，以整合资源，形成旅游业发展中的名牌效应、联动效应和规模效应。

表 6.10   中部六省主要旅游资源分布

地区	国家重点风景名胜区	特色旅游资源
山西	恒山、五台山、北武当山、黄河壶口瀑布、五老峰	晋北宗教古建筑文化、晋中晋南民俗文化、晋南黄河根祖文化
安徽	黄山、九华山、齐云山、天柱山、琅琊山、太极洞、采石、巢湖、花山谜窟	黄山、徽文化
河南	王屋山—云台山、龙门石窟、嵩山、鸡公山、林虑山、石人山	古文化、黄河、拳（少林拳、太极拳）、花（洛阳牡丹、开封菊花）
江西	庐山、三清山、龙虎山、井冈山、梅岭—滕王阁、仙女湖、三百山	庐山、红色旅游资源
湖北	东胡、长江三峡、武当山、隆中、大洪山、九宫山、陆水	长江三峡、神农架、武当山
湖南	岳阳楼—洞庭湖、五陵源—张家界、韶山、衡山、猛洞河、岳麓山	以张家界为代表的自然风光旅游、以韶山为代表的红色旅游、以炎帝陵为代表的人文旅游

资料来源：根据旅游资源网资料综合整理

表 6.11　中部六省的旅游资源情况（单位：个）

地区	世界遗产	国家级风景名胜	国家历史文化名城	国家级自然保护区	国家级示范森林公园
山西	2	5	5	5	18
安徽	3	10	5	6	28
江西	2	11	3	8	36
河南	2	8	8	11	27
湖北	2	6	5	9	23
湖南	3	10	3	14	28
合计	14	50	29	53	160
占全国比重/%	37.84	26.74	26.36	17.49	24.24

资料来源：http://zh. wikipedia. org/；http://www. zhashuily. gov. cn/Article/ShowArticle. asp? ArticleID = 149

6.2.5　中部地区区域经济联系的紧密性

在对中部地区区域经济联动发展的可行性论证中，六省之间是否具有紧密的经济联系是另一个值得关注的地方。各地区的经济联系越紧密，要素流动率就越高，地区间经济交流与合作的可能性和成功性就越大。就如何衡量地区间的经济联系程度，经济动力学中的经济引力论认为："万有引力原理也适用于经济联系，即区域经济联系也存在着相互吸引的规律性。"著名的地理学家塔费（E. J. Taffe）认为，"经济联系度同它们的人口乘积成正比，同它们之间距离的平方成反比。"[47]因此，区域经济中常用"引力模型"来定量分析地区间（主要是各城市间）经济联系的密切程度。[47]引力模型的计算公式如下：

$$I_{ij} = \frac{\sqrt{P_i V_i} \times \sqrt{P_j V_j}}{d_{ij}^2} \tag{6.1}$$

式中，I_{ij} 为地区 i、j 间的经济联系量；P_i、P_j 和 V_i、V_j 分别为地区 i、j 的总人口数和工业总产值（或国内生产总值）；d_{ij} 为地区 i、j 间的交通距离。

由于中部六省地理位置毗邻，若以省为考察对象，则上述公式中 $d_{ij} = 0$，公式失效。因此，笔者选取六省的省会城市为考察点，通过对城市间经济联系的定量分析，来反映中部六省的经济紧密程度。为简便起见，笔者选取六个城市中 GDP 总量、人口数均位居首位的武汉作为考察对象，运用引力模型，将长沙、郑州、南昌、合肥、太原与武汉的经济联系量同周边其他省会城市或直辖市与武汉的经济联系量进行对比，来反映中部六省经济联系的紧密程度，见表 6.12。计算结果见表 6.13。

表 6.12 中部六省省会城市及周边其他城市 2007 年 GDP、人口数及交通距离数据

城市	GDP/亿元	总人口数/万人	与武汉的距离/千米
武汉	3 141.90	828.21	
长沙	2 190.25	637.36	392
郑州	2 486.75	707.01	531
南昌	1 389.89	491.31	432
合肥	1 334.61	478.9	512
太原	1 254.94	355.31	1 026
北京	9 353.32	1 213.26	1 253
上海	12 188.85	1 378.86	919
天津	5 050.40	959.1	1 193
杭州	4 100.17	672.35	875
南京	3 283.73	617.17	674
广州	7 109.18	773.48	1 225
重庆	4 122.51	3 235.32	1 231
西安	1 763.73	764.25	866

注：各市与武汉的交通距离的数据来源于 http：//www. lnet. com. cn/search_ mileage. asp.

资料来源：地区生产总值及总人口数来源于《中国统计年鉴 2008》（中华人民共和国国家统计局编，北京：中国统计出版社，2008 年）

表 6.13 中部地区经济联系量计算结果（单位：万人·亿元/千米²）

武汉与中部城市的经济联系量	长沙	郑州	南昌	合肥	太原			
	12.40	7.59	7.14	4.92	1.02			
武汉与其他城市的经济联系量	北京	上海	天津	杭州	南京	广州	重庆	西安
	3.46	7.83	2.49	3.50	5.06	2.52	3.89	2.50

从表 6.13 中可以看出，武汉与中部城市的经济联系量普遍要高于同其他城市的联系量（除太原计算值较低外）。该结果在一定程度上能够反映出中部省份间的经济联系程度，因此可以得出结论：由于地理位置毗邻，中部地区的经济联系较为密切，中部地区联动发展具有一定的条件。

6.3 中部地区区域经济联动发展的困境

6.3.1 行政分割严重，区域经济利益冲突多

目前，中部地区各省、各城市之间经济合作的水平总体来说仍然很低。一些

地方政府出于自身利益的考虑，对本区企业积极扶持和鼓励，而对外地企业则通过各种非市场甚至非法手段进行打压和抑制，使其在与本地企业竞争中处于不利地位。同时，对于那些有可能对本区造成竞争的资源要素，限制其流入，而对本区有利的资源要素则限制其流出，人为地造成市场分割。一些地方政府出于争投资的心理需要，盲目扩建开发区，竞相压低地价，导致土地资源的浪费，阻碍了中部地区产业族群的形成。

地方政府的这种短期行为还会使得区域内各地区同时投资于某一个需求旺盛的行业，导致某一行业进入过度，并最终引发区域经济利益冲突。比如，中部区域内能源领域的合作，省际间煤炭、水电等能源的产销合作，这些工程就可能引发材料需求膨胀，高额收益会吸引各地区大量企业投资于该产业。这时地方狭隘利益的驱动，就会导致重复建设、盲目投资。[48]再如，中部地区水网纵横，某些地方企业不负责任的排污行为很容易给其他地区造成严重损失，引发区域利益冲突。这些类似的问题如果不解决，将难以实现中部地区整体的健康、可持续发展。因此，为了保证中部地区区域联动的顺利实现，防止在新的经济建设进程中出现区域经济利益冲突，必须制定出有利于市场经济机制发挥作用，同时能调动地方政府发展区域经济积极性的最优合作机制。

6.3.2 经济整体性差，内部开放度不够

中部各省在区域内的相互开放程度还不够，省际间经济联系少，没有形成区域内的协调联动发展机制。由于行政区经济的束缚和政策措施不力等原因，整个中部地区的经济联系处于一种相对松散的状态，区域经济整体性较差，这削弱了区域整体的综合发展潜力。中部地区各省的经济活动以行政区划为限，构成相对封闭的经济体，中部区域还停留在一种地理区域的意义上。不仅经济内在联系少，更缺乏深层次的文化、技术、人员、制度变迁等方面的交流和影响。中部地区中的一些地市常受南、北其他经济区的吸引，造成区外经济联系多于区内经济联系的情况。在周边发达地区的吸引下，中部地区内部出现了经济协作上的分化，在经济发展战略上湖南将融入"泛珠三角"经济圈纳入本省的规划，而安徽则把重心放在"长三角"经济圈，江西则要对接"长、珠、闽"等（表6.14）。[49]另外，在促进中部崛起的过程中，六省缺乏区域经济联动发展的协调手段，没有设立区域间经济协作的协调机构，在区域经济联动发展中政府没有发挥应有的作用，市场机制对区域经济的作用也由于行政区划的限制而大大缩小。

表 6.14   中部六省经济发展战略定位比较

地区	区域经济发展战略定位	空间趋向性
山西	建设全国新型能源基地和新型工业基地	建设太原城市群
安徽	正在"翘首向东",融入"长三角"	东向发展
江西	建成发达地区的产业梯度转移的承接基地、优质农副产品加工供应基地、劳务输出基地和旅游休闲的"后花园"	对接"长、珠、闽"
河南	把加快中原城市群发展和县域经济发展作为实现中原崛起的两大支撑	向京津唐及渤海三角地带靠拢
湖北	建设成重要农产品加工生产区、现代制造业聚集区、高新技术发展区、现代物流中心区	打造"武汉城市圈"
湖南	做强"长、株、潭"城市群,建设湘中"经济走廊,"发展湘西经济带	南向发展

资料来源:国务院研究室综合司. 中部六省调查研究报告. 中国经济时报,2006-03-29

6.3.3   产业结构不合理,资源重复配置严重

中部六省是国家重要的能源和原材料基地,经过长期发展形成的产业结构基本类似:一是同为全国粮食的主产区。中部农业在全国农业中占有举足轻重的地位,用占全国 1/4 的耕地生产了约占全国 1/3 的农产品,长期以来,中部六省输往省外的粮食占粮食总产量的 50% 以上。二是工业结构仍以重工业为主。三是各省都把冶金、建材、化工、食品、医药作为自己的支柱产业,也都寻求在微电子技术、精密仪器、生物制药等高科技领域有所突破。

中部地区的产业结构构成为"二、三、一",并且在考察期变化不大(表 6.15)。2007 年,中部各省第一产业产值比重均高于全国平均水平(除山西外),第二产业产值比重低于全国平均水平(山西、河南、江西除外),这说明中部地区都是农业大省,工业化进程滞后,产业结构尚欠合理,第一产业比重大,而第二产业发展不充分,第三产业发展虚高,社会生产资源有待优化配置。与三次产业产值结构相比,三次产业就业结构在考察年份则表现为"一、三、二"的构成(表 6.16),就业结构明显落后于产值结构。这反映出中部地区产业结构调整的压力依然很大。从工业的内部结构看,中部地区均形成以煤炭、钢铁、机械、建材、电力等为主的偏重型行业结构。这些行业均处于产业链的上游,大部分是初级产品,制造业特别是深加工度、高附加值的制造业所占比例不高。在中部地区工业化的进程中,尽管存在制造业集中度的分层结构和不同的内部结构类型,但制造业结构的调整路线比较接近。[50]产业结构趋同使得各地区不能发挥各自的比较优势,同时也使得投资和生产分散,降低了整体经济效益,导致生产能力闲

置和资源重复配置。

表 6.15　2004～2007 年全国及中部地区三次产业产值结构变动情况（单位:%）

地区	2004 年			2005 年			2006 年			2007 年		
	第一产业	第二产业	第三产业	第一产业	第二产业	第三产业	第一产业	第二产业	第三产业	第一产业	第二产业	第三产业
山西	8.3	59.5	32.2	6.3	56.3	37.4	5.8	57.8	36.4	4.7	60	35.3
安徽	19.4	45.1	35.5	18	41.3	40.7	16.7	43.1	40.2	16.3	44.7	39
江西	20.4	45.6	34	17.9	47.3	34.8	16.8	49.7	33.5	16.5	51.7	31.9
河南	18.7	51.2	30.1	17.9	52.1	30	16.4	53.8	29.8	14.8	55.2	30.1
湖北	16.1	47.4	36.5	16.6	43.1	40.3	15.0	44.4	40.6	14.9	43	42.1
湖南	20.6	39.5	39.9	19.6	39.9	40.5	17.6	41.6	40.8	17.7	42.6	39.8
全国	14.6	52.2	33.2	12.6	47.5	39.9	11.7	48.9	39.4	11.3	48.6	40.1

资料来源：中华人民共和国国家统计局编. 中国统计年鉴 2005. 北京：中国统计出版社，2005；中华人民共和国国家统计局编. 中国统计年鉴 2006. 北京：中国统计出版社，2006；中华人民共和国国家统计局编. 中国统计年鉴 2007. 北京：中国统计出版社，2007；中华人民共和国国家统计局编. 中国统计年鉴 2008. 北京：中国统计出版社，2008

表 6.16　中部地区 2007 年三次产业就业结构（单位:%）

地区	第一产业就业比重	第二产业就业比重	第三产业就业比重
山西	41.2	26.7	32.1
安徽	45.9	25.7	28.4
江西	41.6	26.3	32.0
河南	50.6	25.8	23.7
湖北	38.8	22.4	38.8
湖南	50.7	19.6	29.7
全国	40.8	26.8	32.4

资料来源：中华人民共和国国家统计局编. 中国统计年鉴 2008. 北京：中国统计出版社，2008

6.3.4　中心城市功能不足，聚合力和辐射力小

经济中心对经济区的发展具有至关重要的作用。它可以通过自身经济的吸引和辐射能力，利用市场机制，来组织和协调全区的经济活动，使区内资源得以合理配置，产业结构得以优化，实现区内合理的地域分工，达到整体效益的最大化。一般而言，经济中心为区内经济实力最强的城市。在中部六省省会城市中，从经济实力来说，武汉最强，但武汉的地位不像上海之于"长三角"，广州、深圳之于"珠三角"那样令其他城市信服，因此中部地区总是兴起"龙头城市"之争。从一个省的经济发展情况来看，无论是武汉，还是长沙、郑州、南昌、太

原、合肥，都是能够形成经济带动力和经济辐射力的大城市。目前中部地区中心城市的功能不强，还没有具有足够经济实力的城市能辐射整个经济带，中部地区缺乏撬动区域发展全局的战略支点。

6.3.5 交通、通信网络体系尚不健全，基础设施建设协调度低

近年来，中部地区基础设施建设条件有了很大改善，表6.17为2007年中部六省基础设施建设情况。截至2007年底，河南在电力消耗、公路里程、铁路运营里程、城市煤气生产能力方面均居首位，湖北在城市供水综合生产能力方面最强，安徽在长途电话交换机容量方面位居第一。同时，值得关注的是，山西在电力消耗上尽管排名第二，但其生产能力潜力很强，也是全国向省外输电量最多的省份，如今北京1/4的电力来自山西。河南省的煤炭产量居全国第二，且煤炭大省陕西、山西，是晋陕煤炭南运、北运的重要路口。另外从2003年开始至今的"电荒"，使得全国最多时有24个省（自治区、直辖市）拉闸限电，在此期间，山西省仅在2004年发生"电荒"，且电力缺口较小。2006年，随着各省新发电机组的陆续投产，中部地区的电力供需矛盾得到了切实缓解。

表 6.17　2007 年中部六省基础设施建设情况

具体指标		山西	安徽	江西	河南	湖北	湖南
电力	电力消费量/亿千瓦时	1 348.81 (2)	769.1 (5)	511.09 (6)	1 808.00 (1)	989.23 (3)	890.58 (4)
电信	长途电话交换机容量/路端	277 084 (6)	717 022 (1)	528 313 (5)	585 960 (4)	634 208 (2)	614 184 (3)
交通	公路里程/千米	119 869 (6)	148 372 (4)	130 515 (5)	238 676 (1)	183 780 (2)	175 415 (3)
	铁路营运里程/千米	3 114.5 (2)	2 387 (6)	2 566.4 (4)	4 041.7 (1)	2 565 (5)	2 899.1 (3)
燃气	城市煤气生产能力/（万立方米/日）	309.9 (2)	3.5 (6)	127.2 (4)	466 (1)	58 (5)	296.6 (3)
供水	城市供水生产能力/（万立方米/日）	442.1 (6)	999.2 (4)	453.2 (5)	1 039.9 (3)	1 290.9 (1)	1 041.3 (2)

注：括号中数字为中部六省的排名。

资料来源：中华人民共和国国家统计局编. 中国统计年鉴 2008. 北京：中国统计出版社，2008

尽管中部地区近年来在基础设施建设方面取得了巨大成就，但是完整和高效的中部统一的交通、通信网络还远未形成。与东部地区相比，中部地区的交通体

系还不够完善，尤其在偏远的农村地区，公路发展还很落后，其目前的建设规模离农村经济的发展目标还有差距。在一些跨区域的公路建设项目上，也经常可以看到有关地方政府以自身利益为重，对跨区域通道建设态度消极，甚至在地区之间已经达成协议之后也会设法拖延项目建设。其结果便是一条道路在省界或市界的两边路况大相径庭，这严重影响了跨区域通道效益的发挥。此外，中部区域缺乏统一的发展规划，保障系统不完善，公共运输信息比较慢，信息网络尚未完全互联互通，信息资源的开发和共享不够，缺乏平台支撑。

第 7 章

中部地区区域经济联动
发展的运行机制

中部各省之间的协调性和整合度较差,利益难以协调,产业结构不合理现象普遍,产业之间的互补性不强,地区比较优势难以得到发挥,地方保护主义严重,区域市场难以建立,商品与生产要素难以在区际之间自由流动与优化组合。其直接原因是缺乏一套有效的联动机制和统一的区域协调机构。中部地区联动发展需要三大运行机制的保障,这三大机制包括分工机制、合作机制和利益协调机制。

7.1 中部地区区域分工机制

决定区域分工的不外乎来自区域之外的因素和区域本身所固有的因素,可以将区域分工的动力机制概括为外力作用和内力作用。当然,外力作用与内力作用并非彼此孤立,而是相互联系、相互渗透,共同促进区域分工。中部地区区域分工的外力作用是应对国际经济竞争压力的外在促动,内力作用是加快地区经济自身发展的内在驱动。中部地区的区域分工还包括政府引导和企业参与的积极推动。尽管中部地区存在区域分工的动力,但是一些区域博弈行为的存在弱化了区域分工。

7.1.1 区域利益主体博弈行为的具体表现

非合作博弈强调的是个人理性、个人最优决策,其结果可能是有效率的,也可能是无效率的。我国自改革开放以来,地方政府已成为相对独立的经济主体,这必然促使地方政府不断追求当地利益的最大化。特别是在我国东中西区域经济差异明显拉大的情况下,各省(自治区、直辖市)之间的非合作博弈屡见不鲜,主要表现在以下几方面:

(1)区域产业结构选择的博弈。我国在 20 世纪 80 年代曾经出现过重复建设的现象,由此而引发的区域经济冲突尚未得到根本治理,新的重复建设苗头已开始显现。从经济的总体趋势、未来的战略重点基础、产业发展方向这三个方面来分析，重复建设"死灰复燃"的可能性非常大。随着地方政府调控能力和投资能力的扩大，出于追求政绩的内在冲动和发展本地经济的外在压力，地方政府在执行中央相关产业政策时，往往偏重于发挥其选择、过滤功能，从而导致中央政策在地方实施中的阻力增大。区域间差距的扩大，加强了地方政府追求和保护地方利益的冲动。各地区纷纷在价高利大、投资周期短的工业领域内进行激烈竞争，盲目引进，重复建设，结果在经济发展的同时出现了严重的区域产业结构趋同化。

（2）资源博弈。随着改革的深入，过去中央利用行政权力配置资源的方式逐渐被淡化，地方逐步拥有了对本地区资源的调控权力。各地区为保护本地资源，除采用一些正当的策略外，还采用罚款、交通管制等地方保护主义手段在区域资源流动之间设置障碍，防止"资源外流"，于是资源争夺战在区域之间展开。与此同时，一些地区还以发展本地经济的名义，设置种种障碍，限制本地区企业把资金、技术转移到其他地方，这对一些有潜力的企业进行市场扩张和规模经营产生了消极作用，也影响了我国产业的梯度转移。

（3）市场博弈。资本逐利的本性会促使企业在本地市场容量接近饱和的情况下寻求其他市场空间。然而，在既定的全国市场容量中，在一个地区、一个企业产品市场份额的增大必然导致别的区域企业产品市场份额的减少。因此，一些地方设置贸易壁垒，抬高市场准入条件，并对外来产品征收不合理的税费。正是由于地方保护主义的存在，我国各地几乎都有自己的酒类、烟草产品等地方企业，这也是区域产业结构趋同的一个重要原因。

（4）执法博弈。在管理和执法方面，中部地区各利益主体都不同程度地存在为了本区域利益而没有公正执法的情况。一旦涉及跨区域的经济纠纷，地方政府一般都偏袒本区域的企业，甚至运用工商、税务、公安、司法等方面的力量来维护本区域企业的利益。

上述行为弱化了区域分工，导致我国区域差距的进一步扩大，不利于区域比较优势的发挥，削弱了规模经济，宏观上阻碍了国民经济的发展。

7.1.2　中部地区区域分工机制的博弈分析

中部各地区资源禀赋、经济发展水平存在差异，具有进行区域分工与合作的客观基础和需要。通过区域分工与合作，可以优化资源配置，充分发挥各地区的比较优势，进而可以带来巨大的整体效益。但是在当前我国的区域经济关系中，区域之间的分工与合作还很不够，各自为战、区域产业"同构化"的现象却十分严重。当出现一个有增长潜力的新兴行业时，各地区不顾自身情况，一窝蜂地跟进，造成了严重的重复建设。区域之间的重复建设造成了严重后果，一方面造成了行业内的巨大内耗，限止了企业规模效益的发挥；另一方面使各区域陷入重复建设—原料大战—市场封锁—价格大战的不良发展轨道，在中部区域协调发展中应该避免此类现象。

中部各区域产业空间结构呈现不同特征，各地区都存在相对优势产业，而区域分工是区际经济联系的一种重要表现方式，是区域经济利益增长要求在空间的具体体现，是突破单个区域资源与生产率限制的一种有效途径。① 中部区域分工形成的客观基础是区域差异和对区域整体利益的追求，即利益是驱动区域分工合作的根本动力。[51] 传统的区域分工理论主要有亚当·斯密的绝对利益学说、大卫·李嘉图的比较优势理论以及俄林的生产要素禀赋理论。② 绝对利益学说认为，任何区域都有对生产某种产品绝对有利的生产条件，使生产成本低于其他区域；比较优势理论认为，如果某地区在两种产品的生产上都存在成本优势，则主要生产具有相对优势的产品；生产要素禀赋理论则认为，不同地区的自然资源禀赋差异是导致产品生产成本不同的根源。三种理论都认为成本优势是形成区域分工合作的动力基础。[52] 下面将用博弈模型进行探讨。

假设中部地区 A、B 两个子区域都生产 X、Y 两种产品，但生产成本不同。如表 7.1 所示，在 X、Y 产品生产上，A 区域都拥有绝对优势，但根据 A、B 两区域 X、Y 产品的相对成本比较，A 区域在 Y 产品生产上具有比较优势，B 区域在 X 产品生产上具有比较优势。根据李嘉图的比较优势理论，A、B 两区域会进行生产分工，A 区域专门生产 Y 产品，B 区域专门生产 X 产品。但是，如果进行区域利益的博弈分析，则会得到不同的结果。

表 7.1　A、B 两区域生产 X、Y 产品的单位生产成本（单位：元）

地　　区	单位产品生产成本	
	X	Y
A	2	20
B	5	120

从中部区域角度考虑，假设 A、B 区域对 X、Y 产品的需求都为 5。分工前，为满足需求，两区域的总成本为 735 元（表 7.2）。若分工后，X、Y 产品的生产成本由生产所在地确定，则 X、Y 产品的单位生产成本分别为 5 元与 20 元，于是两区域生产 10 个 X 产品和 10 个 Y 产品的总成本降低（表 7.3）。

---

① 张敦富. 区域经济学原理. 北京：中国轻工业出版社，1999：160~180
② 杨开忠. 中国区域发展战略研究. 北京：海洋出版社，1989：52~59

表 7.2　分工前两区域为满足需求所耗费的成本（单位：元）

地区	X 产品成本	Y 产品成本	总计
A	10	100	110
B	25	600	625

表 7.3　分工后两区域为满足需求所耗费的成本（单位：元）

地区	X 产品成本	Y 产品成本	总计
A		200	200
B	50		50

分工后，A、B 两区域以 250 元的投入满足了原来投入 735 元才能满足的需求。这样，分工使区域整体降低了生产总成本，所以整体区域支持区域分工。

从区域合作各利益主体的角度考虑。假设 X、Y 产品的利润比率是 1:M，分工前，A、B 两区域各生产一个单位的 X、Y 产品（即一共各 2 单位的 X、Y 产品），然后全部拿到市场上交换，所得利润以 X 产品的价格利润表示。设 X 产品的单位价格是 N，则 A 区域的投资收益率为 $(1+M)N/(20+2)$，B 区域的投资收益率为 $(1+M)N/(120+5)$。分工后，A、B 两区域各增加两单位的专门化产品生产（总体上还是保证各 2 单位的 X、Y 产品），然后交换，假设 X 产品的价格不变，那么 A 区域的投资收益率（生产了 2 个 Y 产品）为：$2MN/(20\times2)=MN/20$。B 区域的投资收益率为：$2\times N/(2\times5)=N/5$。这样，就可得到 A、B 两区域分工前后的收益博弈决策模型（表 7.4）。

表 7.4　A、B 两区域参加分工的博弈决策模型

地区 A		地区 B	
		分工前	分工后
	分工前	$[(1+M)N/22,(1+M)N/125]$	$[(1+M)N/22,N/5]$
	分工后	$[MN/20,(1+M)N/125]$	$[MN/20,N/5]$

如果 A、B 两区域都是理性的，那它们参与分工的前提是分工后的投资收益率要大于分工前的投资收益率，而且一个地方对于是否参与分工是在假设对方也是理性的基础上作出的最优选择。对于 A 区域来讲，其参与分工的基础是分工前与分工后的投资收益率比要小于 1，对于 B 区域也同理。用方程式表达为

$$\begin{cases} [(1+M)N/22]/[MN/20]<1 \\ [(1+M)N/125]/[N/5]<1 \end{cases} \tag{7.1}$$

式中，$M>0$，$N>0$。通过对不等式方程求解，得出只有当 $10<M<24$ 时，两区

域才会达成一致意见实行区域分工，否则分工合作将无法实行。

综上分析，中部区域分工形成的客观基础是区域差异和对区域整体利益的追求。中部区域各省是否主动参与分工不仅取决于地区比较优势本身，而且还取决于参加分工能否增加地区收益。如果分工后的收益大于分工前的收益，那么区域各省会主动参与分工，否则，区域可能不参与分工。

7.2　中部地区区域合作机制

在市场经济条件下，我国各区域逐渐成为独立的利益主体。各区域的经济发展转为以本地利益为导向。但由于各区域之间存在差异性，彼此之间又不能完全封闭，各区域或是难以承受巨大的投入和风险，或是难以解决资源的有效匹配问题，因此区域靠自身的力量很难在市场上取得长远发展，需要建立一种既有制度约束又有利益驱动作用的区域经济合作机制。这种机制要既有利于发挥市场经济原则的作用，又有利于发挥地方政府发展区域经济的积极性。然而令人不解的是，人们普遍倡导的区域经济合作为何难以实施？在单个主体经济利益的驱动下区域经济合作的目标如何实现？下面将用博弈论的方法来探讨中部地区区域经济合作的实现机制。

7.2.1　"囚徒困境"与区域经济合作机制的必要性

任何利益主体，无论是个人、企业还是政府，都是有限理性的，总是要通过各种努力尽量使自身或相关主体的利益最大化。然而，必须注意的是，人们在追求自身利益时，其理性是有限的。在理性有限时，利益主体间包括区域利益主体间，既可能合作也可能冲突。在区域经济领域，"囚徒困境"所导致的局部利益与总体利益间的矛盾是市场难以解决的问题，这也是政府运用区域政策干预区域发展的重要原因。在这里我们引用博弈论的观点对此加以分析和解释。显然，我们可以把各区域主体的行为看做是一个重复博弈的过程。所谓重复博弈，实际上就是同一个博弈反复进行所构成的博弈过程。[53]由于重复博弈不是一次性的选择，而是分阶段有先后次序的一个动态选择过程，因此，它属于动态博弈的范畴①。

基本模型：假定有两个区域（A和B），每个区域都提供私人产品与公共产品，且都存在对这两种产品的需求。这里只分析公共产品生产。假设生产公共产品的成本为 $2X$ 个单位，若公共产品生产出来，则每个区域都获得 Y 个单位的利

---

① 谢识予. 经济博弈论（第二版）. 上海：复旦大学出版社，2006：189

益。若 A、B 都有两种选择，即合作生产公共产品或不合作生产公共产品，则可得区域公共产品生产"囚徒困境"博弈的得益矩阵（表 7.5）。

表 7.5　两区域博弈的得益矩阵

地区 A		地区 B	
		合作生产	不合作生产
	合作生产	$Y-X$, $Y-X$	$Y-2X$, Y
	不合作生产	Y, $Y-2X$	0, 0

若 A、B 两区域都选择积极的合作态度并分摊成本，那么就会因"搭便车"而丧失发展本地经济的机会，但是能够因此可以取得合作机会而发展地方经济。由于中部地区资源优势、主导产业、生产力发展水平都比较类似和接近，双方实力相当，则每个区域的总利益为 Y，每个区域的成本为 X，净利益为 $Y-X$，各获预期收益 $Y-X$。若一方合作而另一方不合作，则合作方的净利益为 $Y-2X$，而不合作方的净利益为 Y，这是一种典型的"搭便车"选择，即一方让另一方生产公共产品而坐享其成的激励。在一方策略给定的情况下，另一方使自身利益最大化的最佳选择是不合作，如果双方只合作一次，则最终导致的结果是（0，0），即都不投资生产公共产品。

"囚徒困境"问题在公共产品生产领域的表现是公共产品供应不足。当公共产品生产领域生产不足时，每个区域都会期望上级或中央政府的财政分配能向本区倾斜，在财政分配领域展开利益争夺，或者实力不强的区域会采取机会主义态度，期望别的区域提供公共产品而自己"搭便车"。当相邻区域没有一个愿意投资于区际公共产品，如跨界道路、输电设施等的生产时，政府必须直接投资或采取一定的政策诱使私人资本进入，并采取一定的政策措施限制甚至打击"搭便车"的区域机会主义者。这些只不过是众多的区域经济矛盾与冲突行为中的一部分而已。社会整体利益最大化的合作局面，在存在机会主义倾向时是无法达成的。在这种情况下，通过一定的区域机制的安排，实施区域合作的政策很有必要。

7.2.2　模型的扩展：中部地区区域持续合作的条件

上述分析展现给我们一个现实存在的困境：一方面，区域经济合作是我国的必然选择；另一方面，在现有的市场体制和利益分配下，各区域之间进行合作又不太可能。如何使各区域间实现合作就是我们要讨论的问题。根据博弈论的原理，纳什均衡的战略组合是由所有参与人的最优战略组成，没有人会主动选择其他战略。我们可以通过博弈得益的改变对上述模型进行扩展，使各区域选择最优策略，从而改变均衡结果。

我们可以通过中央政府在财政上补贴采取合作策略的地区（假如补贴 L，$L > X/2$），而惩罚采取投机策略的地区的办法来改变博弈得益（假如惩罚 L），改变得益后的矩阵如表 7.6 所示。

表 7.6　改变得益后的矩阵

地区 A		地区 B	
		合作生产	不合作生产
	合作生产	$Y-X+L,\ Y-X+L$	$Y-2X+L,\ Y-L$
	不合作生产	$Y-L,\ Y-2X+L$	$-L,\ -L$

由于 $L > X/2$，则 $(Y-X+L) > (Y-L)$，因此无论对方采取什么策略，只要合作是自己的最佳选择，双方最后都会选择合作。因此在此收益约束下，改变策略的动机不强。此模型的现实意义在于，合作实现了宏观经济的最优收益状况，并具有相对稳定性。在此博弈模型中，双方合作成为纳什均衡解，这使得在现实中实现最优策略组合相对于双方不合作提高了宏观经济效益。

7.2.3　模型的启示：中部地区区域合作机制的构建

区域经济合作的目的，从根本上说，就是通过行政性力量基于对市场规范的共识，扫除行政壁垒，促进区域内部要素的流动，实现资源的有效配置。在市场经济深入发展和各地方政府利益独立化的制度背景之下，区域经济合作是一种利益驱动下的战略选择。

通过以上对区域经济行为主体之间的博弈分析可知，在区域经济活动中，合作是有风险的，风险来自两个不对称：一是信息不对称；二是利益不对称。区域经济合作是有条件的，条件由两个内容组成：一是要有利益驱动；二是要有对不合作行为的约束。因此，区域经济合作机制的设计就应按照这个思路展开。我们把区域经济合作机制的内在构建概括为信息沟通机制、利益补偿机制、激励和约束机制。

1. 良好的信息沟通机制

实际上，由于资源禀赋等的差异，各地区之间客观上存在着通过互利合作而实现利益最大化的相互需要。只要能进行良好的信息沟通，建立双边或多边协商机制，降低交易费用，在一个规模相对较小的组织中，实现集体行动应该是可能的。信息经济学认为，达到帕累托效率最优状态的条件是完全信息。区域经济主体的行为决策是否有利于双方合作的展开，同样依赖于区域之间信息的对称性。

为了使区域间的资源配置达到最优状态，首先要克服区域间信息不对称的缺陷。

各区域之间经济政策和相关措施的尽可能公开，可使任何一个地区增加经济合作中的可预测性，最大限度地减少由于相互封锁信息而导致的合作风险。因此，要建立区域经济合作机制，首先要建立各个经济区域之间经济政策及其变化的政策信息沟通机制。信息公开，特别是地方性局部区域政策信息的公开是建立区域经济合作机制的基础性措施。

2. 区域经济合作的利益补偿机制

当前区际利益的矛盾，突出表现在地区间的利益分配上。按照博弈论的观点，作为制度交易博弈的行为主体，各方关注的都是自己一方的现实和未来利益。仅靠合作中的诚信是不能维持长期合作的局面的，因此，需要有一种促进合作的利益补偿机制来提高中部地区参与合作的积极性。加工制造业不发达地区长期处于向加工制造业发达地区提供廉价能源和原材料的地位。由于价格体系不合理，特别是某些矿产品和原材料价格偏低，能源、原材料在产业结构中占较大比重的地区往往把高成本的原材料以低于其价值的价格在市场上交换，这就等于把这类地区的部分利益无偿地转移给资源加工地区。这些原材料在加工制造业发达地区经过深加工后，再以高价返回原材料产区。这种利益分配上的不平等，必然影响某些地区参与合作的积极性，因此，要促进区域经济合作就得建立利益补偿机制，协调区际利益分配，即重视原材料产区的经济利益，调动原材料产区的积极性，加工地区要主动让利，将利润的一部分返还给原材料产区，向原材料产区输出技术、资金和人才，强化相互之间的关联性和互补性。

3. 区域经济合作的激励机制

区域经济问题是宏观经济问题，没有中央宏观区域政策的规范，区域合作是不可能持续、有效地推进的。中央政府要强化对区域合作关系的支持力度。中央政府首先要用政策手段对区域合作给予鼓励和支持，比如，对区域合作项目的投资给予工具性政策的倾斜，对跨区域的企业给予工具性政策的优惠，对跨区域的产业给予目标性政策的扶持，对跨区域的合作开发给予制度性政策的肯定。这一切都将成为区域合作的原动力。同时，对于积极推进区域合作的部门和领导的政绩评价也应通过量化指标予以认可，以鼓励和推动区域合作。区域经济的主体发展本地经济的积极性无可非议，也不可挫伤。市场经济条件下区域经济问题的解决既要靠市场机制，又要靠宏观干预。

4. 区域经济合作的约束机制

为了防止区域经济合作中的机会主义行为，保障区域经济合作关系的健康发展，需要建立一种区域合作的约束机制。在我国，经济区域内缺乏一致性的规则，各地区在招商引资、土地批租、外贸出口、人才流动、技术开发、信息共享等方面的政策都存在很大差异，这个问题不解决，区域政府合作就缺乏必要的制度保障。因此，在区域合作的进程中，区域政府间针对区域整体发展所达成的共识，必须要以制度性的合作规则来保证。这种区域合作约束规则的形成是地方政府间相互博弈的产物，体现了参与者的一致意见，应对违反"游戏规则"者与采取机会主义态度者予以严厉的惩罚，以使违规者望而生畏。

7.3 中部地区区域利益协调机制

在中部地区区域联动发展中，不免存在着一些冲突和障碍，因此必须建立区域利益协调机制。例如，中部地区自古以来就是农业发达地区和粮食主产地，因而中央要求中部地区在加快工业化和城镇化进程的同时加快发展农业和加强粮食生产，中部地区就应该服从国家的整体利益，不要盲目地争抢工业项目，更不要为了上新项目而占用大片耕地。[54] 为了调动各个区域的积极性，实现全国经济一体化，中央制定的减免中部等地区的农业税和转移支付之类的政策应该加大力度地执行，给中部地区牺牲的利益以足够的补偿。只有依靠中央强有力的宏观调控手段，才能建立区域利益协调机制。[55]

7.3.1 建立中部地区区域利益协调机制

区域经济合作中的协调机制是指参与合作的各方通过协商、谈判以及建立各种形式的经济组织等方式对相互间的政策及利益进行联合调节。其目的是通过协调，彼此间能交换观点和信息，求得对共同利益的共识，以便采取相应的措施和行为，克服存在的矛盾、纠纷和冲突，保证合作的顺利进行。其实质是通过牺牲部分眼前的局部利益来谋取长远的更大的整体利益的实现。

中部地区区域经济联动作为一种经济现象，区域经济协调在不断的尝试与修改中。政策协调的本质是利益协调，中部地区区域联动中的利益包括两个方面：一是参与方各自的自我利益；二是中部地区的共同利益。前者是中部地区区域经济联动的出发点，参与者行为的基本准则是最大限度地实现自我利益；后者是前者的集合，是前者得以实现的基本保证。一方面，在实际的区域经济联动中，由于每一方都是从自我利益的角度从事活动的，利益上的差别和结构上的不平衡必然导致各行为主体间利益的差别和合作过程中的矛盾。另一方面，各成员又是共同利益实现的推动者。由于每一个成员都要求自我利益的实现得到有效保护，因此中部地区区域联动的协调机制必须能做到按共同利益基础的必然要求对现实合作中所发生的矛盾进行调解，这种调解的基础是合作各方之间可以进行有效磋商。

合作成员可以进行有效磋商是指，如果合作成员各自策略的一个可行变化可以使所有合作成员都受益，那么在实际磋商中，他们就会同意作出这样的策略变化。能否进行有效磋商是区分合作博弈与非合作博弈的关键之一。通过有效磋商，中部地区区域经济联动各方可以建立一个利益平衡机制，使得合作中获益较少的成员确信暂时的获益受损可以从长期稳定的合作中得到补偿，而获益较高的成员会自愿在某些方面为其他成员的利益承诺一定的让步。也就是说，从长期来看，一种稳定的经济联动会使所有合作成员分得大致公平的收益。

建立中部地区区域协调机制，统一规划、协调中部发展，制定相关的扶持政策，可避免低水平重复建设和结构趋同。各省在统一的规划指导下制定发展蓝图，组织定期的经贸洽谈会、地区政府间工作会议来协调地区制度的差异，改变目前中部六省争做龙头、难以协调发展的局面，逐步形成群龙共舞、百舸争流的发展格局。

7.3.2　协调机制的可行性

中部地区区域经济联动的利益协调实际上就是参与合作的各方通过谈判讨价还价的过程。为了实现各自利益的最大化，中部地区在谈判中是不可能完全将自己的实力暴露给其他各方的。在本书研究的中部地区区域经济联动中，参与联动的各方最终必须要达成有约束力的协议。我们假设中部地区区域经济联动是已经建立起的区域经济联动，所以，协调机制着重解决的是"不利选择"问题。因此，中部地区区域经济联动的协调机制是对应参与合作各方对合作利益的不同要求的，是达成各种可能的谈判结局的可能性。

如果中部地区都忠实地报告自己的类型，并遵守达成的协议，则中部地区各方可获得自己的期望值，这一期望效用值反映了中部地区对各种可能的利益分配方案的不同看法。由于中部地区各方的博弈类型真实与否无法得到证实，并且中部地区各方的行为是互相独立并由其自己控制的，而中部地区区域经济联动的协调机制又只能是激励相容的，因此"如实报告"才是由其所引致的贝叶斯谈判问题的解。由于中部地区区域经济联动的协调者是全体合作者共同利益的代表，在协调各方利益时必须既考虑各自的利益，同时也要考虑全体合作者的共同利益（共同利益实现的前提是各方必须愿意参加合作）。因此，当中部地区区域经济联动的协调机制可以保证中部地区区域经济联动获益较多者承诺对合作中获益较少者给予合理的利益补偿，并且这种承诺是可信的时候，都讲真话的策略便对全体合作者有利，也即这时的协调机制是激励相容的。对中部地区区域经济联动的协调者而言，只有各方如实报告自己的类型，协调者才能准确把握其真实利益之所在，作出使合作者各自所追求的利益目标与全体合作者共同追求的利益目标趋于一致的利益协调。

如果中部地区区域经济联动协调机制是个体理性的，当且仅当它满足下列的参与约束条件，即只有当参与协调至少与不参与的结果一样好时，了解自己类型的合作者才会同意参与协调。不失一般性，我们可以认为，只有中部地区区域经济联动的所有类型均得到满意的协调机制，才是合作者能够认可的机制。

如果一个中部地区区域经济联动的协调机制是可行的，那么当且仅当它是激励相容的和个体理性的，这里"可行的"含义就是可实现的。上述分析给出了中部地区区域经济联动的协调机制在协调利益时应该满足的条件，也就是中部地区区域经济联动协调者在协调各方利益时应遵循的基本原则。

7.3.3 协调机制的有效性

从上述分析中我们可以看到，可行的中部地区区域经济联动的协调机制不是唯一的。显然，不同的中部地区区域经济联动协调机制对参与合作的各成员的福利影响是不同的。因此，我们有必要进一步研究可行的协调机制是否是有效的。

首先必须明确，我们必须从一个局外人的角度来分析信息不完全情况下中部地区区域经济联动博弈的局中人的行为是否有效，分析不能基于中部地区区域经济联动局中人的私人信息（类型）。一个中部地区区域经济联动局外者也许能够明确说明谈判结局是如何地与局中人的类型有关，但在不知道中部地区区域经济联动局中人真实类型的情况下，一般他是无法预测实际的谈判结局的，他可以分析协调机制，但不是谈判结局。在信息不完全的博弈中，有效性的概念应该是针对机制，而不是针对结局的，确定一个实际中部地区区域经济联动机制有效与否的标准应该只依赖于中部地区区域经济联动博弈的公开结构，而不是只有中部地区区域经济联动局中人个人才了解的私人信息。

中部地区区域经济联动协调机制有效的定义应有如下含义：中部地区区域经济联动协调机制是有效的，当且仅当不存在其他可行的机制使得有些局中人的福利状况变得更好，同时也不使另外一些局中人的福利状况变坏。但是，这样的定义在形式上显得太宽泛了。在实际中，我们必须说明，在确定中部地区区域经济联动局中人的福利状况是变得更好或更坏时，应该考虑需要哪些信息。

由于在信息不完全博弈中，在选择各自的行动和策略之前，中部地区各方只知道自己的类型而不知道任何其他各方的类型，因此，最合适的有效性概念应当是在可行的激励相容协调机制集合中的暂时有效性概念，简称为激励有效性。也就是说，中部地区区域经济联动的协调机制应该是在不断地修复和完善的，没有永恒不变的协调机制。

第8章

中部区域经济联动发展的战略措施

8.1 中部区域经济联动发展的基本步骤

从前文的案例分析可以看到，区域经济合作与联动不可能一步到位，而是一个循序渐进的过程。同样，中部地区区域经济联动也需要有一个由小到大、由浅入深、由简单到复杂的渐进过程，需要有一个各方逐步认识和磨合的过程。先从有基础的领域入手，再逐步拓展联动的范围和深度，最终实现全方位、多层次、宽领域的合作联动和协调发展。

8.1.1 从单一领域、具体项目合作开始，逐步转向多领域合作

具体可以首先从投资办厂等生产性合作项目开始，然后逐步拓展到技术管理、市场拓展、教育培训、咨询信息等各种生产性服务领域，从而实现资金、人才、技术和信息等的双向流动、互补和联动发展。

8.1.2 从短期项目合作逐步过渡到长期资产纽带型合作联动

通过兼并、收购、参股、控股、合资合作等方式，促进资产跨地区的流动和优化组合，拓展资源优化配置的空间。这里需要指出的是，区域联动中的企业并购，必须是企业的自主行为，是其基于市场的选择。

8.1.3 从松散的合作逐渐向紧密有序的联动发展推进

市场经济体制下的联动发展不能搞行政命令，因此在起步阶段，地区间的合作联动主要表现为个别企业在个别项目上的合作联动。随着联动的深入，必然会出现各种矛盾和问题，这就需要制定统一的规划和形成完善的协调管理机制来规范和约束各联动主体的行为，从而形成紧密有序的区域联动发展。并且，这种规划和协调管理机制不是从一开始就能形成的，而必须是在联动发展的过程中逐步摸索出来的，并在未来的实践中继续得到改进。

8.2   中部区域经济联动发展的战略重点

依据中部地区的实际情况，笔者认为中部地区联动发展的重点应放在以下几个领域。

8.2.1   拉长产业链

中部地区富有特色的产业链条主要有，以武汉光谷为龙头，以烽火通信、华工科技、湘计算机、铜峰和山西长城微光器材股份有限公司等为重点的电子信息产业链；以东风汽车、江铃汽车、江淮汽车、三环集团和太原重机为重点的汽车整车与零部件产业链；以武钢为龙头，马钢、安钢、江西铜业、华铃、太钢的采掘与冶炼冶金冶金产业链等。[56]中部产业链发展需要通过政府、社会、市场、产业多维协同作用，有目标、有重点、有步骤地实现从经济协同转向核心能力协同、从地域集群转向核心能力集群、从经济创造转向核心能力创造，从而形成一大批具有强大竞争力的产业创新主体；充分发挥龙头企业的带动作用，以区域核心能力、区域核心品牌、行业需求特征、高技术水平为标准进行聚类重点扶持，建立起跨地区、具有世界级和国内先进水平的龙头企业群，以此为基础适时进行产业链创新延伸，构筑产业集群区域。选择以汽车为龙头的机电制造业，以钢铁为重点的材料工业，以农产品深加工为重点的轻纺制造业，以水电为重点的能源电力工业，以金融、房地产、商贸、物流、旅游等为特色的第三产业等支撑中部经济的五大支柱产业集群作为战略重点，激活存量，优势发展。

8.2.2   构筑城市群

城市作为经济、政治、文化、教育的中心和载体，其经济的繁荣与发达程度直接决定和影响着局部地区与整个国民经济的发展。目前，中部地区的城市发展水平与发达地区还有较大差距，其部分指标与全国平均水平还存在明显差距。城市整体实力不足是中部地区经济发展水平不高的关键因素之一。实施中部城市群战略的目的在于从整体上提高中部地区城市发展水平，带动地区经济迅速发展。目前，中部地区六大城市群的架构，还没有实现区域资源整合、城市优势互补，中部比较优势也没有发挥到应有的程度，需要进行战略上的调整，应从发展与制度两个层面加强共同建设，拆除市场壁垒，用足经济发展一级轴线长江和京广线，分阶段梯度推进。比如，可以沿京广线和长江将中原城市群、武汉城市群、长-株-潭城市群、昌-九-景城市带、皖江城市带整合起来组成一个"中部大三角"经济圈。首先，推进"中部小三角"经济圈即"汉-长-昌"经济圈的建立，强化"中部大三角"的一个经济角点；[57]其次，构建长江中游城市带和京广线中段城市带，增强"中部大三角"的边线；最后，实现"中部大三角"经济圈的一体化，使中部城市群走向融合，推动经济发展。

8.2.3　激活科技源

中部地区有着独特的科研资源优势，中部的武汉、合肥、长沙是国家重要的科研基地，其中武汉、长沙两地是国家高等教育的重镇。中部的科研资源优势为中部崛起战略的实施准备了充足的动力资源，而实现科技联动发展又不失为转化科研资源优势的一条可靠途径。实现科技联动发展，有利于科研资源的整合与高效利用，促进科研成果就地就近转化，同时可将中部地区潜在的科研资源优势转化为现实优势，从而带动中部地区科技成果转化率的整体提升。

鉴于中部六省在科研成果转化为现实生产力上严重滞后，科技对经济的促进效果不强，科技资源主要集中在某些重点地区和优势科技领域[58]，因此，建议通过建立科技创新网络，对具有优势的科技领域进行产业化转变，形成技术创新高地和产业化发展龙头地区，努力建成良种培育与生态农业基地、现代制造业基地、原材料基地和能源技术研发基地，将局部科技优势转化为区域主导产业优势。并且，通过重大科研项目联合攻关合作平台的建立，中部区域的新生科研实力能够得到切实增强。区域科技联动有利于促进中部地区科研实力的整体壮大，实现中部省市的"整体崛起"。在建立中部科技网络时，应按照自愿平等的原则，实行全面科技协作，在技术创新、人才互动等方面进行整合，依托科技网络平台，联合六省推进科技文献、科技信息、专家库、动植物资源等基础性科技资源联网共享，鼓励人才在区域内合理流动，加快中部人才市场的一体化进程，以增强和放大科学技术的整体功能和综合竞争力，互相联系，通过扩散效应，在中部六省形成科技产业相互呼应、共同发展的格局。

8.2.4　推动大物流

中部地区传统企业较多，在电子商务、信息技术的发展与运用上还存在较大差距。当前中部地区的物流业，区位优势、集约优势仍未得以充分发挥。物流企业资源缺乏整合，整体水平太低，制约着地区经济的协调快速发展。经济的全球化、信息化，为中部地区物流业的发展创造了条件，中部六省需要主动、快速地积极应对物流全球化、系统化的挑战。加快现代物流业领域的交流与合作是中部地区区域经济联动发展的助推器。为此，要按照"政府引导、市场导向、企业运作、智力支持"的原则，加强对现代物流业发展的政策引导，促进传统运输方式向现代物流转变，促进中部地区现代物流业向专业化、信息化、标准化方向发展；以公路主枢纽建设为依托，以货运信息网络为纽带，健全货运站网络系统，构筑物流服务平台，[59]形成区域物流网络。

建设中部六省物流网络可从发展五个物流市场入手：第一，农产品物流。可考虑整合六省的农产品资源，建立一体化的农资物流市场，构建以"郑州-武汉-长沙"为轴带并拉动长江流域的中部粮食物流市场，以"武汉-郑州"为轴心的辐射长江流域的棉花物流市场以及覆盖洞庭、鄱阳两湖的水产品物流市场。第二，煤炭物流。山西、河南、安徽、江西盛产煤炭，目前煤炭物流大多依靠铁路、水运两种方式进行散货运输，可以考虑将需求方、货运企业、枢纽型港口及铁路编组站联合起来，建立贯穿煤炭采购、运输、配送的专业物流服务商。第三，汽车物流。可依托长江沿线的"汽车工业走廊"，联合湖北、江西、安徽三省发展汽车零部件制造业物流和零部件、整车配送物流。第四，商贸物流。物流网络的建设可将商贸市场、连锁业向节约成本、快速反应的方向推进。第五，国际物流。可以依托一些大企业，联合相关企业组建若干个专业化的第三方物流公司，实现资源共享、优势互补，打通国际物流通道，引入国际物流模式，并逐步扩大服务功能，成为在全国有影响的国际物流服务商。

8.2.5 搞活大市场

由于历史的原因，中部地区丰富的自然资源优势并没有转换为市场效益。中部地区宜以开放型市场的建设为模式，以商品市场的建设为基础，以金融市场、人才市场、技术市场等一系列市场的建设和完善为支撑，以规范市场行为、保护市场竞争为重点，并通过中部六省之间的协调机制，积极稳妥、循序渐进地对各省的区域市场进行集成，从而形成一个开放有度、竞争有序、结构合理、统一高效的华中大市场体系；强力推进产业发展和城市化进程，提高人民的收入水平，从而扩大消费、推动商品市场的发展；深化金融体制改革，通过利率市场化、鼓励区域间金融机构合作、金融工具多样化、培育金融市场主体、加强组织协调和监管、规范交易行为，构筑华中区域金融大市场；优化人才培养结构，改善用人环境造就人才，建设中部六省一体化的人才流通大市场，消除中部六省间的人才交流障碍，从而构建起完善的华中人才大市场；建立以技术交易为中心的科技成果转化平台和在此基础上的以会员制为中心的技术产权交易基础平台，建立起华中科技资本市场，利用金融手段促进科技成果转化。

8.3　中部地区区域经济联动发展的主要措施

8.3.1　发挥政府引导作用，营造良好的区域协调发展环境

中部要实现有效的合作联动，前提是六省要达成一个共识，就是"参与、协同、共赢"。无论是"珠三角"还是"长三角"，它们推进区域经济一体化的实践都证明，合作联动的成效如何取决于合作方有没有这样的理念和境界。中部要实现有效的合作联动，需要建立一个有效的合作联动协调机制，要有一个常设的领导协调机构，同时要有一个研究咨询机构和信息沟通交流机制。在推进中部地区合作联动中，政府的作用至关重要，在选择发展战略时，政府的"理性、开放、前瞻、务实"是非常重要的，它将决定一个地区的健康和可持续发展。

现阶段开展中部区域联动，最重要的是要加快政府部门的改革，通过规范政府的行为，提高其服务水平，加强行政协调，营造联动发展的良好环境。其中，纠正市场竞争不当，统一竞争规则十分重要。中部区域要采取联合行动，进一步减少区域内行政审批事项，简化办事程序和环节，推行审批公示制和承诺制。同时，进一步强化政府服务意识，改进政府服务方式，提高政府的管理水平和办事效率，增强省（自治区、直辖市）之间政策的公开性和透明度。

发挥政府的引导作用，营造良好的区域协调发展环境，是促进中部地区经济协调发展的重要环节和战略途径之一。就我国现实的国情而言，行政区对地区联动发展仍然有着深刻的影响，中部六省利益冲突仍十分尖锐。因此，加强政府层面上的协作与联动，是中部区域联动发展顺利推进的重要保障。

8.3.2　制定区域发展的总体规划，建立健全区域性市场体系

中部六省应加强区域规划合作，整合城乡空间资源，推动区域之间、城乡之间基础设施的共建共享，努力形成资源节约、环境友好、集约有效、社会和谐的发展格局；探索城镇群规划和发展模式，围绕构建布局合理、大中小城市和小城镇协调发展的城镇体系，加强中部地区城镇群规划编制和经验交流；完善城市规划编制的办法和内容，提高城市规划的公开性和透明度，发挥规划的宏观调控职能，维护公共利益；建立健全城市规划制定、审批、实施的法规体系，保障规划的科学实施，推行城市规划督察员制度，规范规划管理行为。

中部地区在经济发展规划上，要从经济区整体发展出发，协调好局部利益和全局利益、眼前利益和长远利益的关系，不能因为地方局部利益而妨碍经济区整体生产力的合理布局和资源的优化配置。在统一规划的基础上形成各省、市、县

的比较优势，逐步建立健全规模不等、层次不同、功能各异的区域性市场体系。[60]区域性市场体系包括泛区域大市场、省级区域市场、地区级区域市场、基层区域市场等不同层次、规模和功能的商品流通中心，这样由点到面，从有限的市场开放逐步向较全面的市场开放推进，最终构成完整的泛区域市场体系，即形成区域内相互依赖和相互协作的统一大市场格局。

8.3.3 重视区域联动的制度建设，形成区域利益协调机制

国际经验表明，区域联动发展缓慢与缺乏制度保障密切相关。一般来讲，制度化的协调机制（如缔结条约或协议、进行集体谈判、组成严密的组织等）有利于推进区域紧密型合作与发展，但这需要具备相应的条件（如中央与地方关系、行政体制、外部竞争环境、内部经济关联等）。[61]从目前中部地区的实际情况来看，实行制度化协调机制的条件尚不具备，宜通过"倡导式"的机制不断扩大中部地区合作的范围。[62]具体构想为：

第一，制定一套制度化的议事和决策机制。定期召开省长、市长高层会议，为各地政府就地区经济发展问题进行协商并达成共识提供必要的经常性机制。

第二，建立一套功能性机构。成立以中央政府相关部门、省级政府、中部地区各个城市行政首脑、工商代表为成员的跨行政区划的"中部地区规划办公室"，根据协商一致的原则，负责审核、确立中部地区的发展规划方案（含大型基础设施规划、功能区规划、水资源利用保护规划、生态环境保护规划等内容），制定区域政策。[63]此外，应设立中部地区协调办公室，负责组织安排会议、收集与发布信息、组织相关课题研究。

第三，中部地区合作达到一定程度后，可以借鉴欧盟的经验，建立合理的共同发展基金制度。共同基金主要用于解决跨区域、跨城市的基础设施等软硬件建设。共同基金的决策机构可以是一个理事会。

第四，鼓励建立各类半官方及民间的跨地区合作组织。例如，建立在政府指导下的联合商会、行业协会和企业联谊会，以及长江流域发展研究院和中部地区发展研究中心等。

8.3.4 整合区域经济结构，发挥经济协调发展的整体效应

经济结构区域整合是实现中部地区经济发展整体性的关键。中部地区拥有丰富的土地、矿产、水能和旅游资源，资源优势明显。这些资源与经济的地区优势和互补性是实现中部地区经济结构地域整合的基础。

首先，要调整产业结构。要强化区域内部的产业分工，建立区域统一的多个

企业群和产业基地。企业群利用企业内各方的资源、品牌、资金、信息等要素进行优势互补，可以形成规模经济与范围经济，并获得经济利益的最大化。中部各地（城市）不宜强调在自身行政区划内培育和形成所谓的主导产业、支柱产业，以避免重复建设和产业同构现象，而是要充分发挥自身优势，在区域性的主导产业、支柱产业定位中寻找自己的位置。与此同时，各地要着力于发展特色产品，提高某些重要的优势产业的竞争力。

其次，要进行企业结构调整。企业是区域经济的行为主体，目前缺乏活力的国有企业是中部地区经济发展滞后的重要原因。因此，该区域企业结构整合主要是通过调整产权结构和管理机制，大力推行有限责任公司制和股份有限公司制，通过收购、兼并、合并等，形成一批具有产业优势特点的跨行政区域、跨所有制界限的大型企业集团；通过企业集团内部的产权纽带，实现资源的优化组合，协调行政区域之间的经济利益矛盾。企业领导要按照产业的内在联系和社会化协调分工的原则，调整企业的组织结构。

8.3.5　完善区域交通、通信网络，加强基础设施对接

近年来，中部地区在基础设施建设方面取得了巨大成就，但完整、高效的交通、通信网络还远未形成，中部地区应加强基础设施对接。

第一，完善区域交通网络。区域经济融合离不开基础设施建设计划，即统一区域内交通网络的规划和建设，使铁路、公路、水运、航空等运输方式相互配套，形成方便快捷的综合交通运输网络。"长三角"的一个重要经验就是"一卡制"，即在上海买的公交卡，在杭州、宁波都能用来乘坐公交车。中部地区可以借鉴这些经验，首先可以在几个城市群（如武汉城市群、中原城市群、长株潭城市群等）的范围内实现交通网络一体化，进而构建中部地区大交通的网络化体系。[64]

第二，打造区域内公共信息平台。中部各省共同开发建设综合性和专门的信息交换平台，支持技术、理财、市场、投资、法律等现代咨询服务业的发展，实现信息资源共享，通过加强安全信息系统建设的合作，实现区域公共主干信息传送网、卫星传送网、信息运用系统的联通。打造覆盖整个中部地区的信息平台，最重要的内容有两点：一是建立个人诚信制度和企业联合诚信系统库。建成后的企业联合征信系统库覆盖所有在中部地区登记的企业，提供企业注册信息、进出口报关记录、信贷融资记录和行业统计分析、企业主要经营者的个人信用信息、上市公司的经营财务状况信息等。二是建立政务公开系统。推出政务信息化建设，重点是建设政府公众信息网，要求政府各部门及时准确地发布与市民生活密切相关的服务信息，以及与企业相关的投资环境、法规政策等咨询信息，将政府

部门拥有的技术等信息资源向全社会开放，促进政府信息在全社会范围的优化配置，营造交易成本更低、商业机会更多、综合服务功能更强的市场环境。

通过完善区域交通、通信网络和建立公共信息平台，真正在中部地区实现物资流、能量流、信息流、人才流和货币流的共享共赢。

8.3.6 协同开发资源，变资源优势为经济优势

中部六省具有资源优势，并有比较雄厚的工业基础，这为中部六省联合开发资源提供了有利条件，六省可以通过协同开发资源，真正地变资源优势为经济优势。中部地区可以重点开发以下资源：

联合开发农业资源。中部六省除山西外均是农业大省，农业资源的开发利用是该区的关键。南部的湖南、湖北、安徽、江西等省，要积极发展高效农业，综合开发农、林、牧业，建立优质高效的农牧商品生产基地，促进经济发展。山西、河南和安徽等省，要继续发展多种经济作物，充分利用现有资源，切实增加农业投入，加强基础设施建设，为农业的稳定发展创造条件。中部六省的粮食、柑橘、油菜、茶叶、猪、牛等农牧产品在全国均具有一定优势，区内要联合开发，优势互补，分工协作，因地制宜地建成各具特色的农业商品基地和产品加工基地，以此来推进中部地区的农业发展。

联合开发能源和金属资源。要加快中部地区的水电站建设。另外，对湖南、湖北、江西、安徽等地的水力资源，要进行有计划的联合开发，充分利用山西、河南、安徽丰富的煤炭资源，加强水电建设，改善水火电比重，以形成中部六省水电和火电并举的电网。同时，加快石油化工基地的建设。同时，中部六省的有色金属和非金属矿产资源均十分丰富，尤其是湖南和江西分别有"有色金属之乡"和"非金属之乡"的美称。加速开发有色金属和非金属矿产资源是中部六省的重点合作内容之一。

联合开发旅游资源。中部地区应着力开发如下旅游精品线路：一是名城之旅。中部地区是华夏文明发展最早、最为发达的地区之一，5000 年的历史造就了郑州、洛阳、开封、大同、平遥、武汉、长沙、岳阳、凤凰、南昌、赣州、景德镇、亳州、安庆、歙县、寿县等历史文化名城，留下了美不胜收的名胜古迹。中部六省可以把这些古城串点成线，打造中部地区"名城之旅"的强势品牌。二是红色之旅。红色旅游景点众多，如"红色故都"瑞金、井冈山、韶山、大别山等。大别山横跨皖、鄂、豫三省六市，与井冈山同为革命根据地，已被国务院公布为重点开发的 13 个红色旅游区之一。三省应联手策划线路，共塑红色旅游品牌。三是禅宗之旅。河南、安徽、湖北等省禅宗旅游资源十分丰富，拥有古南岳天柱山、北岳恒山、中岳嵩山、南岳衡山等中华名山，五台山、九华山、嵩山

等皆有禅宗祖庭。中部地区应以禅宗文化为主线，把相关结点串接，打造一条具有国际影响力的中华禅宗寻根朝圣之旅。四是长江之旅。长江黄金水道流经湘、鄂、赣、皖等省，造就了一大批秀丽多姿的自然景观，积淀了厚重的文化。鄱阳湖、洞庭湖烟波浩渺，湘江、汉水、皖河直通长江，黄山、九华山、天柱山、庐山、雁荡山分布大江南北。湖南岳阳楼、湖北黄鹤楼、江西滕王阁、安庆振风塔等闻名遐迩。通过在区域内实行无差别对待，逐步将中部地区建成无障碍旅游区，实行旅游资源共享、各项政策互惠。

8.3.7　全力提升对外开放水平，提高整体实力

中部地区在经济发展中要充分利用好两种资源、两个市场，在更大范围、更广领域、更高层次、更深程度参与国内外经济技术合作与竞争，通过全方位开放促调整、促改革、促发展。以思想解放的深度增强对外开放的力度，以国内和国际市场需求带动产业选择，以外来投资激活存量资产，以引进、消化、吸收先进技术带动产业结构升级，以商品的大流通谋求利润的最大化。对内进一步开放市场，打破行业垄断和地区封锁，废除阻碍统一市场形成的各种规定；整顿市场秩序，保护公平竞争；抓住沿海地区产业升级和结构调整的有利时机，充分发挥低成本优势、区位优势，主动接受沿海地区的经济辐射，注重承接沿海地区协作网络和市场体系的扩展，促进经济一体化。对外要积极应对经济全球化带来的新机遇和新挑战，深化外贸体制改革，推进外贸企业集团化、产贸一体化；坚持以质取胜和市场多元化战略；积极探索各种不同的利用外资方式和合作方式，注重发展项目融资、股权投资、债券融资等利用外资的方式；鼓励外商参与国有企业的改组改造，引导企业主动寻求机会，加入跨国公司的企业并购与重组；采取新型、灵活的招商方式，着重运用市场运作的办法招商，降低招商引资成本，提高实效；要依据国际通行的规则和国家涉外经济法律，结合中部实际，依法维护投资者的合法权益。

参 考 文 献

[1] 张可云."合纵连横"谋崛起.半月谈,2005,(4):54,55

[2] 中国社会科学院工业经济研究所课题组.西部开发与东、中部发展问题研究（下）.中国工业经济,2000,(5):40~44

[3] 马凯.2005年中国国民经济和社会发展报告.北京:中国计划出版社,2005:209

[4] Stephen M W. The new regionalism-key characteristics of an emerging movement. Journal of the American Planning , 2002, 68 (3): 267~277

[5] 南昌大学中国中部经济发展研究中心.中部发展与区域合作.北京:北京出版社,2005

[6] 国家统计局.中国区域经济合作的格局和走向.经济日报,2006-05-26

[7] 廖才茂.论中部崛起的系统联动战略.当代财经,2005,(9)

[8] 郭生练,胡树华.推动中部联动发展促进中部尽快崛起.政策,2004,(3):22~24

[9] Chen J, Felisher B M. Regional income and economic growth in China. Journal of Comparative Economics, 1996, (22)

[10] Jian Z T , Sachs J D , Warner A M . Trends in regional inequality in China. China Economic Review, 1996, (7)

[11] 孙海鸣,刘乃全.区域经济理论的历史回顾及其在20世纪中叶的发展.外国经济与管理,2000,(8):2~6

[12] 刘乃全.区域经济理论的新发展.外国经济与管理,2000,(9):17~21

[13] 陈才,刘曙光.面向21世纪的我国区域经济地理学科理论体系建设.地理科学,1998,(5)

[14] 小岛清.对外贸易论.天津:南开大学出版社,1990:220

[15] 萨乌什金.经济地理学:历史、理论、方法和实践.毛汉英译.北京:商务印书馆,1987:335

[16] 盛洪.分工与交易.上海:上海三联书店,1995:39~45

[17] 庞效民.区域经济合作的理论基础及其发展.地理科学进展,1997,(12)

[18] 魏后凯.当前区域经济研究的理论前沿.开发研究,1998,(1):17~23

[19] 张金锁,康凯.区域经济学（第二版）.天津:天津大学出版社,2003

[20] 林元旦.西方区域经济理论与西部大开发.烟台师范学院学报（哲学社会科学版）,2004,(4):103~106

[21] 陈秀山,张可云.区域经济理论.北京:商务印书馆,2003:198~203

[22] 贾根良.劳动分工、制度变迁和经济发展.天津:南开大学出版社,1999:173,174

[23] 陆大道.中国区域发展的理论与实践.北京:科学出版社,2003:587,588

[24] 马杉,伊享云.区域经济系统的协同论研究——论成渝高速公路经济带的发展.重庆大学学报（社会科学版）,1997,(2)

[25] 黎鹏.区域经济协同发展研究.北京:经济管理出版社,2003:72~96

[26] 吉宏,刘钟吉.可持续发展下区域协调的方式选择及实现方式.生产力研究,2005,(4)

[27] 郝寿义,安虎森.区域经济学.北京:经济科学出版社,2004

[28] 汤敏.成长三角区在亚太地区的发展及对我国的启示.太平洋学报,1995,(2)

[29] 李秀敏, 刘丽琴. 增长三角的形成发展机制探讨. 世界地理研究, 2003, (3)

[30] 孙久文, 叶裕民. 区域经济学教程. 北京: 中国人民大学出版社, 2003: 176 ~ 182

[31] Thirwall A P. Growth and development: with special reference to developing economics (5th). Macmillan Press Ltd, 1994: 50 ~ 61

[32] 胡乃武, 张可云. 统筹中国区域发展问题研究. 经济理论与经济管理, 2004, (1): 5 ~ 14

[33] 付刚. "9 + 2" 政府领导共同签署《泛 "珠三角" 区域合作框架协议》. 南方网, 2004-06-03

[34] 张颢瀚, 张鸿雁. 长江三角洲地区经济协作联动发展总体战略. 见: 张颢瀚, 朱敏彦, 曾骅. 21 世纪初长江三角洲区域发展战略研究. 南京: 南京大学出版社, 2000: 3 ~ 17

[35] 何静, 农贵新. 我国发达地区产业簇群发展模式及推广前景. 城市经济、区域经济. 2004, (3): 27

[36] 汪从飞. 长三角观察: 从浦东到苏州——两个高新开发区的故事. 华南新闻, 2004-07-20, (第一版)

[37] 白英瑞, 康增奎. 欧盟: 经济一体化理论与实践. 北京: 经济管理出版社, 2002: 28 ~ 36

[38] 南昌大学中国中部经济发展研究中心. 中国中部经济发展报告 (2006). 北京: 经济科学出版社, 2006

[39] 南昌大学中国中部经济发展研究中心. 中部崛起与科技创新. 北京: 北京出版社, 2006

[40] 南昌大学中国中部经济发展研究中心. 中部崛起与人力资源开发. 北京: 北京出版社, 2005

[41] 冯之浚. 加强区域经济协作促进 "中部崛起". 科学学与科学技术管理, 2005, (6)

[42] 周绍森, 陈栋生. 中部崛起论. 北京: 经济科学出版社, 2006

[43] 陆大道. 我国中部地区的地位和加快发展的途径. 学习与实践, 2001, (3): 13 ~ 15

[44] 曾坤生. 中部适度优先发展的必要性与可能性. 广西青年干部学院学报, 1999, (2): 60 ~ 63

[45] 王平. 实施中部区域人才合作的对策建议. 人力资源开发, 2005, (10): 9

[46] 南昌大学中国中部经济发展研究中心. 中部地区优势产业发展研究. 北京: 经济科学出版社, 2006

[47] 塔费 (E. J. Taffe). 城市等级——飞机乘客的限界. 经济地理 (英文版), 1962: 1 ~ 14

[48] 赵芸. 地方保护主义的成因及其对中部崛起战略的影响. 衡阳师范学院学报, 2006, 27 (1): 87 ~ 89

[49] 卫鹏鹏. 中部五省经济发展战略研究. 硕士学位论文. 武汉: 武汉大学, 2004

[50] 尹继东等. 欠发达地区的新型工业化道路研究. 北京: 中国财政经济出版社, 2006

[51] 张敦富. 区域经济学原理. 北京: 中国轻工业出版社, 1999: 160 ~ 180

[52] 杨开忠. 中国区域发展战略研究. 北京: 海洋出版社, 1989: 52 ~ 59

[53] 谢识予. 经济博弈论 (第二版). 上海: 复旦大学出版社, 2006: 189

[54] 张建民, 黄利特. 中部地区建立经济协调发展机制探讨. 湖北大学学报 (哲学社会科学

版），2006，33（1）

[55] 林家彬．有效的区际协调机制亟须建立．经济日报，2005-01-12（13）

[56] 汪秀婷．中部区域产业创新途径探讨．武汉理工大学学报（信息与管理工程版），2006，28（9）：76~80

[57] 李国平．基于点轴理论的汉长昌经济圈的构建．学习与实践，2005，（8）：13~17

[58] 胡树华，高艳，何山．中部科技资源整合战略探索．科学学与科学技术管理，2004，25（11）：17~20

[59] 甘筱青，陈跃刚，阮陆宁．我国中部地区物流基础设施平台的发展研究．江西社会科学，2006，（6）：22~27

[60] 陈丽娜，胡树华，周凡．中部市场发展战略与重点．武汉理工大学学报（信息与管理工程版），2004，26（5）：80~82

[61] 张可云．区域经济政策．北京：商务印书馆，2005

[62] 李本和，赵家俊．中部地区城市经济网络建设及其协调机制．理论建设，2005，（2）：47~49

[63] 侯仁勇．中部区域发展战略研究．博士学位论文．武汉：武汉理工大学，2005

[64] 卢英方，林涵碧，袁江等．关于促进中部地区城市基础设施建设发展的思考．中国建设信息，2005，（18）：19~22

第 三 篇

中东部产业互动：中部
崛起的重要途径

第 9 章

经济区域间产业互动
发展的理论基础

　　中国地域辽阔，决定了我国不可能采取对各个地区"统一扶持"、使之均衡发展的战略，更不可能实行平均主义，因为这种行为不符合市场经济的规则，也违背社会发展的规律。因此，党的十一届三中全会提出了优先发展东部沿海地区的政策，有重点、有先后地针对不同地区的情况提出了不同的发展战略，而经过30 年的改革开放之后，中国社会经济的发展可以说是日新月异。但是，我国仍然面临着区域之间差距拉大的困境，市场在这方面是失灵的，如果不进行相应的宏观调控，就会带来社会的不安定因素，而要实现我国区域之间的协调发展，缩小不发达地区与发达地区之间的差距，就必须依靠区域之间的经济合作。

　　产业作为中观经济学中的研究主体，在经济合作中起着非常重要的作用，产业介于微观与宏观之间，被界定为"所有从事营利性经营活动并提供同一类产品或劳务的企业群体"[1]。虽然迄今为止，国内外对于产业互动的研究尚未形成独立的理论体系，但是我们仍然可以发现产业经济学和国际经济的许多理论对于区域之间的产业互动提供了理论基础。

9.1　产业发展的社会分工协作理论

　　分工理论强调一个"分"字，由此必然导致企业和区域间的合作，"分"与"合"是相辅相成的。正如李斯特所强调的，分工要是没有合作，在生产上能产生的推动作用就很小，没有总体的协同性，就不会产生高效率[2]。因此，区域产业分工与合作是密不可分的，区域产业分工是合作的前提和基础，区域产业合作是区域产业分工得以实现和发展的保证，区域产业分工与合作必须结合起来。

9.1.1　绝对优势理论

　　绝对优势理论起源于西方"经济学之父"英国古典经济学家亚当·斯密的

地域分工学说，在其 1776 年的经典著作《国富论》中，斯密对于国际贸易与经济发展的相互关系进行了系统的阐述，提出了绝对优势理论。

斯密指出，"如果每一件东西在购买时所费的代价比家内生产时所费的小，就永远不会想要在家内生产……裁缝不想制作他自己的鞋子，而向鞋匠购买。鞋匠不想制作他自己的衣服，而雇裁缝制作。农民不想缝衣，也不想制鞋，而宁愿雇用那些不同的工匠去做。他们感到为了自身的利益，应当把他们的精力集中到比别人处于某种有利地位的方面，而以劳动生产物的一部分或同样的东西，即某一部分的价格，购买他们需要的其他任何物品"[3]。推而广之，他认为，国家也是如此，每个国家都有其绝对有利的、适于某些特定产品的生产条件，这导致生产成本绝对低下，如果每个国家和地区都按其"绝对有利的生产条件"进行专门化生产，然后彼此通过贸易进行交换，将使各个国家和地区的劳动生产率提高、社会财富增加。

同样，斯密的理论思想也适用于区际分工与贸易。任何区域都应该按照其绝对有利的生产条件进行专业化生产，然后进行区域交换，这会使各区域的资源得到最有效的利用，从而提高区域劳动生产率，增进区域利益。传统观点认为斯密的绝对利益说是李嘉图的相对利益说的一个特例，因为有绝对优势时，一定有比较优势，但有比较优势时，不一定就有绝对优势。

9.1.2　比较优势理论

比较优势理论起源于英国著名的古典经济学家大卫·李嘉图的国际分工理论。在《政治经济学及赋税原理》一书中，李嘉图发展了斯密的绝对优势理论。通过分析两个国家在单一生产要素禀赋上的差异，他从理论上证明了比较优势的存在和贸易的互利性，从而奠定了比较优势理论的基础。

李嘉图认为，在资本和劳动不能在国家之间完全自由流动的前提下，不可能按照斯密的绝对成本原理理论进行国际分工与贸易，而只能按照比较成本进行国际分工与贸易。他认为，由于两国劳动生产率的差距在各商品之间是不均等的，因此，在所有产品生产上处于绝对优势的国家与区域不必生产所有的商品，而只应生产并出口有最大优势的商品，而处于绝对劣势的国家和区域可以生产劣势较小的商品，这样，彼此都可以在国际分工和贸易中增加各自的利益。李嘉图的学说可简单概括为"两优取大优，两劣取小劣"。

哈伯勒（Haberler，1933）从机会成本这一概念出发，并结合"生产可能性曲线"，对李嘉图的相对利益理论进行了规范叙述。哈伯勒主张用机会成本代替相对成本来解释国际贸易产生的原因。这样，比较优势就可表述为：如果一个国家在本国生产一种产品的机会成本（用其他产品衡量）低于在其他国家生产该种产品的机会成本的话，则这个国家在该种产品上就拥有比较优势。西方经济学界对机会成本理论评价甚高，认为它是"国际经济学的里程碑，成功地用现代一般均衡理论的语言重新证明了古典成本理论"[4]。

9.1.3　要素禀赋理论

赫克歇尔和俄林的要素禀赋理论（简称 H-O 理论）是在批评、继承"比较优势理论"的基础上发展起来的，是现代国际分工理论的开端。H-O 理论把区际分工、区际贸易与生产要素禀赋紧密地联系起来，认为区际分工及区际贸易产生的主要原因是各区域生产要素相对丰裕程度的差异，并由此决定了生产要素相对价格和劳动生产率的差异。俄林认为，贸易的首要条件是某些商品在某一个区域比在其他区域能够更便宜地被生产出来。在每一个区域，出口品种包含着该区域比在其他区域拥有比较便宜的相对大量的生产要素，而进口别的区域比较便宜的生产商品。简而言之，出口那些含有较大比例且生产要素昂贵的商品，而进口那些含有较大比例且生产要素便宜的商品。因此，在生产要素使用具有替代性的前提下，一个区域密集使用相对低廉的生产要素就拥有由成本所决定的区域竞争优势。要素禀赋理论对区域产业分工与合作最大的启示就是揭示了区域产业分工与要素禀赋之间的关系，但是实际的区域间贸易并没有因为各自产业禀赋的相似而中断，其发展反而是不断增长的。

9.1.4　新贸易理论

传统贸易理论完全用国家间的差异，特别是生产要素禀赋的差异来解释贸易，这意味着国家间的相似性与贸易量之间有相反的关系。但实际上，将近一半的世界贸易是在具有相似要素禀赋的工业国家之间进行的，同时产业内贸易也在不断增长。

20 世纪 80 年代后期，以克鲁格曼、赫尔普曼（E. Helpman）、格罗斯曼（G. Grossman）为代表的经济学家们提出了"新贸易理论"。新贸易理论认为，传统理论仍然是有生命力的，它修正了新古典方法关于固定规模收益的基本假设，为分析在一个规模报酬并不总是不变的以及市场并不总是完全竞争的世界中的贸易提供了一个较完整的框架。在此基础上，该理论认为贸易的原因不仅仅是比较优势，而且还有规模收益。克鲁格曼认为要素禀赋的差异决定着产业间的贸易，而规模经济决定着产业内部的国际（区际）贸易。同时，他对产业内贸易进行了深入考察，认为在不完全竞争的市场结构中，由于规模经济的存在，即使在各国嗜好、技术和要素禀赋都一致的情况下，也会产生相异产品之间的"产业内"贸易，并且国家间的差异越大，产业间的贸易量就越大；而国家间越相似，产业内的贸易量就越大。

除了上述因素外，西方经济学家还指出，不同的需求结构所导致的同种商品在不同地方的相对价格差异，也是比较优势的来源[5]。

9.1.5　区域比较利益论

琼斯等提出了"区域比较利益论"，将 H-O 理论进一步引入工业区位的研究中。这一理论认为，不同区域之间资源的配置效益存在差异，产生差异的原因基本上有两类：一是区域之间的外部经济差异；二是区域之间生产要素比较优势的差异。区域外部经济不同，会造成资源配置的区域比较优势差异。区域之间各种生产要素的拥有状况及其相对价格的差异，显示了区域生产要素的比较优势，从而也对应了不同资源的区域比较利益。区域比较利益理论既吸取了马歇尔的外部经济原理，又继承了俄林的要素禀赋理论。从区域产业分工与合作的角度看，其理论价值是，揭示了区域比较利益的客观性及其存在的原因，对区域产业分工与合作的基础有了更为清晰的判断[6]。

9.1.6　新产业分工与合作理论

美国经济学家沃西里里·昂惕夫于 1953 年得出了与要素禀赋理论相矛盾的验证后，在西方经济学界产生了极大的震动，也促进了区域分工与贸易理论的新发展，新产业分工理论是把产品生命周期理论、雁形产业形态说和比较优势理论学说进行结合应用，来描述制造业由传统工业国向新兴发展中国家转移的经济现象。

雁行产业形态说是日本的赤松要于 20 世纪 30 年代提出的，他以日本棉纺工业为例，从侧面分析了产业跨区分工的过程，从中发现：这一行业产品的成长，经历了从进口到国内生产再到出口的三个主要过程，在图形上像三只大雁在飞翔，一只大雁代表一次高潮[7]，因此将这一过程称为"雁行产业发展形态"。此后，该学说被用来表达后发展的工业国实现工业化过程中国际产业分工所遵循的阶段性发展规律。

产品生命周期学说是美国的弗农于 1966 年提出的。他从新开发产品的技术周期角度概括和阐述了技术要素与分工和贸易的关系。即根据产品周期的阶段性，生产区位在地区之间进行地理转移，实现比较利益在区际间的移动，并提出欠发达地区在产品生命周期达到成熟期后将拥有后发性比较优势[8]。

克鲁格曼把新产业分工理论主要用于解释 20 世纪 80 年代以来在经济全球化背景下出现的产业价值链条的片断化、垂直分离和空间重组的现象。克鲁格曼认为[9]，在新的国际分工体系中，比较成本与要素禀赋已渗透到生产的不同环节中，国际分工不仅仅停留在不同产品之间或产业之间，而是进入到产品制造工艺过程内部或产业内部。一个产品在它的加工链条中，在发达国家利用资金技术渠道方面的优势完成设计，而在发展中国家则利用劳动成本方面的优势进行零部件加工生产，最后再到另一国家或地区完成产品的组装，形成了以加工贸易为特征的国际分工模式，以及在生产工艺过程不同价值环节上国际分工的转移过程，即"雁行模式"的国际间产业转移现象。

新产业分工理论实际上是从产业角度出发，致力于寻找和建立经济发展水平差异地区之间技术联系的宏观规律的理论揭示，为地区互补性分工发展寻找理论依据。

9.2　空间产业推移理论

9.2.1　梯度理论

梯度理论是区域经济理论的一个重要分支，在解决地区间经济发展不平衡问题中发挥了重要作用，其核心观点就是梯度推移理论。它最早源于美国哈佛大学教授弗农等首创的"工业生产生命周期阶段论"。区域经济学研究者将这种产业的生命周期阶段论引入了区域经济发展研究，创立了区域经济梯度推移理论。该理论认为：无论在世界范围内还是在一国范围内，经济技术的发展都是不平衡的，客观上已形成一种经济技术梯度；只要有地区技术经济势差，就存在技术经济推移的动力，就会形成生产力的空间推移。利用生产力的梯度转移规律，要从梯度的实际情况出发，首先让有条件的高梯度地区引进和掌握先进技术，然后逐步依次向二级梯度、三级梯度地区推移；随着经济的发展，推移的速度加快，可以逐步缩小地区间的差距，实现经济分布的相对均衡，进而实现国民经济的平衡发展。

梯度理论应用于我国，可以表述为：我国的区域政策应该在承认我国存在发达的东部地区、次发达的中部地区和不发达的西部地区这种客观存在的梯度的基础上，因势利导，充分发挥梯度差的经济势能，首先发展东部地区，利用东部地区的区位优势获得发展的高梯度之后，再带动中部地区和西部地区的发展。

9.2.2　反梯度理论

反梯度推移理论是由我国著名的经济学家刘茂松教授在《反梯度推移发展论——湖南经济超越的经济学思考》一书中第一次系统提出的。针对经济发展中的区域经济梯度推移现象，为改变湖南省经济落后、在我国经济发展中被"半边缘化"和被淡忘的现状，刘茂松教授提出湖南省应采取"反梯度推移"发展战略，提升产业质量，改变经济结构，实现跨越式发展，使湖南省早日成为我国的经济强省。

反梯度理论认为，现代科学技术有三个基本走向，即向贸易比较发达的区域、智力资源发达且技术水平较高的区域或自然资源比较丰富的区域转移。现有生产力水平的梯度顺序，不一定就是引进先进技术和经济开发的顺序，这一顺序只能由经济发展的需要和可能决定。只要经济发展需要，而又具有条件，就可以引进先进技术，进行大规模的开发，而不管这个地区处于哪种梯度。落后的低梯度地区，也可以直接引进和采用世界最新技术，发展自己的高新技术，实行超越发展，然后向二级梯度、一级梯度地区进行反推移。

反梯度推移并不是"反对"梯度推移，更不是"取消"梯度转移，而是指在承认和接受高新技术、资本和产业从"中心"区向"外围"区梯度转移扩散的过程中，"外围"区发挥主观能动性，创造并利用有利条件，改变被动地被辐射牵引发展的态势，跨越某些中间发展阶段，形成相对较高的产业分工梯度，成为自身的积累优势，向原"中心"区方向反向推移辐射，推动"中间"地带快速发展。

9.3 产业集群理论

9.3.1 产业集群的概念

经济学家认为，产业集群是一种相关的产业活动在地理上或特定地点集中的现象。亚当·斯密从分工的角度认为，企业集群是由一群具有分工性质的中小企业以完成某种产品的生产联合为目的而结成的群体。韦伯在产业集群的定义中引入集聚因素，强调集群是企业的一种空间组织形式，是在某一地域范围内相互联系的集聚体。威廉姆森从生产组织形式的角度认为，企业集群是基于专业化分工和协作的众多中小企业集合起来的组织，是介于纯市场组织和层级组织之间的中间性组织，它比市场稳定，比层级组织灵活。罗森菲尔德强调社会关系网络及企业间的合作对企业集群的活力起决定性作用，他认为企业集群是相似的、相关联的或互补的众多中小企业在一定地理范围内的聚集，这些中小企业有着通畅的销售渠道，积极地交流及对话，共享社会关系网络、劳动力市场和服务，共享市场机会及分担风险。

迈克尔·波特以其竞争优势理论为基础在《国家竞争优势》一书中认为，企业集群是某一特定产业的中小企业和机构大量聚集于一定的地域范围内而形成的稳定的、具有持续竞争优势的集合体。他给出了垂直企业集群与水平企业集群的定义[10]。垂直的企业集群是通过买卖关系来联结的众多企业所形成的企业集群，是由包括共享终端产品市场、使用共同技术、技巧及相似的自然资源的企业所组成的集群。

9.3.2　产业集群的形成机理

马歇尔将能力理论引入到产业集群的研究中，他对地方性工业（产业集群）的效率进行了解释，并分析了产业集群各种可能的起源：自然条件、宫廷的奖励等。重要的是，他说明了为什么产业集群具有效率。他认为产业集群本身所具有的外部经济和专业化促使产业集群更加有效率，并且产业集群的成功与思想的交换有关。

与马歇尔的外部经济理论不同，区域经济学家韦伯、胡弗等从资源地理分布的角度解释了企业集群的行为。他们认为，企业的地理分布受到投入要素、产品市场和消费者分布的影响。新经济地理理论对他们的理论加以发展，认为企业集群的发展原因可归结为三个方面：降低了的运输成本、高质量的劳动力市场和当地技术存在的外部性。

克鲁格曼通过建立一个产业群模型来说明企业和产业一般趋向于在特定的区位集中，然而，不同群体和不同的相关活动又倾向于集结在不同的地方。他在规模报酬递增的理论基础上进行了分析并认为，在一个区域内，工业生产活动空间格局演化的最终结果将会是集聚，这就从理论上证明了工业活动倾向于空间集聚的一般性趋势，并阐明了由于外在环境的限制，如贸易保护、地理分隔等原因，产业区集聚的空间格局可以是多样的，特殊的历史事件将会在产业区的形成过程中产生巨大的影响力，也说明了现实中产业区的形成具有路径依赖性，而且一旦产业空间集聚建立起来，就倾向于自我延续下去。

西方产业组织学者在 20 世纪 80 年代中期提出网络外部化，借助于网络外部化这一重要概念来解释集群的形成过程。网络外部化也称为网络效应，主要被用来分析信息技术与网络产品的需求特点。网络外部化有两重含义：①直接的网络外部化，对许多信息产品的消费，消费者的需求存在相互依赖性；②间接的网络外部化，是指与最终产品配套的互补产品的需求同样具有网络效应。企业集群的形成过程实质上也是一个网络外部化的过程，只不过网络外部化不是体现在产品需求上，而是体现在企业的区位决策上。

9.3.3　产业集群的竞争优势研究

Porter（1998，2000）认为，这种有独立的、非正式联系的企业及相关机构形成的企业集群代表着一种能在效率、效益及韧性方面创造竞争优势的空间组织形式，它所产生的持续竞争优势源于特定区域的知识、联系及激励，是远距离的竞争对手所不能达到的。实际上这种竞争优势是一种集群优势，它综合了运输成本、交易成本等成本优势，以及由外部经济、专业化合作所带来的协同优势[11]。

Keeble 等认为机构的稠密性与集群的竞争优势有一定的关系[12]。一般认为，产业集群包括诸多相互关联的企业和对竞争起重要作用的其他相关机构。机构稠密性指集群中存在上述的各类组成部分，而且各组成部分之间具有一定的网络关系。集群应具有适度的机构稠密性，因为稠密性能增进信任、激发企业家精神。产业集群所具有的机构稠密性与集群的竞争优势有一定的关系。因为集群内的企业之间、企业与其供应商、客户及其他机构之间的网络关系是积累创新能力的重要投入，结网可以促进在互动中创新，因为产生渐进性创新需要将不同来源的多种知识融入企业的日常运作，硅谷、意大利的一些集群的成功在一定程度上就归因于各个体间的网络关系。但是这种网络关系并非越紧密越有益，对于根本性创新来说，网络关系会阻碍新思想的传播。Angel 认为网络结构是决定企业创新表现和集群竞争力的重要因素，各企业的发展战略不同，所需要的资源有差异，紧密的网络关系有助于产生信任却不利于新观点的传播，而有"空洞"的网络不利于培育信任关系却有利于信息的流动，一些企业更需要从集群以外获得新信息，这就应发展有结构"空洞"的网络[13]。

Meyer[14]对产业集群的系统竞争力的概念进行了定义，并从四个层次（即微观层次、中观层次、宏观层次和兆观层次）来剖析集群的竞争力。微观层次的竞争力主要来源于地域分工、知识共享、交易、创新、协同等机制的作用；中观层次的竞争力主要来源于协同机制、政府行为机制、外部竞争机制的作用；宏观层次的竞争力主要来源于激发动力机制的作用，如政府行为；兆观层次的竞争力主要来源于区域品牌机制、外部竞争机制的作用。

9.4　国内区域产业互动研究现状

目前，国内对于区域之间产业互动的专门研究并不是很多，而且也没有形成一般性的理论体系，更多的是在统筹区域发展的过程中，根据存在的问题提出相应的对策，不具有普遍性，但其中也不乏一些新的具有创新性的成果出现。

9.4.1　区域之间产业梯度转移的研究

陈建军从企业开放型发展战略的角度对产业转移进行了研究，他认为区域间产业转移需要具备两个条件：一是经济发展达到一定程度；二是市场机制发挥作用。他在对浙江省 105 家规模以上以制造业为主的企业进行问卷调查并归纳分析后指出，浙江企业的区域间产业转移具有如下特点：①目标模式以市场导向型（即扩大销售、扩大出口）和综合资源利用型（利用转移地的基础设施、技术、人才等）为主；②产业转移模式主要是中小规模对外投资，在转移地建生产加工点、营销点及营销网络等；③产业转移方向为"东扩西进"，即主要集中于中西部地区、上海、浙江等沿海发达地区，以及海外；④产业转移所处阶段为已经历了无对内引进外资和对外直接投资的第一阶段和对内引进外资的第二阶段，进入了第三阶段即对内引进外资逐步减少、对外直接投资开始增加的阶段。

浙江企业的产业转移目前在我国各地区产业转移的企业行为中具有一定的代表性[15]。

张可云认为，区际产业转移是区际商品和要素流动之外的另一种区域经济联系的重要方式。从某种程度来说，区际产业转移既是对区际商品贸易与要素流动的一种替代，又会促进劳动力、资本与技术等要素在区域间的流动。

他从汤普森的"区域生命周期理论"与弗农的"产品生命周期理论"两方面探讨了区际产业转移的客观必然性，从中推导出两个基本结论：一是经济与技术发展的区域梯度差异是客观存在的；二是产业与技术存在着由高梯度地区向低梯度地区扩散与转移的趋势。并指出，区际产业转移属于区域扩散效应的一种，是区际关系的协调与区域经济布局优化的需要。对于高梯度地区来说，如果已过成熟期的产业不适时转移出去，就会出现衰退产业与创新产业在用地、用电、用水等方面的冲突，导致该地区产业拥挤和经济发展的衰退，而通过区域产业梯度转移则既可消除高梯度地区的结构臃肿，又可为落后地区的经济起飞奠定基础。然而，对于落后地区来说，一方面由于其劳动力素质低、经济体制落后、产业基础差等因素可能缺乏接受转移产业的条件，另一方面也可能由于不切实际地盲目引进顶尖技术而与产业梯度转移产生冲突。同时，一些落后地区只一味地接受传统产业的转移而无创新也是现实区际关系中的一个顽症。因此，张可云得出一个重要结论，即区域产业梯度转移并不必然会带来区际关系的和谐[16]，只有在具备一定的客观条件与思想基础的条件下，区域产业的适时、合理转移才会优化区域经济格局；另外，只依靠市场调节不一定能完成产业转移，政府的干预和协调对于区际产业转移也是不可或缺的。

戴宏伟[17]则对产业梯度转移规律进行了归纳，并将其应用于"大北京"经济圈的发展研究中。他认为，由于生产要素、经济基础和发展战略的不同，各国或各地区间在产业结构方面往往也存在极大的不同，各国（地区）的产业结构层次存在明显的阶梯状差异即产业梯度，产业的这种梯度差异主要是由各国（地区）的技术水平决定的。由于产业梯度的存在以及各国（地区）产业结构不断升级的需要，一国（地区）不再具有比较优势的产业可以转移到低梯度的国家（地区），产业在各国或地区间就呈现出从高梯度向低梯度转移的规律，在转移过程中转移方重塑比较优势，吸收方提高其产业结构层次与水平，从而实现产业转移方和吸收方产业结构优化的"双赢"。京津冀的合作应该充分利用京津冀经济区内技术和产业的梯度性、要素和产业的梯度转移性及生产要素的互补性，以及三者在产业结构方面的梯度转移，达到京津冀产业结构的优化升级，共同发展。

戴宏伟关于环渤海经济区产业梯度的研究，对于我国相毗邻区域的产业梯度转移具有普遍意义。

黎鹏[18]在研究广西与澳门的产业互补时发现：优越的地缘关系与各具特色的区位特征是互为产业关系发展的优选区域；良好的交通联系条件是两地产业关系发展的"链接"保证；显著差异的资源条件是两地产业协同发展共有的互补式组合支撑；区域经济一体化推动着两地的产业关系发展。通过实证案例的分析，他认为区际产业关系的互补性优化整合，是在区域开放发展与相互关联前提下区域可持续发展的重要视角和有效举措，而如何构建双方的共赢模式是互补合作中的关键问题。

这些研究对于存在着产业梯度的中东部地区具有很好的借鉴意义，我国中东部地区由于处于不同的梯度，客观上存在着产业梯度转移的可能性和必然性。

9.4.2 中东部产业转移的研究

刘秀丽[19]认为，中部地区作为产业转移承接地可以通过构建一个以六大省会城市为核心并结合以省会城市为中心的省内城市圈，构建中部地区的统一大市场并协调中部地区的分工和协作，来满足国内外产业转移以及中部崛起的要求，积极利用自身优势来承接、利用产业转移。

胡艳[20]从企业的角度出发，认为在我国东部向中东部的产业转移中，在区域之间可利用城市之间方便快捷的信息传输系统和四通八达的交通网络，通过不同地区发展极（中心城市）之间的经济对流活动，减弱发达地区的回浪效应，增强其扩散效应，从而促进区际要素的流动，尤其是吸引发达地区的要素流向欠发达地区。因此，中西部地区吸引外部资源，谋求发展的当务之急是以产业化为支撑，加速城市化（发展极）建设。

任太增[21]认为，相对于东部沿海地区，中西部地区在劳动密集型产品的生产上并不具有人们想象中的比较优势。原因在于，决定地区比较优势的因素除了各地区的要素禀赋外，地区制度环境的差别对地区比较优势也有决定性的影响；同时，要素的自由流动，使要素的丰缺程度对国内不同地区比较优势的影响度大为下降。中西部地区的劳动密集型产品在生产上要取得对东部沿海地区的比较优势，关键不是如何发挥其要素丰裕之所长，而是要尽快弥补其制度环境之所短。

王怀民[22]认为，在产业转移后，为避免产业空心化，移出地必须实现产业结构优化和产业结构升级，即沿海地区应该学习亚洲"四小龙"的经验，向中部地区转移部分已经失去竞争优势的加工产业，同时向利润率更高的加工产业链条的两端延伸，比如，从事技术密集型零部件的研发与生产，然后提供给中部地区的加工企业。如此，依据香港作为中间人在内地加工出口贸易中发挥的作用，内地在加工产业的转移和升级过程中，也需要建立一个服务于自己的加工贸易装配活动贸易中心。

陶希东[23]发现，我国行政区划的影响，致使我国各地区自成体系发展，产业结构趋同，存在较严重的重复建设现象；基础设施建设缺乏统一规划与协调整合，难以实现互联互通；外向型经济发展各自为政，难以形成区域整体优势。针对这些问题，他提出要建立跨省区域治理体系，包括跨省都市圈成员省市政府的现代区域治理理念体系，构筑跨省都市圈现代区域政治体系、经济体系、社会体系及现代城际合作体系。

孟庆红[24]借助于国际贸易理论，发现无论是区际竞争还是区际联合，均是出于强化区域优势或区际间优势互补的目的，以便通过结构的调整与改善，促进国民经济的协调、快速、健康发展，而这一经济现象被称为区际优势重组，它包括各区域的区域优势的形成、强化、扩展，区域间的优势互补、区域间优势的重新配置及区域优势在区域差距演化过程中的动态变化等。由于各区域经济发展水平的差异及区域所拥有的条件优势要素的不同，发达地区与欠发达地区在优势重组的过程中所面临的任务及优势的转化、扩展与重组的动态机制也不尽相同，尽管如此，其共同的目标均在于促进区域经济的快速与优质发展。鉴于中国东、中、西部地区的经济互相依赖，东部地区需要中、西部地区对其短缺的生产要素如自然资源的支持，由于东部地区优势要素的强大吸纳能力，这个过程机制得以实现。东部地区同样也离不开中、西部的广阔市场，加上东部地区在完全理性的支配下，应该向西推进。必须充分发挥区域优势，促进区域间的优势互补，以体现区域经济特色，逐步缩小区际差距，合理布局全国经济的空间秩序，引导区域经济协调发展。

程瑶[25]等通过改进的波特竞争力分析范式来分析"中部塌陷"，认为制度变迁滞后、制度创新不足、经济发展没有充分利用历史机遇是中部地区经济滞后的重要原因，提出中部地区要：①改革和完善用人机制，加强人才资本投入；②加快产业结构调整，培育具有高附加值的主导产业群；③进一步完善基础设施，加快为现代工业服务的辅助性基础产业的发展；④通过制度创新，把教育科研方面的优势转化为区域经济的竞争优势；⑤发展产业集群，提升企业竞争力。抓住我国东部地区产业结构升级和转移的机遇，以中央提出的中部崛起战略为契机，迅速缩小与东部地区的差距。

针对中东部地区的产业互动问题，人们更多的是从产业转移的角度来看待两大地区之间的互动，在全球化发展的今天，产业转移已经不是发达地区与欠发达地区进行经济合作的唯一途径，经济合作的类型明显增多。譬如，不同地区具有各自的战略产业，在这种高层次的产业互动中，中东部地区如何实现双赢等一系列问题都摆在中部地区和东部地区的面前。因此，加强对中东部地区产业互动的研究可以为在更大的范围——中东部地区之间实现区域经济协调发展，缩小区域间差距提供一定的理论依据。

第 10 章

中东部地区产业互动发展的
内涵与条件

10.1　中东部地区产业互动发展的内涵

　　产业互动是区域经济发展中依据市场规律而实现的产业互补、互利、互促的一种经济合作与竞争的行为，这种竞合过程推动着企业的科技进步和产业升级。对发达地区而言，产业互动包含着产业的调整升级和战略层面上的产业合作；对欠发达地区而言，它至少包含以下三个方面：①产业转移机遇中的承接；②在市场竞争和科技进步的条件下，发挥后发优势的反梯度转移；③战略产业发展中的竞争与合作。

　　具体到我国的中东部地区来说，在 20 世纪 70 年代初期国家提出优先发展东部沿海城市后的一段时期内，东部地区凭借国家政策及自身的区位优势，经济得到迅猛发展，相应地也拉大了与中部地区的差距，这客观上形成了现在东部地区与中部地区的关系，即一个是发达地区，另一个是欠发达地区。对于东部地区而言，产业互动包含着其自身产业的调整升级和在战略层面上与中部地区的产业合作。对于中部地区来说，所要做的则更多：在东部地区进行产业调整升级的过程中，抓住已不具有优势的产业转移机遇，承接自身有优势的产业，形成自身新的增长点；同时，也不能仅仅局限于产业的梯度转移，如今在市场经济已经比较完善，市场秩序比较公平，以及科技进步日新月异的大背景下，中部地区在某些产业完全具有与东部地区一样的起点，甚至在某些产业具有后发优势，可以进行反梯度转移，实现经济的超越；最后，在全球化发展的今天，任何区域经济的发展不可能是靠"闭关锁国"、"闭门造车"就能实现的，必须与其他区域展开合作，所以中部与东部的一些战略产业的发展就存在着竞争与合作并存的态势，在竞争中合作，在合作中又相互竞争。

10.2 中东部地区产业互动发展的条件

10.2.1 东部地区产业结构调整升级的必然性

东部地区经过 30 年的快速增长，已经成长为对世界经济产生重要影响的制造业生产基地。在此期间，东部地区为了能迅速融入全球化的世界经济中，更好、更快地赢得自己的一席之地，从 20 世纪 80 年代后期开始，便利用国际产业转移的契机，进行大规模的结构重组和升级，产业结构发生了引人注目的变化：三次产业结构从 1978 年的 22.9:57.7:19.5 调整为 2006 年的 7.9:51.6:40.5。第一产业比重持续下降，农业结构则向高效、优质、高产的现代农业方向转变；第二产业增长尤为显著，其中电子电气、交通运输等科技含量高的产业产值增加较快，已成为东部地区的支柱产业；第三产业发展迅猛，部分大城市已率先实现第三产业从业人员超过第二产业从业人员，通信服务业、金融保险业、文化传媒业、技术服务业等现代服务业已成为城市的主导产业。

东部地区在经济规模快速扩张的过程中，产业结构、产品结构也发生了引人注目的变化，但同时也应该认识到，东部地区在 20 世纪 80 年代后期承接国际产业转移中所进行的产业结构重组大部分是加工贸易，或者是"三来一补"，可以说是低附加值的加工产业，面对激烈的国际竞争及同类企业的竞争，大多数企业发展凭借的是低成本战略。然而经过 20 多年突飞猛进的发展，水、电、原材料、运输成本及资金等要素的价格相应有了大幅度的上涨，投资经营成本不断上升，加之美元不断贬值，而人民币相对来说在升值，劳动密集型产业的成本优势正在逐步消失，另外国家优先发展东部政策的改变，使得东部地区变成"世界工厂"，制造业基地的优势条件一去不复返，东部地区许多企业的发展步履维艰，濒临倒闭，特别是低附加值产品、劳动密集型的产业，东部地区的产业结构面临着新的大洗牌。而与之对应的是东南亚的一些发展中国家刚刚崛起，具备与改革开放初期沿海地区一样的环境条件，于是很多跨国公司纷纷看中了印度、越南等具有相对低廉的生产要素价格和相对广阔的市场的国家，大有把自己的工厂迁出东部地区的趋势。总之，东部地区在劳动密集型产业方面的发展已丧失了其原有的优势，因此要想维持经济的稳定持续发展，必须进行产业结构的调整，找到新的增长点。

东部沿海地区的一些企业技术设备水平比较低，代表世界先进水平的装备少，只注重量的增加，而忽略了质的提升，原有的相对技术优势发生了逆转。我国在 20 世纪末期，由于国内属于短缺经济，物资比较贫乏，企业面对的是"卖方市场"，只要生产出来就能销得出去，所以我们的企业家们并没有相应地将收入的一部分用于设备的更新改造，只着眼于眼前的一点蝇头小利。到了后期，伴随落后的机器设备而存在的是生产成本的居高不下，企业进行更新改造的人力、物力成本也高，原有的行业领先者所积累的技术优势荡然无存，必须通过产业结构的调整重新找出适合本地区发展且具有优势的产业。

　　产业结构变动的总体趋势，一般遵循"配第-克拉克定理"，即随着经济的发展和人们生活水平的提高，劳动力会从第一产业向第二、三产业转移，使得第一产业的产值下降，而第二、三产业的产值上升，东部地区的产业结构在过去的发展中已经印证了这一理论；在以后的发展中同样将会遵循一些发达国家现代经济增长的实证规律，即产业发展的总体趋势是沿着"农业—轻工业—基础产业—重工业—高附加值加工工业—现代服务业和知识经济"发展，当然期间可能不会是完全一模一样的，但是总的趋势是不会改变的。然而，东部地区的产业结构和产品结构都滞后于经济发展的需要，传统制造业仍然在参与国内外分工中占主体地位，如改革开放以来经济增长最快的广东、浙江、江苏等省，其主要专业化产业仍然是纺织、服装、皮革制品、文体用品等传统产业；虽然相当一部分产业在大的产业分类中属于技术密集产业，如电子工业，但是所生产的部分仍属于劳动密集型产品，即使一些传统优势产业，其产品层次也比较低，这不符合在我国经济发展中的产业分工地位，同时也难以支撑其自身经济的快速增长。从图 10.1 中可以清晰地看到，东部地区的经济增长速度经过一段时间的发展，产业结构滞后的效应已经显现，特别是到 2006 年，增速已经出现放缓的态势，因此东部地区要继续发展，进行产业结构的调整和升级就势在必行。

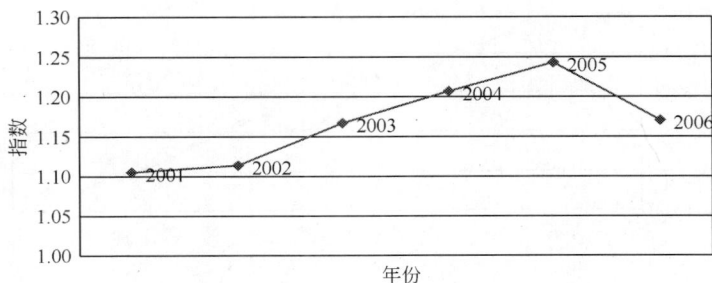

图 10.1　东部地区 2001～2006 年经济发展情况

资料来源：《中国统计年鉴》（2000～2007），北京：中国统计出版社，2000～2007 各年版

　　总之，东部地区只有继续加快对产业结构的调整和升级，才能实现经济的稳定持续增长。在这个过程中，还要注重加快传统支柱产业的技术进步和结构升级，提高中、高端技术产品的比重，调整和放弃一些本地已缺乏竞争力的支柱产

业或产品,将部分劳动密集型产业进行战略性转移。

10.2.2 中部地区产业结构的发展阶段和基础的变化

从总体上来看,中部六省的发展在全国来看是落后的,但是相对于以前来说已有了很大的进步。从图 10.2 中不难看出,1980 ~ 1990 年中国中部六省第一产业产出比重在迅速下降,由 1981 年的 42.3% 降至 1990 年的 34.7%,第二产业在平稳中起伏,几乎没有什么大的变化,然而第三产业表现出了快速稳定的增长趋势,从 1981 年的 18.9% 增长至 1990 年的 28.1%,年均增长 0.84 个百分点。此外,1991 ~ 2006 年,第一产业的产出比重下降速度加快,达到年平均 0.94 个百分点,而同期第二产业表现出了稳步增长的态势,至 2006 年已达到 48.5%,第三产业产出持续增长,速度有所放缓,年均增幅为 0.29 个百分点。而近几年的情况是,第一产业的 GDP 比重持续下降,第三产业的 GDP 比重持续上升,第二产业的 GDP 比重逐步上升并趋于稳定,三次产业结构正在逐步完善,这与各省在国家经济发展的大环境下采取正确的产业政策是分不开的。

经过不断优化升级,中部的产业结构层次已越过"一、二、三"、"二、一、三"的低级状态,形成了"二、三、一"的格局。从对三次产业的产值变化和结构变化的分析发现,产业结构格局的转化是经济发展的必然趋势。随着今后经济水平的提高、技术进步速度的加快、社会消费需求的变化,中部的产业结构最终会向"三、二、一"的格局转变。

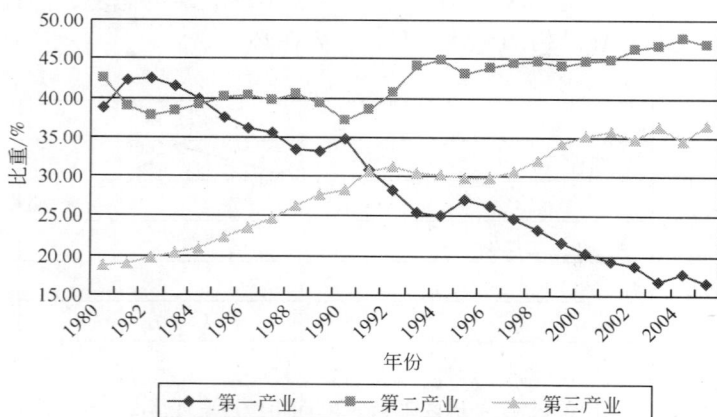

图 10.2 中部地区 1980 ~ 2005 年的产业结构

资料来源:《中国统计年鉴》,北京:中国统计出版社,2005 ~ 2006 各年版;《江西省统计年鉴》、《山西省统计年鉴》、《安徽省统计年鉴》、《河南省统计年鉴》、《湖北省统计年鉴》 和《湖南省统计年鉴》,北京:中国统计出版社,2000 ~ 2006 各年版

　　著名经济学家霍利斯·钱纳里及其助手（1975）曾使用库兹涅茨的统计归纳法，处理了 101 个国家在 1950 ~ 1970 年的资料，通过"发展模型"分析框架，提出了一个与不同经济发展水平相对应的"标准结构"，并根据这个标准将工业化分为三个阶段、六个时期。我们可以通过表 10.1 和表 10.2 来对比中部地区产业结构发展阶段的变化。

表 10.1　钱纳里关于工业化阶段的划分标准（单位：美元）

人均 GDP（1970 年）	序　号	所　处　阶　段	
140 ~ 280	1	初级产品生产阶段	
280 ~ 560	2	工业化初期	工业化阶段
560 ~ 1 120	3	工业化中期	
1 120 ~ 2 100	4	工业化后期	
2 100 ~ 3 360	5	经济发达初期	经济发达阶段
3 360 ~ 5 040	6	经济发达后期	

　　资料来源：钱纳里·H 等. 工业化和经济增长的比较研究. 上海：上海三联书店，1989

表 10.2　钱纳里工业化阶段的特征

发展阶段	时　期	特　征
初级产品生产阶段	传统社会	产业结构以农业为主
工业化阶段	工业化初期阶段	产业结构由传统农业结构向现代工业化阶段转变，工业以初级产品生产为主
	工业化中期（重化工业阶段）	制造业由轻工业向重型工业迅速转变，非农劳动力开始占主体，第三产业开始迅速发展
	工业化后期	在第一、第二产业协调发展的同时，第三产业由平稳转向持续高速增长
经济发达阶段	经济发达初期	制造业内部结构由资本密集型向技术密集型转换，同时生活方式现代化，高档耐用消费品普及
	经济发达后期	第三产业开始分化，智能密集型和知识密集型产业从服务业中分离出来并占主导地位

　　资料来源：钱纳里·H 等. 工业化和经济增长的比较研究. 上海：上海三联书店，1989

　　中部地区 2006 年的人均 GDP 是 12 269 元，按汇率 1:8 来计算，折合 1333.6 美元，借助于钱纳里的标准模型判断，并考虑到通货膨胀的因素，中部地区已经进入了工业化阶段，三次产业比重为 15.3:48.5:36.2，工业增加值率达到 21.6%，而第一产业的增加值率仅为 6.6%，第二产业占生产总值的比重为 48.5%，进入工业化中期阶段的 40% ~ 60% 区间，产业结构已经由传统农业结构向现代化阶段转变。

　　首先，第一产业农业作为传统产业，在中部的经济发展中扮演着十分重要的角色。随着产业结构的不断调整，中部各省第一产业的增加值占 GDP 的比重不断下降。如江西从 1978 年的 41.6% 下降到 1998 年的 26.2%、2000 年的 24.2% 和 2006 年的 16.8%；河南已从 1980 年的 40.7% 下降到 2003 年的 17.6%、2006 年的 16.4%；山西从 1978 年的 20.7% 下降到 2003 年的 7.5%、2006 年的 5.8%。第一产业在总值不下降的前提下，其占 GDP 的比重不断下降，这说明第一产业的劳动生产率有了较大提高。从图 10.3 中我们可以看出，中部地区的农业产业结构由以单一的种植业为主向农、林、牧、渔多元化发展，农业结构是依附于工业结构和整个国民经济的发展而变化的，其一般的变化趋势为：粮食生产由传统的谷物生产结构转向多品种、多品质和专用谷物品种的生产结构；种植业由以粮食为主的结构转向粮食作物、油料作物、经济作物和蔬菜水果等共同发展的结构；农业由以种植业生产为主的结构转向农林牧业综合发展的结构。因此，中部地区农业内部结构正在向合理化的方向发展。

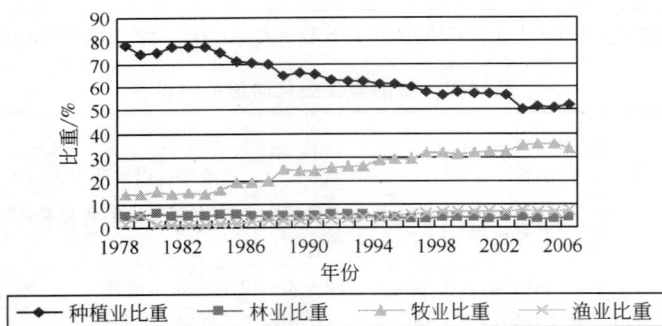

图 10.3　中部地区农业内部产业结构

资料来源：《中国统计年鉴》(2000~2007)，北京：中国统计出版社，2000~2007 各年版

其次，第二产业主要是指工业，是权衡经济发展水平的重要部门，其结构协调与否直接关系到经济发展的大局。2006 年中部地区全部国有及年产品销售收入在 500 万元以上的非国有工业实现的增加值均有大幅增长，山西、江西、湖北、河南、安徽、湖南六省规模以上累计增长率分别为 36.3%、33.06%、23.6%、24.3%、24.5%、24.3%，平均增长率为 27.7%。经过发展，中部地区目前已经是全国重要的重工业生产基地，拥有全国最大的中、厚、薄板和特殊钢基地，最大的中型货车生产基地，最大的重型机床和包装机械生产基地，第二大汽车生产基地等，已形成了以煤炭、电力、冶金、机械、化工、纺织等为主的门类齐全的工业体系。在 36 个行业大类中，中部地区的煤炭采洗、有色金属矿采、黑色金属矿采、非金属矿采、有色金属冶炼、黑色金属冶炼、非金属矿物制品、烟草加工、食品加工、交通运输设备制造、电力蒸汽热水生产及供应、石油加工

及炼焦等 12 个行业占全国较大比重。

最后，第三产业的比重提高是产业结构优化和升级的主要标志。改革开放以来，第三产业在中部得到长足发展，无论是第三产业的增加值还是其在 GDP 中的比重，中部六省均呈现不断上升的发展趋势。如湖北第三产业占 GDP 的比重从 1978 年的 17.3% 上升到 2006 年的 40.6%，湖南从 1978 年的 18.6% 上升到 2006 年的 39.7%，河南从 1978 年的 17.56% 上升到 2006 年的 29.8%。第三产业的持续发展，不仅能够多方面地满足人民生活的需要，而且还能提供广阔的就业门路，并以其特有的服务职能促进第一、第二产业的发展。中部六省的第三产业从业人员均已超过产业增加值占 GDP 比重最大的第二产业，这表明第三产业比重的逐年提高，既能对 GDP 的总体增长产生明显的拉动作用，又能成为吸收劳动力就业的主要渠道。

中部地区产业结构的变化，客观上有产业升级调整的必要，而且已经完全具备承接东部产业转移的能力，甚至在某些产业上还有与东部平等的地位，同样具有话语权。因此，想要中部地区更加开放，融入我国的市场经济当中，更需要与东部地区进行产业互动，使自身得到迅速发展。

10.2.3 中东部地区发展的差异性和互补性

我国中东部经济地带之间存在资源禀赋差异和优势互补的特征，它们之间是一种互相依赖、互相补充、相得益彰、相辅相成的关系，这为中东部之间进行区域间的产业互动提供了客观基础。

1. 要素禀赋的差异与互补

1）资源的差异与互补

中部矿产资源种类齐全，储量丰富，矿种最多的达 140 多种。重要稀有矿产资源的丰度远远优于东部地区，且资源配套程度较高，具有广阔的开发前景。山西的煤、煤层气、耐火黏土、铝土、铁矾土、镓、铂，安徽的明矾，江西的铜、金、银、铷、铯、伴生硫、白云岩、滑石等，河南的钼、天然碱、珍珠岩、蓝晶石、红柱石，湖北的泥灰石和金红石，湖南的钨、独居石、萤石等储量均居全国第一位。按照矿产分布及储量状况，中部六省形成以下三大基地，即：以山西、河南、安徽为三角的煤炭基地；以江西、湖北、湖南为三角的有色金属基地；以湖北、湖南为中心的磷化矿基地。

同时，中部地区是全国重要的能源生产与输出地区。中部六省的能源资源丰富，拥有山西的大同、宁武、西山、霍西、沁水、河东六大煤田，安徽的淮北、淮南两大煤田，河南的中原、河南两大油田，河南的小浪底电站，湖北的三峡、葛洲坝两大电站，河南、湖北的石油及天然气资源，江西、湖北的太阳能资源，江西、湖北、湖南的地热资源均在全国占有一定的份额。

而东部地区在资源方面则大部分需要中部和西部的支持，自然资源禀赋不同，而共同的需求为彼此间的互补创造了条件，且由于两经济区域相毗邻，实现两者资源互补的成本将会大大降低。

2）劳动力供求的差异与互补

一定数量和质量劳动力的稳定供给是支持经济发展的重要因素。东部地区在30年的发展过程中，吸引了大量的国内外人才，尤其是中部地区缺乏的高级专业技术人才和管理人才，他们为东部地区经济的高速增长提供了动力。随着经济的发展，产业结构不断升级，第三产业迅速发展，东部地区需要的劳动力仍将大量增加，仅靠从第一产业和第二产业转移出来的劳动力远远满足不了需求，而中部地区的农村剩余劳动人口可以满足这部分需求。2006年中部六省的乡村人口为21 805万人，占全国的29.57%，山西、安徽、江西、河南、湖北和湖南乡村人口占总人口的比重分别为56.99%、62.90%、61.32%、67.53%、56.20%和61.29%，均高于全国水平56.10%。而且中部地区劳动力成本普遍较低，以制造业为例，中部六省的职工平均工资均低于全国平均水平17 966元，而东部地区均高于全国平均水平。另外，东部地区在与中部地区的合作过程中可向中部输入在发展过程中急需的高级专业技术人才和管理人才，2006年全国R&D人员总数为150.2万人，其中中部地区为22.71万人，仅占15.12%，而东部地区为72.81万人，比重为48.46%。综上所述，中东部地区在劳动力供求方面具有明显的互补性。

3）资金供求的互补

要谋发展必须依靠强有力的资金供给，而仅靠内部积累解决是不现实的。解决资金短缺问题是中部地区经济发展必须面对的问题。由于我国的对外开放是先南后北、先沿海再内地，这种对外开放政策使得中部地区获得的外资远远少于东部地区，加上由于东部地区政策的优惠幅度大，中部地区的部分资金也流向东部地区，从而加剧了中部地区的资金短缺。2006年中部地区实际引进外资总额为280 657万美元，而东部则为1 450 582万美元，是中部的5倍多。同时，中部地区要想与东部地区乃至世界接轨，必须加快当地的基础设施建设，其资金需求缺口将是十分巨大的。而在资金的供给上，东部地区经济的开放度比较高，投资环境较好，涌现出许多国外的和民营的金融机构，有着明显的优势，如上海浦东发展银行、深圳发展银行、浙商银行、汇丰银行等，必要的时候可以对中部地区的项目予以融资。

综上所述，东部的优势恰好是中部的劣势，中部的优势恰好是东部优势发挥作用的基础，是其外向型经济发展的坚强后盾。同时，东部地区沿海经济发展又是促进、带动中部经济发展的一个重要条件。如果没有东部的支援，中部资源的开发及经济发展是很困难的。只有中东部互相支援、协调发展，才能形成和谐发展的良性循环。

2. 发展阶段的差异与互补

中东部地区的部门产业结构存在着较大的差异。东部沿海地区是我国事实上的制造业分布带。就各地区的销售收入而言，在制造业的 29 个产业中，东部份额超过 90% 的占 4 个，超过 70% 的行业有 124 个，超过 50% 的有 157 个；而反观中部地区，份额超过 50% 的仅有炼焦业，份额为 30% 的行业，中部仅 22 个。另外，中东部产业布局各有侧重，东部以劳动密集型和资本密集型产业为主，东部地区的销售收入占全部销售收入的 90% 以上；而中部地区比重较大的则是一些资源加工型产业，如烟草加工、金属冶炼、运输设备制造业等。在出口比重较大的一些产业上，东部比重都在 80% ~ 90% 以上，轻工业制品的比重基本在 80% 以上，许多重工业加工制品和资本密集产业的比重约在 70% 以上，出口的支持、产业集聚效应、国家政策的相应倾斜、对外资的吸收等因素是形成东部地区与出口密切相关产业和资本密集型产业较快发展的重要原因。中部地区由于地理位置不利、资金不足、产业基础薄弱等因素，首先发展的是资源密集型产业，希望能够充分利用本地的资源开发带动相关产业的发展。

从表 10.3 中可以看出，东部地区对于我国经济的巨大推动作用，中部地区人均 GDP 仅为东部地区的 44.5%，东部地区已经进入了工业化中期阶段，而中部地区还处于工业化初期阶段，两者存在着发展阶段的差异。这种差距就要求两者要在劳动、资本、产业等方面加强互补互促。

表 10.3　中东部地区指标的对比

项　　目	东部地区	中部地区
人均 GDP	27 567 元（3 445 美元）	12 269 元（1 333 美元）
产业结构	7.3:51.9:40.8	15.3:48.5:36.2
工业占全国比重	59.0%	17.7%
农业占全国比重	37.8%	26.7%
第三产业占全国比重	57.9%	17.3%
固定投资占全国比重	50.6%	19.3%

资料来源：《中国统计年鉴》，北京：中国统计出版社，2007 年

注：2006 年汇率选取 1:8

中东部地区发展阶段的不同决定了各自经济发展的产业中心不同。中部地区

目前重化工业的比重较高，主要依托自身资源优势，处于产业链的上游，而后期加工工业的比重较低，这就决定了中部地区在未来一段时期，大力发展加工工业，延伸到产业链的中下游，增加产业的高附加值；而东部地区产业则要从初级加工工业作转变，做好自己的产业定位，大力发展第三产业和资本密集型产业、高新技术产业。

这种差异的存在使地区间存在很大的互补需求，容易在产业部门之间形成某种分工。尽管东部地区已经发展成为经济与技术密集区，但许多重要城市已经出现严重的膨胀问题，若不尽快调整产业结构与产业布局，这些城市将成为第二个东北地区。因此，东部地区内部产业结构与产业布局调整的要求会形成一股巨大的外推力，要求传统产业向外转移，为新兴产业腾出更多的发展空间。而从要素产业结构来看，东部地区处于相对较高层次，技术密集型和资本密集型产业较多；中部地区主要以劳动密集型产业和资源密集型产业为主。这种要素产业结构的差别，形成了地区间在要素产业上的互补，为中东部地区进行产业合作提供了前提。

中部位于我国内陆腹地，处于十字形构架的核心地带，交通相对便利，是连接东西的纽带，为东部地区开拓西南市场提供了条件。中部已经初步建成了四通八达的综合交通网络和信息高速公路网络，区位优势使其成为独特的交通和通信中心，以及重要的人流、物流、商流、信息流的中心；中部既是要素资源中心，又是市场中心，交易成本较低，区位竞争力强，有利于生产要素集聚和经济集群化发展，适宜发展成为加工制造业中心，适宜物流商贸等服务业的发展。

第 11 章

中东部地区产业互动发展的
方式与机制

任何一个经济体都不可能不依赖于其他的经济体而生存，尤其是在全球化竞争激烈的今天，中东部之间的竞争与合作并存，相互促进，相辅相成，共同发展。由于区域之间的经济互动发展涉及很多方面，本书将着重从产业方面来研究，也就是从中东部地区产业互动发展的角度来研究如何促进区域的协调发展。

11.1 中东部地区产业互动发展的主要方式

本节将对中东部产业互动发展中产生良好效果的互动发展方式进行总结，并给予进一步的推广，以便在更加广阔的领域内推进中东部经济合作继续前进，加速中部的发展，增速东部的产业调整与升级，实现区域经济的协调发展。产业互动的方式有很多，产业领域内的合作既有同一产业中的合作，也有不同产业的合作，因此，本节将从要素、产业链以及产业转移等角度对中东部地区产业互动发展的主要方式进行分类，并进行详细阐述。

11.1.1 从要素角度分：资源依托型互动、资本联结型互动

我国幅员辽阔，各地自然条件和经济社会发展水平千差万别，中东部地区发展不平衡也是我国的基本国情。中东部地区的生产要素禀赋不同，中部地区的资源丰富，长久以来一直是东部地区的内陆腹地，这就形成了互补性很强的垂直型经济合作方式。

根据要素的不同大致可以将产业互动发展方式分为两种：资源依托型互动和资本联结型互动。其中，资源依托型互动，顾名思义就是东部地区和中部地区在资源开发利用上的联合与合作。资本联结型互动则是指，以资金作为纽带，联结中部和东部地区产业的发展。中部地区地处内陆，开放比较晚，仅仅靠自身的内源性融资，是无法支撑经济快速发展的要求的；而东部地区在改革开放以来的

30 年间，运用自身较好的经济基础、优越的区位条件和国家的政策支持，已经形成一定的规模，而且基础设施要比内陆城市完善很多，所以国内外资金都比较倾向于向东部地区流动，而且东部地区自身也发展起许多民营的金融机构，聚集了大量的资金实力。如今中部地区要实现崛起，必须要有大量的资金来支持完善制约自身发展的基础设施建设和实现经济赶超的战略性产业的建设，则东部地区可以以其资金优势与中部的企业进行合作，共同发展。例如，在南昌市昌新安物流基地的建设中，深圳华南城有限公司拟投资 50 亿元建设占地 3000 亩①的工业原料物流项目。资源依托型互动与资本联结型互动具有内在联系，存在着资源依托和资本联结的产业互动方式，共同出资开发资源。

11.1.2 从产业链角度分：产业链延伸型互动、物流通道型互动

产业链，是在一定的地域范围内，同一产业部门或不同产业部门某一行业中具有竞争力的企业及其相关企业，以产品为纽带按照一定的逻辑关系和时空关系，联结成的具有价值增值功能的链网式企业战略联盟。[26] 从产业链的角度来分，中东部地区的产业互动方式包括产业链延伸型互动和物流通道型互动。产业链延伸型互动是指将一条已经存在的产业链尽可能地向上游延伸或者向下游拓展。产业链向上游延伸一般使得产业链进入到基础产业环节或技术研发环节，向下游拓展则进入到市场销售环节。具体到中东部地区而言，东部地区产业链可由纯粹加工工业延伸到原材料等基础产业环节，与中部地区合作；中部地区也可以将产业链延伸至产品的制造乃至销售环节。物流通道型互动就是整合中东部地区的物流产业链，将一定区域空间范围内的产业链借助某种产业合作形式串联起来。中部地区由于其区位条件贯通东西，有着巨大的市场、丰富的资源，但是该地区的物流条件不完善，而东部地区有优越的沿海区位优势和经验优势，可以为中部地区提供便利的出海通道和国际市场通道，同时东部地区所需要的原材料可以通过便利的港口、运力等由中部地区运往产品加工地，从而为东部地区的加工工业提供充足的货源。例如，近年来，江西省与福建省广泛开展闽赣海铁联运项目，使两地实现了腹地与港口的良好对接，就属于物流通道型互动。

11.1.3 从产业转移角度分：产业片段转移互动、产业簇群转移互动

梯度转移理论的核心内容是，在一国范围内，由于经济、技术等发展的不平衡，在客观上形成了一种梯度，有地区经济技术梯度极差的存在就有经济技术转移的动力，从而形成产业的空间移动。根据产业移动的一般规律，首先是从高梯

---

① 1 亩 ≈ 666.67 平方米。

度地区逐步依次向中级、低级梯度地区推移，随着经济的发展，移动的速度加快，这样就可以缩小梯度地区间的差异，实现经济分布的相对均衡，进而实现国民经济的均衡发展。

就我国中东部地区而言，由于中部地区和东部地区处于不同的梯度上，那么根据产业转移的相关理论与我国地区之间的产业现状来分析，东部地区对于中部地区的产业转移既具有可行性，又具有合理性，东部地区有一些产业已进入标准化阶段和衰退阶段，造成生产成本的比重不断提高，为了避免规模不经济的出现，必须将其从东部转移出去。而中部地区在这些产业上又具有优势，特别是资源型产业、劳动密集型产业、初级加工工业方面的优势十分显著，同时具有一定的需求量，只是受制于资金、技术和生产规模的限制。因此，我国区际产业转移无论对于东部地区还是中部地区都是很有必要的，而且是必然要发生的，这种区际产业转移对于区域经济发展具有十分重要的意义。

而中东部之间产业转移的方式可以分为片断转移互动与产业簇群转移互动两种。在改革开放初期，东部地区抓住国际产业转移的有利时机，通过 30 年的发展，社会经济水平有了很大的提高。一种是产业片段转移互动。中部地区与东部地区毗邻，并已形成了联系方便的交通网络，东部企业将部分不符合本地比较优势的某种环节从产业链上向外转移，我们称之为片段转移。片段转移更多地表现为东部地区将产业链中的中上游，即原材料的初级加工，或者是劳动密集型环节等转移到资源丰富的内陆地区，以缓解成本上涨带来的压力。例如，近年来，浙江、广东的轻纺、日化、家电等产业的一些加工环节纷纷被转移到相邻的江西、安徽等内陆省份，而营销、研发等知识密集型环节则始终留在本地。另一种方式是产业簇群转移，是指这些企业整体性向某个区域的转移。产业簇群可以认为是产业集群的初级阶段，同类企业或相关企业在一个区域的相对集中，能够形成一种产业发展的势能，并逐渐出现产业集群效应。因此，中部地区为承接这部分的转移，一般会进行工业园区的构建，以吸引这部分产业转移。产业簇群转移在未来一段时期内会成为中东部地区产业转移的主角。例如，江西省上高县的鞋业产业簇群就是中东部地区产业簇群转移的典型例子。上高县抓住"珠三角"地区，特别是广东省制鞋产业转移的契机，于 2001 年 9 月建立了"上高科技工业园"，先后引入了全球最大的制鞋企业台湾宝成国际集团、匹克集团等企业在上高县集中，形成了鞋业发展的势能，逐渐发挥了产业集群的效应。

11.2　中东部地区产业互动发展的运行机制

区域经济合作的运作机制主要有市场机制与非市场机制。市场机制是通过市场的资源配置功能自发地调节区域经济合作；而非市场机制主要是指政府和有关区域经济主体依靠法律、行政、计划和政策协调等手段对区域合作进行调节，以达到深化区域分工体系、促进区域合作有序进行的目的[27]。

改革开放前，计划经济体制下地区之间产业互动的特点是通过行政机制来实现，其运作机制是：中央政府通过统一的财税政策将各地区的财力集中起来，然后由政府职能部门经过周密的计划、严格的论证，组建国有企业，落实到目标地区，实现建设资金的跨区域流动，再以计划调拨的方式抽调其他经济要素到目标地区的指定企业参与经济活动，这个过程主要依靠的是政府的行政作为，市场的作用为零。在这种机制下，企业行为反映的是政府的行为，而政府在这个微观层面上的作为是"不经济"的，更多的时候是造成"拉郎配"，而没有实际的产业融合和互动效应，不但达不到"1＋1＞2"的效果，甚至会出现"1＋1＜2"的情况。

目前，中东部产业互动的现实经济环境，既不是纯粹的计划经济体制，也不是纯粹的市场经济体制，而是正在转轨中的不完善的市场经济体制。在这种经济体制下，中东部地区产业互动的特点是：市场的作用是基础性的，企业位于主体地位，但其行为受地方政府的影响较大，其运作机制基本上与成熟的市场经济体制相似，但由于市场经济体制发育不健全，地方政府对于地方经济有着很大的控制权和决策权，中东部地区的政府职能和行为可能会直接反映在企业行为中，企业在区域经济合作中的决策和行为需要考虑政府因素。地方政府的职能和行为既可能支持中东部的产业互动，也可能起阻碍作用。因此，适应我国现行经济体制的中东部产业互动的基本运作机制，应是充分发挥市场配置资源的基础作用，同时由政府通过产业政策予以积极推动和支持。

市场机制在中东部地区的产业互动发展中起基础性作用。在成熟的市场机制下，企业成为区域合作的主体。要素区际流动的规模大小、速度快慢取决于企业在市场作用下的自主决策。其运作机制是：企业以利润最大化为动机，根据掌握的信息自主决策，搜寻并确定目标地区，与当地企业进行合作或成立新企业，从而实现经济要素的区际流动，实现资源的合理配置。企业在进行要素的空间移动过程中，地方政府只通过产业政策引导而不会进行行政干预。如果这种要素的移动属于产业政策鼓励的范围，则政府部门为其提供必要的服务和方便；反之，则由相关经济政策和法律法规来进行约束。中东部的产业合作是企业开拓和占领更广阔市场的重要途径。因此，企业在市场机制作用的推动下，不断寻求新的市场空间，加快了区域经济合作的进程。

政府在中东部产业互动中的功能定位，主要是在创造良好的经济合作的综合环境和纠正市场失效两方面，这是推动中东部地区产业互动的重要保证。政府对于区域互动的推动作用应该体现在三个层面：一是培育区域产业互动发展的市场体系和市场机制。通过制定相关的法律规范，促进市场体系的完善，为区域间的产业互动营造一个比较成熟的市场经济体制环境。二是在推动和促进企业跨地区经济合作方面发挥积极的服务和政策导向功能。三是有效协调区际利益关系。区际利益关系要通过一定的方式在地区间合理、有序地调整，这是实现区域产业互动顺利进行的重要条件。

在中东部的产业互动发展中，市场和政府这两方面是一个有机的整体，缺一不可。只有尊重市场经济的运作规则，以企业作为经济合作的主体，才能在总体上保证双方经济合作具有较高的经济效率；只有政府部门予以积极支持，企业才能排除其经营中的各种非市场性困难，达到促进企业发展的目标。

11.3　中东部地区产业互动发展的政策博弈分析

当区域发展由"看不见的手"调节时，起主导作用的主要是各地区的资源禀赋、投资环境、市场容量等经济性因素，各地方政府、利益集团的市场外活动将受到限制，因为利益相关者不可能向市场寻租。但是当区域间的发展有"看得见的手"参与调节时，行政性的因素将起到主导作用，在区域竞争和冲突中产业的地方保护主义必然产生。

在我国传统的计划经济体制下，地方政府仅仅作为中央经济政策在地方的执行机构，没有独立的权力，也缺乏相对独立的经济权益，因此也就谈不上发展当地经济的积极性与主动性。在这一体制下，各地区经济发展差异不大，区际之间不存在什么利益关系，矛盾也就暂时被掩盖。改革开放后，国家率先对东部沿海部分地区实行特殊的经济政策，极大地调动了各级地方政府发展经济的积极性，增强了地区经济的活力。但是，东部地区的发展在一定程度上是以中西部地区资源的无偿行政调拨为代价的。同时出于发展经济的需要，各地为了争取国家的区域经济倾斜政策而进行非合作博弈，而由于市场化程度较低，各地也更多地借助于行政手段实行地方保护主义。同时，自身资源禀赋的劣势，以及内部不发达地区的存在也使得东部沿海地区的行政手段盛行，且地方财力强大，行政保护力度更强。

中东部地区的产业互动发展必须依靠市场和政府两方面的作用才能发挥最大的效用，但由于我国当前政府对于官员的考核是通过政绩来进行的，而政绩代表了一个地方的经济发展的相应指标，在政绩考核不完善的情况下，这一体系可能就会产生一系列的弊端，如"形象工程"、"地方保护"等，这些都不利于区域的协调发展；同时，市场这只"看不见的手"也有失灵的时候，政府在运用

"看得见的手"进行宏观调控的过程中,由于行政区划造成的立场与利益的不同会使得两地颁布的政策措施有所冲突,给两地之间的经济合作带来不利影响。因此,有必要对于中东部地区产业互动发展过程中所涉及的政策层面进行具体的博弈分析。

具体到我国中东部地区之间的产业互动发展而言,由表 11.1 我们可以看出,东部地区处于高梯度的位置,而中部地区则大多处于中低梯度,中东部之间存在着明显的梯度极差,中东部地区大部分是基于梯度转移来进行互动的。本书将主要以这方面为例来进行中东部之间产业互动发展的政策博弈分析。

表 11.1　2001 年全国各省(自治区、直辖市)经济梯度聚类分析

经济梯度类别	高梯度		中梯度		低梯度	
	上		中		下	
省、(自治区、直辖市)	北京 天津 上海 浙江 广东	江苏 福建	河北 辽宁 吉林 山东 湖北 湖南 新疆 黑龙江	内蒙古 河南 海南 重庆	山西 安徽 江西 贵州 云南 陕西 甘肃	西藏	广西 四川 青海 宁夏

资料来源:李小建,覃成林,高建华. 我国产业转移与中原经济崛起. 中州学刊,2004, (3):15~18

通过前面的分析得知,中东部具有良好的合作基础,中部地区应加强与东部的合作,利用东部地区的扩散和辐射效应带动中部地区的跨越式发展。然而,由于合作双方机会主义的存在,良好的合作基础并不意味着两者的合作能持续下去,如何保证合作的持续性是一个关键问题。中东部的合作过程可以看做双方的博弈过程,这里我们建立一个完全信息的博弈模型,假设中部地区与东部地区在市场上的产业互动所采取的政策有两种选择:配合、不配合,博弈双方也是确定的,即中部地区和东部地区,如表 11.2 所示。

表 11.2　中东部地区互动博弈的得益矩阵

东部 ＼ 中部	配合	不配合
配合	(C, C)	$(-A, B)$
不配合	$(D, -E)$	$(0, 0)$

　　如果中东部地区的政策选择是相互配合的，也就是都对产业互动给予支持，则双方都能从产业互动中得到预期收益 C；如果双方都采取不配合的策略，那么两者之间的合作等于是一纸空文，即使企业已经签订了合作的合约，也终将因为实现成本过高而流产；若东部地区采取配合的策略选择，而中部地区采取不配合的策略，甚至颁布相抵触的政策措施，也就是说东部地区出台了相应的政策鼓励本地企业到中部地区投资，而中部地区并没有积极地为其创造良好的投资环境，甚至出台一些限制外来投资者的政策措施，致使东部的投资者会由于前期开拓市场、规避政策限制、培育市场、构建基础等，造成前期沉淀成本的增加，或者向东部投资企业采取各种手段变相掠夺，使得东部地区遭受损失 A，而中部则可以在东部对其的投资中"搭便车"，借着外资的拉动实现本地经济的发展或投资环境的改善，获得收益 B；如果中部采取配合的政策，而东部不配合，主要表现在中部积极地向东部进行招商引资，东部地区却出台政策限制一些高技术产业的流出，而输出能源利用效率低下、环境污染严重的项目给中部地区，致使中部地区损失利益 E，而东部由于转移了不具有优势的产业，而腾出相应的空间和物资进行产业的调整和升级，获得利益 D。

　　我们这里假设 $C < D$ 和 $C < B$，因为，如果相反的话，中东部的无限次重复博弈的纳什均衡是两者都选择积极的合作态度，即合作能持续进行。如果中东部的产业互动只有一次，那么根据纳什均衡，中东部都采取不配合的态度，双方收益均为零，这也是"囚徒困境"的一种表现。然而，这个博弈是无限次的重复博弈，任何一方的不配合策略选择都会招致对方的报复，因此，如果要使得双方都受益，那么中东部地区在制定相应的政策时，就要有个全局观，即能够站在整个区域的角度来看待产业互动的发展。

　　"囚徒困境"式矛盾的存在"在一定程度上否定了传统经济理论关于市场经济中有一只'看不见的手'，总会把个人的利己行为变成对集体、社会有利行为的论断，也说明了政府在市场经济活动中的组织协调工作常常是必需的，放任自流并不是导致社会最大福利的有效政策"[28]。从演化博弈论的角度来看，地方政府间的竞争是一个不断试错和重复博弈的过程，其最终结果是走向合作，发现存在于各方之间的利益均衡点。因此，中东部要加强政府之间的沟通，转变政府职能，不再把招商引资、GDP 增长、财政收入等作为政绩考核的指标，而应真正地为市场化服务，实现区域经济的协调发展。

第 12 章

中东部地区产业互动发展的
制约因素

12.1　地方政府利益的冲突，产业互动发展缓慢

在现代经济发展中，一个区域的发展仅仅依靠自身的内部资源和要素实现投入—产出的循环是远远不够的，它必须借助于区域之间的互补和协作。但是区域经济学的研究表明，只有在理想状态下，各地区之间才能顺利展开广泛的交往与协作，最终实现各自利益的最大化。然而在区域经济发展的实践中，行为主体的多元化带来的利益取向多元化，使得各个利益主体之间利益取向的一致性和差异性并存。由于利益主体对于自身利益最大化的关注、"经济人"的有限理性，以及利益主体之间的信息不对称等因素的影响，极有可能出现由于个体理性与集体理性的矛盾而导致利益主体之间的合作失败。

从各级地方政府来讲，地方保护政策是维护区域经济利益、谋求区域经济发展的无奈选择。"公用地悲剧"不可避免地发生着，其原因不在于各地方政府是否具有顾全大局的"一盘棋"思想，而是各地区区域经济利益追求和整体目标追求的必然结果。市场经济体制要求实现产品的社会化、劳动的社会化和资本等生产要素的社会化，实现生产要素的合理有序流动和科学、经济的配置，要求打破各种地方封锁、地区限制，实现合理的区域分工格局，要求变地方经济为区域经济。

东部地区的地方政府基于对局部利益的追求，人为地设置一些障碍来阻碍企业移出。不可否认，各个地区都存在自己的局部利益，各级地方政府为了保证其所辖区域的 GDP 增长率、固定资产投资增长率、就业率等指标的不断增长，并保证财政有稳定的收入来源，往往会使用一些不规范的行政手段来阻碍生产要素的转移。这在东部地区表现为政府不考虑自身的资源禀赋特性，尽管区域内劳动力成本和土地价格在上升，部分劳动密集型企业的产品价格竞争优势开始下降，但是为了继续维持企业的竞争力，政府会使用行政手段为本地企业争资源、争计划、争市场，甚至还采取种种措施限制区域内的资源外流和产业外移。

12.2　产业互动中的非合作博弈现象

非合作博弈强调的是个人理性、个人最优决策，其结果可能是有效率的，也可能是无效率的。我国自改革开放以来，地方政府已经成为相对独立的经济主体，"经济人"的理性必然促使地方政府不断追求本地区利益的最大化。特别是我国区域经济差异明显拉大，区域间、区域内部的非合作博弈屡见不鲜，主要表现在以下几个方面。

1. 资源的博弈

由于历史、经济、政治和区位差异等因素的综合作用，在市场经济条件下，中部地区的资源必然会流向市场化程度高的东部地区以寻求高额利润，而这一流动会给中部经济的发展带来较大影响。因此，中部地区除采用一些正当策略外，还采用各种地方保护主义手段在区域资源流动之间设置障碍，防止"资源外流"。同时，东部一些发达地区也设置种种障碍限制本地区资源流出。

2. 人力资源的博弈

东部地区市场化程度较高，用人机制灵活，待遇优厚，对全国各地的人才有很大的吸引力。而中部地区在政策、待遇及环境上都无力与之相竞争，因此就借助行政手段阻止人才流失，一些地方政府和单位更加严格了人事制度管制。

3. 区域产业结构的博弈

区域间差异的扩大，加强了地方政府追求和保护地方利益的冲动。发达地区为了保持自己经济的领先地位，而落后地区为避免"马太效应"，都纷纷在价高利大、投资周期短的工业领域进行激烈竞争，盲目引进，重复建设，结果出现了严重的区域产业结构趋同化。据有关资料估算，我国中部地区与东部地区工业结构的相似率已经达到93.5%，这是不利于区域分工协作的，也造成了资源的极大浪费和产业结构的不合理。

4. 市场的博弈

由于欠发达地区在工业技术水准和市场运作手段方面均不如发达地区，所以东部沿海地区产品的大量进入给经济效率不高的中部企业带来了极大的压力。因此，中部地区通过纷纷设置贸易壁垒，抬高市场准入条件，并对外来产品征收不合理的税赋等来限制区域间贸易，较为明显的消费品如烟草和啤酒。

5. 执法的博弈

在管理和执法方面，沿海发达地区和内地欠发达地区都不同程度地存在着为了当地利益而不公正执法的情况。一旦涉及跨区域的经济纠纷，当地政府一般都是偏袒本区域的企业，甚至联合工商、税务、司法等机关来保护本地区的利益，出现执法不公正的现象。

上述行为导致了我国区域差距的进一步拉大，弱化了产业分工，不利于区域比较优势的发挥，更不利于区域间产业互动的顺利进行。

12.3　中部地区内部协调程度低，
产业互动发展缺乏稳定支撑

中部地区尽管资源丰富、工农业基础较好，但是共同面临着"三农"问题突出、产业结构转换困难等经济难题，因此，在当前加强中东部的产业互动发展中，更应该加强经济区域的一体化，进行经济整合，这样才更有基础且更好地与东部地区进行合作。但是中部各省却出现了同质竞争的苗头。一方面，中部各省都宣称自己的优势是承东启西，连接南北；在具体产业的规划上也有相似之处，如武汉、长沙、郑州、合肥、芜湖都把汽车产业作为自己的支柱产业。另一方面，中部各省都在打造自己的经济核心，而且隶属不同的经济圈，甚至有争当中部崛起中心之争。

中部地区近年来在基础设施建设方面取得了巨大成就，基本形成了以京广、京九铁路，京珠、沪蓉两条国道干线，以长江黄金水道为主体的交通骨架网络，空港的吞吐能力也有大幅度的扩张与提升。但是，完整、高效的中部统一交通运输网络还远未形成。与东部地区相比，中部地区的交通体系还不够完善，尤其在偏远农村地区，公路发展还很落后，目前的建设规模离农村经济的发展目标还有一定的差距。在一些跨区域的公路建设项目上，也经常可以看到有关地方政府以自身利益为重、以邻为壑的思想在作怪，认为跨区域通道的通畅有利于自身经济发展的地区会积极地建设自己一侧的道路，而担心通道开通之后投资会被相邻地区吸引过去的地区则对跨区域通道建设态度消极，甚至地区之间已经达成协议之后也会设法拖延项目建设。其结果便是一条道路在省界或市界两边的建设各自为政的现象十分突出，导致不少交通设施闲置，利用率低下，财政资源浪费十分严重。究其原因，一个重要的方面就是缺乏统一的区域发展规划，规划上的各自为政必然导致各地区之间交通运输设施的无序竞争，相互配套差，形象工程多，浪费严重，效率低下。

尽管中部地区都意识到提升生态环境质量的重要性，但从整体上看，中部地区环保上的低效也十分明显。行政边界上的截污、排污工程随处可见，行政边界附近地区的"脏、乱、差"现象就像毒瘤一样难以清除。造成这些问题的根源在于没有制定一个建立在平等协商基础之上，并具有约束力的中部地区统一的区域发展规划。因此，中部各省需要加强协作，建立统一的区域协作机制，促进中部地区经济的发展。

12.4　产业集群效应低，导致东部劳动密集型产业区域黏性

20 世纪 90 年代中期以来，产业集群在我国得到快速发展，而且主要集中在广东、浙江等东部省区，这些产业集群多为技术含量较低的劳动密集型产业集群，集群中多数是中小企业，它们之间已经发展成了高效的竞争和合作关系，形成了专业化的生产协作网络。企业之间既竞争又合作，其相互合作不仅有正式的战略联盟、经济合同、投入产业联系，还包括非正式的交流、沟通、接触、面对面的谈话，使得中小企业不完全依赖于大企业，而是在平等竞争的同时又共同地面对国内外市场。恰恰是这种有效的合作网络产生了极强的内生发展能力，这些中小企业依靠不断的创新保持甚至强化了沿海地区的产业发展趋势，同时也更有利于新企业的成长。处于中梯度的中部地区还没有形成这样的产业集群，或者说未形成成熟的模式，而专业化集群已经成为东部发达地区的产业发展趋势，对这些企业来说，把这些产业转移出去，就会失去已经建成的生产协作网络，且难以在短时间内建成这样的网络。

单个企业转移也会由于享受不了集群效应而导致成本过高，因为集群的发展存在路径依赖，产业集群区域在初始投资地的人缘地缘关系、沉没成本、已经建立的协作网络，都增加了企业转移的成本。东部发达地区产业集群的快速发展所产生的集群优势，大大提升了东部地区的区位优势，同时也进一步削弱了资金西进和产业西移的势头。

12.5　中部地区产业层次低，制约中东部地区在更高层次上的经济合作

中部地区经过多年的发展，虽说已经取得了很大成就，但是还存在着很多问题。农业在中部地区占据着重要地位，而且在很长一段时间内不会有大的改变，但农业附加值低、需求收入弹性和价格弹性低，农业优势并没有形成中部地区的竞争优势。第二产业内部，一方面，煤炭、电力、冶金、建材能源、原材料基础

工业和以农产品为原料的初级加工业的比重过大，深加工产品没有得到应有的发展；另一方面，纺织、塑料、化纤产品、建材产品等一般水平的加工工业产业集中度低，重复建设严重。第三产业的比重虽然高于全国平均水平，但其内部仍以传统服务产业为主。传统的批发业、零售业、餐饮业、运输业、邮电业占第三产业增加值比较高，而现代工业服务的金融、通信和信息产业相当薄弱，物流业、旅游业、科技服务业等新兴产业发展严重滞后。这样的产业结构制约了中东部地区在更高层次上的经济合作。

第 13 章

浙赣产业互动发展的实践

由于中东部地区所涉及的省区比较多，书中不能对其全部进行分析，因此选取了中部地区的江西省和东部地区的浙江省进行产业互动研究。

改革开放以来，浙江经济有了长足的发展，并进入良性循环，江西的经济虽然总体实力仍较落后，但也有了较大的进步，潜力十足。浙赣合作的基础是资源互补、产业互动、互利双赢，能够扬长避短地整合区域内各种经济资源，实现资源配置与市场优势的结合。

13.1　浙赣产业互动的发展现状

据不完全统计，到 2006 年上半年，在江西投资创业的浙江人有 20 多万，累计投资额达 700 多亿元，浙江省已成为江西外来投资最多的省份，"三分天下浙商有其一"，浙商主要从事工业、商贸、农业、旅游、房地产、服务业等行业，江西省已成为浙商投资兴业的一方热土。

浙江省利用江西的劳动力、资源、市场和政策优势，结合自身的资金、产业、信息和经营优势，兴办服装纺织、包装印刷、电机电器、机械电子、食品加工、塑料皮革等实业，实现了互利双赢。宁波三星集团投资 10 亿元在南昌经济技术开发区兴建奥克斯（南昌）工业园；杭州娃哈哈集团公司与南昌青山湖区民营科技园合作创办了南昌娃哈哈饮料公司，总投资 1.08 亿元。

据统计，目前浙江省与江西省的年商品购销额达 90 亿元，投资经营资本（含固定资产）32 亿元。浙江省每年还从江西省调入大量的粮食和矿产资源。

浙江省许多企业紧紧抓住机遇，参与中西部的城镇化进程，如浙江新湖集团在江西南昌市和东乡县开发房地产项目 2 个，征地 3000 多亩，投资 23 亿元；浙江金华的汇鑫工贸集团投资 1 亿元，在上饶德兴市开发示范性住宅小区。

面对浙江"腾笼换鸟"推动产业升级的要求，在新一轮产业转移中江西省既要防止全盘接受，又要积极主动承接，切不可无所作为、坐失良机。一方面，要深入学习浙江的经验，不断解放思想、勇于创新，让全民创业的主流意识奔涌起来；另一方面，要抓住浙江"腾笼换鸟"的契机，主动地、有选择地承接浙江的产业转移，在承接的过程中，尤其要十分注重对生态资源的保护。

13.2　浙赣产业互动的环境和条件

浙赣两省由于地缘相近、人缘相亲，双方合作有着良好的基础和广阔的前景。浙江省与江西省地处不同的产业梯度，根据梯度转移理论，发达地区基于要素成本及市场潜力等多方面考虑，会将本地区已经处于标准化生产阶段甚至是衰退阶段的产业从本地区转移出去；同时欠发达地区也可以根据反梯度理论，跨越某些阶段的发展，通过引进先进的科学技术，形成较高的产业梯度。因此，需要对浙赣间产业互动的环境和条件进行详尽研究。

13.2.1　浙赣间产业互动发展的环境

江西处于我国承东启西、纵贯南北的枢纽地带，地理位置适中，交通运输便利。公路、铁路、内河航运和航空运输发达，与东部和西部地区都有便捷的联系通道。它是长江三角洲、珠江三角洲、闽东南三角区的共同腹地，是唯一能同时接受这三大经济区直接辐射的省份。江西的交通网已形成"水陆空"并进的体系，省内"四小时经济圈"已基本形成，省际"八小时经济圈"已完成东到浙江，北到安徽、湖北，西到湖南，南到广东。随着交通的快速发展，江西已经成为承接沿海发达地区产业转移最快捷的地区之一，并具备了进一步融入"长三角"的区位优势。2001 年 8 月，江西省委十届十三次全会提出了实施大开放的主战略，大力推进工业化、城市化、农业产业化和信息化的战略部署，并把江西定位为沿海发达地区的"三个基地，一个后花园"。①

浙江省位于我国长江三角洲地区，由于其沿海的地理位置，以及与上海接壤的区位优势，经过改革开放 30 年的发展已经形成了经济基础稳定、人民生活水平较高的局面。但由于浙江省人多、地少、资源少等原因，一些劳动密集型、资源消耗型等粗放型产业在今后的发展中困难重重，同时浙江要实现经济的腾飞式发展，必须进行产业的调整，发展高新技术产业，以信息化促进经济的发展，浙江的企业家基于多方的考虑必将选择与周围省份进行合作，进行产业转移或者战略产业合作，实现自身的可持续发展。"腾笼换鸟"就是浙江省为了调整自身的

---

① "三个基地，一个后花园"的发展战略，即要紧紧抓住沿海地区产业升级和结构调整的有利时机，积极主动地接受沿海地区的经济辐射，大力拓展与周边省市的横向经济联合与协作，将江西省建设成为沿海中心城市梯度转移的承接基地、优质农副产品的供应基地、劳务输出基地和旅游休闲的"后花园"。

产业结构，实现产业的升级，促进经济腾飞所采取的重要战略举措，即跳出浙江发展浙江，按照统筹区域协调发展的要求，积极参与全国的区域合作和交流，为浙江的产业高度化腾出发展空间；就是要把"走出去"和"引进来"结合起来，引进优质的外资和内资，从而培育和引进更多的优势产业。

13.2.2　浙赣间产业互动发展的条件

1）浙赣的自然资源具有较强的互补性

资源是经济发展的保障，丰富的资源往往能促进经济的有序发展。江西全省的耕地面积为 220.33 万公顷，林业用地面积为 1050.80 万公顷，活木蓄积量为2.90 亿立方米，森林覆盖率为 59.7%，居全国第二位。全省水资源量为 1416 亿立方米，人均拥有水量 4120 立方米，人均水量为全国的 1.6 倍，每平方千米水资源列全国第五位。全省水能资源理论蕴藏量为 682.03 万千瓦，可开发利用的水能资源为 611 万千瓦，全部开发年发电量可达 215.6 亿度。江西地下矿藏丰富，至 2004 年为止，全省共发现矿产 160 多种，产地 5000 多处，其中已探明储量的有 101 种，储量居全国前三位的有铜、钨、银、钽、铀、铷、铯、金、伴生硫、滑石、粉石英、硅灰石等，探明储量居全国前五位的矿产资源有 35 种，其中铜、钨、铀、钽、稀土、金、银被誉为江西的"七朵金花"，有 55 种矿产储量居全国前 10 位。[29] 而浙江的自然资源比较匮乏，缺铁、缺煤、缺油、缺大宗原材料，被称为"资源小省"，这为两省进行产业互动提供了客观条件和基础。

2）浙赣两省工业结构的差异决定了产业互动的必然性

浙赣两省的工业内部结构存在很大的差异。从表 13.1 和表 13.2 中我们可以看出，2006 年江西省对工业贡献率居前三位的都属于重工业，生产总值占工业总产值的 35.85%，而浙江省排名居前十位的大部分是轻工业，或者说是加工工业。根据工业化阶段发展理论，浙江省 2006 年的人均 GDP 为 13 416 元，产业结构比例为 5.9:54.0:40.1，轻重工业的比例为 43.8:56.2，2006 年底三次产业从业人数比重为 22.63:45.78:31.59，非农业人口已经占据了主导地位，已经进入了工业化中期阶段。如果要实现向工业化后期的飞速迈进，浙江省必须要尽快地进行产业结构的升级，更快地发展第三产业，发展知识密集型和技术密集型产业，满足经济发展的需要，要实现"腾笼换鸟"，这就要求浙江省将已经不具备优势的劳动密集型产业转移到江西省，而自己大力发展通信、电子信息等高新技术产业。而江西省重工业的比重过大，轻工业的发展相对比较薄弱，重工业的产业链比较短，主要集中在冶炼等初期加工阶段。轻工业对于经济的推动作用在各地经济发展的实例中都是有目共睹的，浙江省就是很好的例子，因此，江西省必须要做好产业结构的调整，加大第三产业和轻工业的发展。

江西省 2006 年的人均 GDP 为 10 798 元，与浙江省的差距正在逐步缩小。产业结构的差异性，决定了浙赣地区可以利用其地理毗邻的优势，加大双方产业互动的力度。

表 13.1　江西省 2006 年规模以上工业企业前 11 位的生产总值及比重

工业行业	总产值/万元	所占比重/%
有色金属冶炼及压延加工业	7 334 639	17.28
黑色金属冶炼及压延加工业	4 264 652	10.05
电力、热力的生产和供应业	3 615 732	8.52
交通运输设备制造业	2 896 356	6.82
非金属矿物制品业	2 378 577	5.60
化学原料及化学制品制造业	2 109 315	4.97
石油加工、炼焦及核燃料加工业	1 955 565	4.61
医药制造业	1 745 977	4.11
农副加工业	1 717 292	4.04
电气机械及器材制造业	1 555 140	3.66
纺织业	1 458 366	3.44

资料来源：江西省统计局，国家统计局江西调查总队编. 江西统计年鉴2007. 北京：中国统计出版社，2007

表 13.2　浙江省 2006 年规模以上工业企业前 11 位的生产总值及比重

工业行业	总产值/亿元	所占比重/%
纺织业	3 473.57	11.92
纺织服装、鞋、帽制造业	1 106.46	3.80
皮革、毛皮、羽毛（绒）及其制品业	974.83	3.35
造纸及纸制品业	591.07	2.03
农副食品加工业	454.42	1.56
家具制造业	289.45	0.99
文教体育用品制造业	288.81	0.99
木材加工及农、竹、藤、棕、草制品业	248.47	0.85
饮料制造业	242.43	0.83
食品制造业	192.80	0.66
烟草制品业	171.58	0.59

资料来源：浙江省统计局，国家统计局浙江调查总队编. 浙江统计年鉴2007. 北京：中国统计出版社，2007

3）江西具有承接支柱产业扩散和重点引进高新技术产业的基础

经过多年的发展，江西已形成了汽车、航空、精密仪器制造产业，包括有色、黑色、稀有金属在内的特色金属产业，电子信息、家电产业，以中成药为主的医药产业，食品，化工原料和新型建材制造业等六大支柱产业，涌现出江铃、江铜等一批知名度高、市场前景好、发展后劲足的骨干企业；在人力资源方面，江西进一步深化教育体制改革，巩固和完善农村义务教育体制，加快中等职业教育发展，扩大高校办学规模，使得教育事业稳步发展，国民素质得到较大提高。2006年，江西省12个研究生招生单位总的招生计划是4863人，比2005年的实际录取人数4201人增长15.76%，高于全国9.07%左右的平均增长水平。2006年江西普通高等学校招收学生23.2万人，增加49 381人；普通中等专业学校在校学生22.3万人；职业高中在校学生33.9万人，相当于普通中学高中阶段在校学生总数的12.67%。

4）浙江具有观念和资金优势，为传统产业向江西的转移提供了动力

浙江改革开放以来的"创新"是全方位、多方面的，而这种创新都是以"观念创新"为前提的。随着商品经济的发展，小生产的思维模式受到冲击，从而逐渐形成市场经济观念。浙江的观念创新总是由部分人根据市场的获利机会冲破原有制度安排的束缚开始的，每一项创新都会给创新者带来超额利润。同时，在浙江省，银行虽然仍在国家的集中控制之下，但民间资金的充足、民间资本的活跃、民间融资的发达，仍居全国之冠。据世界银行考察组的调查，浙江民间资本不仅参与了普通农业、制造业和第三产业的投资，而且已经参与了学校、医院及城乡基础设施，自来水、环保等公共物品领域，以及信用社和区域银行等金融机构、民航运输等战略行业的投资。由于浙江在观念和资金方面存在优势，高新技术等新型产业迅速发展，产业结构得到优化升级，从而加速了传统产业向江西的转移。

总之，浙赣两省在要素禀赋以及产业结构方面的差异性和互补性，使得两省的产业互动有着坚实的基础和良好的条件。

13.3 浙赣产业互动的发展趋势

江西是沿海的内地、内地的前沿，是长江三角洲、珠江三角洲和闽东南三角区发展的共同腹地。全球、全国经济发展的大趋势，特别是长江三角洲、珠江三角洲、闽东南三角区区域经济一体化的大趋势，为江西加快与沿海发达地区的对接与互动，进而融入世界经济，实现江西经济的快速健康发展提供了难得的机遇。江西省所处的区位优势注定了它与浙江省之间的产业互动有更加深入、更加紧密的趋势。

13.3.1 建立高效的工业园区，承接浙江的产业簇群转移

产业集群这一产业组织形式在浙江省的经济发展中起着举足轻重的作用。据统计，在浙江全省88个县市中，85个县市区形成了块状经济。温州的打火机、乐清柳市的低压电器、宁波的服装、嵊州的领带等这些产业集群极大地推动了浙江经济社会的发展，使得浙江在改革开放后30年的发展历程中，不断形成新的经济增长点，发展速度连续十几年高于全国平均水平，人均GDP保持全国省（自治区、直辖市）第一。但是，浙江省对省内的产业集群进行调查发现，产业集群内的企业普遍存在设备闲置的现象，而且像纺织、塑料等产业集群还存在企业亏损面大的问题。主要原因是浙江省的这些产业集群主要都是传统产业，属于技术门槛及资本门槛较低的产业，大量的同质化企业进入后会带来产能过剩，而且企业研发能力较弱，加之近几年中国的纺织业进入了后配额时代，致使企业的利润日趋微薄。江西省要抓住这个机会吸引浙江传统产业的西移，特别是产业簇群的转移，要加强政府的规制，对引进的产业进行重新规划，这就需要完善工业园区建设以吸引块状经济的转移。

园区经济是某一具有特色的产业及其相关产业、支持产业在同一地理位置的相对集中，它所产生的聚集效应和规模经济成为工业经济发展的必要前提。江西省要把工业园区作为承接产业梯度转移的主要载体和平台。在园区规划布局上，要按产业和区域发展的需要整合工业园区，不仅吸纳低层次的产业转移，更要积极引进更具比较优势的较高层次的产业、高新技术产业，走特色园区之路，同时注意对本地企业的培养，能够真正带动本地产业的调整，与本地的经济联系起来。就江西省的工业园区建设来看，其很容易形成"飞地"，因为园区经济的本地联系较少。主要表现在两方面：一方面，很多工业园区在建设时，片面强调吸引外面的企业进来，而忽视培育本地的企业；另一方面，一些企业只是利用江西的廉价劳动力发展劳动力密集型产业，供应商和客户都在外头，难以与本地经济结合起来。

13.3.2 物流通道型产业互动的大力发展

物流业发展如何成为影响两省产业互动效果的关键因素，现代物流发展已经起步，传统运输、仓储、货代企业和专业市场开始引入现代物流理念加快转型提升，工商企业开始注重通过优化内部物流管理来提高竞争能力。面对我国加快中东西部协调发展的宏观经济政策，如何快、好、省地把资源和产品运输到所需要的地方就成为题中之义。浙江省和江西省自身的物流产业存在很多问题，物流服务企业规模小，服务方式和手段单一，技术设备水平不高，企业物流管理的社会

化、专业化、现代化水平还比较低，信息技术在物流领域的应用程度还不高，物流设施的布局和建设距现代物流发展的需要还有不小差距，等等。两省在物流产业上处于同一起跑线，因此加强物流业上的产业互动，提高现代物流的发展质量，在竞合中实现双赢是两省的共同目标。

浙江省是典型的"两头在外"型经济，商品大进大出，位于我国四大物流区之一的长江三角洲物流区，这一区域同时又是我国经济高度发达的区域，有许多国内外知名的大型企业在这一区域投资和进行商务活动。省内已经形成了"四小时公路交通网"，有万吨级以上泊位 57 个，铁路内河等运输建设进一步加强，信息基础建设规模、技术等水平居国内前列。其省会杭州市是"长三角"的内陆综合运输枢纽，位于公路主骨架、内河主通道、铁路主干线的交汇处，是内陆地区的客货集散中心。2008 年 5 月通车的杭州湾大桥，使杭州与上海的联系更加紧密，宁波、温州的港口承担着"长三角"及长江沿岸地区能源、外贸大宗物资由海进江的中转运输。同时，浙江省广阔的市场潜力、完善的市场体系都是促进其与江西省之间进行物流通道型产业互动发展的客观条件。

13.3.3　战略性产业互动成为双方的强烈需求

江西在 2001 年提出以大开放为主战略，以及"三个基地、一个后花园"的战略，经过几年的发展，其经济得到了飞速增长。2006 年人均 GDP 为 10 798 元，国民生产总值为 4670.53 亿元，三次产业所占比重分别为 16.83%、49.69% 和 33.50%，产业结构已经进入了"二、三、一"的阶段，其中工业所占比重为 23.26%，比 2005 年有所提升。江西省的经济已有了一定的基础，虽然与浙江省还存在一定的差距，但是它们之间已经不仅仅局限于低层次的产业互动，仅仅承接产业转移而已。江西省要实现经济的赶超，必须发挥自己的后发优势，在战略产业上做文章，而浙江省要进行产业调整升级，实现经济的腾飞，在更广阔的市场范围内获得更大的竞争优势，也有与其他相邻省份联合以实现区域经济一体化、市场一体化等的迫切愿望。

浙赣之间在地理位置上相毗邻，而且资源互补，要实现两地的共同发展，在战略产业方面的互动是双方的强烈需求。例如，两省的有色金属冶炼产业、汽车产业都是相关性较强的产业，如江西铜业集团、江铃集团，浙江青年汽车集团，都是各自的主导产业，加强双方在研发、市场营销等方面的合作，可以实现双赢。浙江省有着良好的自然风光，而江西省的自然风光不仅优美，而且还是红色旅游的重点地区，旅游支出随着人民生活水平的提高在未来将大幅提高，旅游产业这块"大蛋糕"必将要求进行产业整合；浙江省的金融业非常发达，有丰富的经验和人才，而江西的发展需要大量的资金，金融市场并不活跃，2006 年金融业所占比重仅为 1.63%，金融业的发展严重制约着江西经济的发展，双方在这方面的合作也是迫在眉睫。

因此，浙赣在未来一个时期内，战略性产业的合作将会更加深入地发展下去。区域战略性产业的选择要遵循三个原则：①符合区域经济发展阶段。每个产业都要与区域经济发展水平和所处的经济发展阶段相对应，因此战略性产业的选择既要有前瞻性，又不能超越区域经济发展阶段。②符合区域要素禀赋特点。任何区域的产业都要建立在本区域丰富的要素禀赋基础上。③关联性强。关联性是某一产业与其他产业联系的紧密程度。战略性产业是区域发展的带动者，也是区域产业推进的"领头羊"，关联性越强，对区域相关产业的带动能力越强，对区域经济的扩散效应越大。根据这些原则可以界定出浙赣两省推动产业互动的战略性产业，包括能源、交通等基础性产业，高新技术产业和金融保险业。

第 14 章

中东部地区产业互动发展的
趋势与推动策略

14.1 中东部地区产业互动发展的趋势判断

东部地区依靠改革开放的春风,经过 30 年的发展,已经取得了很大的成就,但同时也出现了不少问题,需要在今后很长的一段时期内,通过产业结构的调整和升级,实现经济的可持续发展;而中部地区地处内陆,由于地理位置的限制、国家政策等诸多原因,在全国经济的发展中居于落后位置。我国在 2004 年正式提出了"中部崛起"战略,为了防止出现"中部塌陷",振兴中部经济发展,迫切需要对中部进行必要的投入,这就需要吸收其他地区特别是东部地区发展的经验、资金、技术等优势要素,为中部所用,实现中部经济的腾飞。种种因素必然要求在未来的发展中,不管中部地区还是东部地区都要重视两大区域之间的产业互动,并对其发展的趋势有所把握,实现区域间的协调发展。

14.1.1 产业结构调整升级的趋势

我国东部地区与中部地区的资源禀赋、经济水平和居民消费习惯均存在较大差异,这就使得中东部产业定位之间的差异也应该较大。综合两经济地带的要素结构与需求结构来看,东部沿海地区的产业应以旅游、娱乐、金融投资、通信、交通、公共设施与服务、教育、信息等第三产业与医药、化工、电子、机械、汽车等交通运输设备制造与水电气生产供应、建筑业等第二产业为主导,而中部地区则宜以纺织、服装、鞋革、轻型机械、化工等制造业与交通、商业、金融服务为主体产业,但是目前我国中东部现实的产业结构特点与之存在着很大的落差。2005 年、2006 年全国各地三次产业比重数据分别如表 14.1 和表 14.2 所示。

从表 14.1 和表 14.2 中数据可知,东部地区虽然市场发展成熟,产业结构发展阶段相对高些，但是仍处于第三产业比值偏低，工业结构以纺织、食品、普通机械等传统产业为主，第一产业从业人员较高的阶段，这与其本身的要素与需求结构是不相符的。可喜的是东部地区已经明显出现向第三产业与中间产品、中高档服装与家用电器、住房及其装修、交通工具、办公设备等产业转移，虽然这种产业转换由于诸多因素较为缓慢，但这是东部地区产业结构调整升级的大势所趋，不容改变。

表 14.1　　2005 年全国各地三次产业比重数据（单位:%）

地区	第一产业	第二产业	第三产业
全国	12.6	47.5	39.9
东部	7.9	51.6	40.5
中部	16.7	46.8	36.6
西部	17.7	42.8	39.5
东北	12.8	49.6	37.6

表 14.2　　2006 年全国各地三次产业比重数据（单位:%）

地区	第一产业	第二产业	第三产业
全国	11.7	48.9	39.4
东部	7.3	51.9	40.8
中部	15.3	48.5	36.2
西部	16.2	45.2	38.6
东北	12.1	50.8	37.1

　　注：东部地区包括北京市、天津市、河北省、上海市、江苏省、浙江省、福建省、山东省、广东省、海南省；中部地区包括山西省、安徽省、江西省、河南省、湖北省、湖南省；西部地区包括内蒙古自治区、广西壮族自治区、重庆市、四川省、贵州省、云南省、西藏自治区、陕西省、甘肃省、青海省、宁夏回族自治区、新疆维吾尔自治区；东北地区包括辽宁省、吉林省、黑龙江省。

　　资料来源：中华人民共和国国家统计局. 中国统计年鉴 2007. 北京：中国统计出版社，2007；中华人民共和国国家统计局. 中国统计年鉴 2006. 北京：中国统计出版社，2006

　　中部地区产业结构虽然已经处于"二、三、一"的结构，但是却是低水平的。从轻重工业的比重来看，中部地区工业结构呈现出明显的重型化特点，导致中部轻工业发展滞后，轻重工业比例失调，工业经济效益低下，并且这种以煤炭、冶金、电力重化工为主的重型化工业结构，使其在工业化的过程中正在遭遇传统工业所产生的工业污染对生存环境的破坏，违背了可持续发展的原则。另外，中部地区产业结构趋同，重复建设严重。据工业普查资料分析，中部六省冶金、纺织、塑料、化纤产品、建材产品等一般水平的加工工业产品重复严重，在经营性国有资产中，1/3 左右分布在一般加工工业中。这种结构趋同易造成生产经营的盲目增加，产品集中度低，生产集约化程度难以提高，经济效益和竞争力弱化。第三产业的发展往往是一个地区现代化程度的标志。但是，中部地区第三产业的发展还主要集中在批发、零售、餐饮、交通运输、仓储、邮电等传统产业上，2006 年的比重达到 42.9%，而金融、保险、物流、旅游等新兴服务业发展相对滞后，这严重制约了中部第三产业的快速发展。因此，中部地区的产业结构也急需进行调整升级，实现可持续发展。

14.1.2 产业互动模式变化

产业互动模式根据区域发展阶段的变化而变化，在很长的一段时间内，中部地区的区位条件和要素禀赋等特点，决定了其在中东部产业互动中处于弱势地位；在产业结构方面，中部的大部分产业处于产业链的中上游，在全国区域分工中一直扮演着国家"粮仓"和"工业的矿井"的角色，以资源依托型产业互动为主，形式比较单一。但是农业和初级原材料的低附加值特性，很难使拥有众多人口的中部地区的经济有很大发展，而且在发展过程中，中部与东部的差距反而有拉大的趋势。

1. 物流通道型产业互动崭露头角

中部地区具有得天独厚的区位优势。中部地区地处我国的地理中心，是我国经济和政治的战略腹地，连南贯北，承东启西，居中的区位优势使其成为独特的交通中心和通信中心，同时还是我国重要的人流、物流、商流、信息流的中心，经过多年的发展已经初步建成了四通八达的综合交通网络和信息高速公路网络，形成了京九铁路线、京珠高速公路、连霍高速公路、陇海线等多条干线交汇的交通网。错综复杂的综合交通网和信息高速公路网络使中东部地区间的物流通道型互动成为可能，中部地区需要东部地区的出海通道、进入国际市场的通道等，东部地区的港口、运力等需要内地的货源。东部地区经过 30 年的发展，在与世界的接轨中，具备了中部地区所没有的优势——经验和成熟的渠道。同样，东部地区的出海通道也需要中部地区的加入来支撑自身的发展。

2. 产业转移仍然是产业互动的重要组成部分

东部地区抓住国际产业转移的机会，形成了完善的产业体系和产业结构，经济的飞速发展，带来了水、电、劳动力等要素价格的飞速提高，一些已经处于标准化生产和衰退阶段的产业在东部地区的生存就出现了很大的困难，同时，东部地区的产业结构已经不太适应经济发展的需要，急需实现产业的调整升级。产业转移是东部地区实现下一步腾飞的必要准备。而中部地区仍然属于"二元经济"，农业发展和初级加工等附加值低的产业占主导，而且地处内陆城市，引进国外直接投资的机会比较小，可以通过承接东部地区的产业转移，大力发展农业的深加工，实现工业的现代化。

3. 战略产业的互动是今后发展的主导方向

由于中部地区的一些产业具有一定的规模，已形成了产业链和企业集聚的雏形，如以武汉光谷为龙头、华工科技为重点的光电子信息产业链；以羚锐、健民、九芝堂为重点的生物医药产业链；以东风汽车、江铃汽车、江淮汽车为重点的汽车整车与零部件产业链；以武钢为龙头，马钢、安钢、江西铜业为重点的采掘与冶炼冶金产业链；以双汇、思念、三全、莲花味精为重点的农产品深加工产业链。总之，中部地区在汽车、机械、家电、化工、电子等行业方面具有一定的产业基础和行业竞争优势，为了实现资源要素比较优势和产业竞争优势的有机结合，需要与东部地区在具有战略意义的产业进行合作。经济发展的实力使得中部地区在与东部地区进行产业合作时具有一定的话语权，而不仅仅是只能在低层次上进行产业互动，也可以在更高层次上进行互动，即战略产业的互动。双方可以在汽车、冶金、食品深加工方面进行合作，在产品的研发及生产上进行深层的合作，加强产业一体化建设，促进中东部区域的协调发展。

14.2　促进中东部地区产业互动发展的基本策略

14.2.1　加强地方政府间的合作，促进产业互动发展的顺利进行

共同的利益倾向是中东部实现产业互动、进行经济合作发展的内在动力。新制度经济学认为，交易双方如果试图通过第三方的介入来协调彼此间的关系，必定会使交易费用增加；而要协调地方政府之间的利益关系，如果单纯寄希望于中央政府的宏观调控，那么不仅成本高，也难以达到目标。因此，促进地方政府间的合作应该成为协调政府间利益矛盾、减少因利益驱动而导致的各地区争夺区外投资的非理性竞争，走出"囚徒困境"的必然选择。而实际上，由于资源禀赋等的差异，中东部地区客观上存在着通过互利合作实现利益最大化的相互需要。只要能进行良好的信息沟通，建立双边或者多边的协商机制，实现产业的良性互动是完全可能的。

从我国发展的实践来看，地方政府为了协调相互间的关系，也往往倾

向于通过加强横向合作与联系而实现利益最大化，这种以经济协作为基础的地方政府间的横向合作，不仅有利于本地区经济的发展，而且有利于减缓地区间经济发展的不平衡，从而推动整个国民经济的发展。因此，要实现中东部产业互动的顺利进行，政府之间的合作是必不可少的，这也是弥补市场发展不足的必然选择。

14.2.2　弱化行政区划，完善区域合作协调机制

中东部地区之间的产业互动一直处在发展之中，从以前的单一模式发展到现在的多种模式。同时，问题也一直存在着，产业互动中既有合作也有竞争，如果在产业互动中不注意进行相应的协调，就会使得竞争过度，进而影响合作。因此，建立完善的区域合作协调机制势在必行。

区域合作协调机制的建立是实现我国中东部地区合作规范化、有序化的重要保证。国际上一般有两种方式：一种是具有制度性的协调机制，是凌驾于地方政府之上的具有某种政治权威的组织，授权于中央政府而对区域经济发展进行协调；另一种是非制度性的协调机制，是区域内各地方政府通过倡导方式成立的松散性的协调组织。当前我国中东部产业互动中的协调机制大多属于第二种形式，而且处于初级探索阶段，其运作成效并不十分明显，特别是在行政能力过强的政府条件下，这种合作协调机制在相当大的程度上很难摆脱地方政府的控制，或者在某些方面还得借助于地方政府的政治权威来推进合作协调的工作。客观上，中国各地设立的各种高层会议已构成区域合作协调组织的一部分，但大多数还流于形式，其机制发展还不完善，难以取得实质性的发展。因此，必须在弱化政府行政区划的基础上，使区域协调机制真正能够担当起协调的职能。

14.2.3　建立跨区域协调的法律制度框架体系

中东部的产业互动发展客观上需要有一定的法律框架作为基础。而在目前，产业互动各方合法权益的法律保障仍很薄弱。在现阶段，以有机协作和分工为基础开展跨地区产业组织合作的难度比较大，大型区域性基础设施项目的协同建设还很难落实。由于资金的来源、利益分配和征地拆迁退赔负担等地方利益协调难以落实，很多已经达成共识的较大规模的跨地区重要项目实现起来很有难度。这突出反映在铁路新建设和大型机场、港口的统一布局等方面，重复建设的问题依然存在。在产业转移和一体化发展方面，省内地区之间的合作计划比跨省的合作计划落实程度要高。因此，必须要建立协调地方关系的跨区域法律制度框架体系。

14.3　对东部地区的策略建议

东部地区要放眼全球，以积极的姿态迎接国际上的新一轮产业转移，引入更高技术层次的产业，促进本地的产业结构升级和战略性转移。目前，国际产业转移又面临新一轮高峰期，这一轮产业转移主要是以高技术水平为主的产业转移，高新技术产业、金融保险业、电信、信息、房地产业等将成为国际产业转移的重点领域，东部地区将以其良好的物质技术基础和得天独厚的地域优势率先承接这一产业转移，充分利用这一契机，加快产业结构、技术结构和产业结构调整的步伐，夯实基础产业，提升一般制造业，加快装备制造业的发展，提升产品、技术和产业的竞争力，同时不失时机地将原有的一些衰退性产业迁移到原料、劳动成本更低的内陆省份。另外，为了增强东部企业的国际竞争力，不能仅仅满足于承接国际上的产业转移，更重要的是积极培养具有产业创新能力的高技术人才和具有核心竞争力的跨国公司，只有这样，才能达到超越他人的目标；只有这样，东部地区乃至我国才能在世界上立于不败之地。

随着改革开放的深入，东部地区的劳动力成本和能源、土地价格上升很快，该地区的区位优势正在逐渐弱化和消失，特别是在那些劳动密集型产业和高耗能产业上，东部地区的竞争优势逐渐下降，经济效益也不断下滑。由于产业投资具有很强的市场选择性和微观效益性，所以产业发展必须遵循市场规律。中部地区的现状确实不如东部地区，而且这一现象在未来较长一段时期内也不会有所改变；而东部地区又必须进行产业调整，这就要求其必须尽快将不具有优势的产业转移出去，但如果仅依靠市场的力量来推动，则会因为政府、企业等的短视行为而受到阻碍，因此国家宏观政策的扶持和引导也是必不可少的。在宏观经济政策方面，主要是建立财税政策协调机制，避免因地方利益影响企业和经济要素的自由流动。

14.4　对中部地区的策略建议

在 2004 年《政府工作报告》中，温家宝总理指出："要坚持推进西部大开发，振兴东北地区等老工业基地，促进中部地区崛起，鼓励东部地区加快发展，形成东中西互补、优势互补、相互促进、共同发展的新格局。"温家宝总理明确指出，"加快中部地区发展是区域协调发展的重要方面。国家支持中部地区发挥区位优势和经济优势，加快改革开放和发展步伐，加强现代农业和重要商品粮基地建设，加强基础设施建设，发展有竞争力的制造业和高科技产业，提高工业化和城市化水平"。这充分表明促进中部崛起已经进入了国家经济发展的宏观战略之中。

14.4.1　承接东部的产业转移，完善自身发展的机制和条件

首先，中部要充分利用自身的区位优势和后发优势，积极主动地与东部进行合作，融入"长三角"、"珠三角"及环渤海湾经济区，承接海外和东南沿海的产业梯度转移，进而拓展中部崛起的有效空间。产业转移要与区域经济发展结合起来，形成产业发展和区域发展相协调的机制，在接受转移时有选择、有重点地审慎进行。东部地区在产业转移的过程中，由于受地方利益的驱动，可能把高能耗、粗加工、低技术、低效益和高污染的产业，或者一些市场风险很大甚至没有市场前途的产业，或者将已属于淘汰的设备、市场前景不好的产品转移出去，给中部的资源保护、环境保护及产业结构等带来负作用，最终导致中东部之间的差距不是缩小，而是进一步扩大。此外，中部的经济基础不是很雄厚，缺乏技术人才和管理经验，引进技术的消化能力低下，因此，中部地区产业的引入一定要慎重，不能因为急于求成而盲目引进。要对引进产业的可行性、市场前景、环境污染等进行评估分析，根据自身条件有计划、有步骤地合理引进，做到有所为有所不为，采取合理有效的对策，趋利除弊。

其次，加强中部六省之间的横向联合，避免在产业转移中出现"一头对多头"和恶性竞争。产业转移的价值盈余在转移双方中有一个分配问题，由于东部在产业转移中占有主动地位，具有更多的优势，因而会获得较多的价值盈余；中部地区由于急于获得东部地区的投资和技术，或由于是"一头对多头"的合作，在谈判中容易妥协，从而减少了中部的价值盈余。中部为了能在和东部的经济交往中获得对等的地位，应加强各地区之间的横向联合，而且由于中部各省区市的主导资源和资源组合有一定的差异，主导产品、资源加工方式不尽相同，所以具有可联合性。中部的联合在一定程度上可以避免"一头对多头"的产业合作，使中部在与东部的交往中拥有更多的主动权，增加中部获得的价值盈余。

最后，中部地区要采取政策措施有效改善投资环境，吸引东部生产要素西移和产业转移。在我国，外商往往投资于那些基础设施条件好、市场大而稳定、具有各种集聚经济效应的地区。通畅的交通网络，使东部地区对各种生产要素的集合能力更大，这不仅迎合了外商的全球战略，也增加了对内陆资金、人才的吸引力。因此，中部地区现阶段所要做的不仅包括加大对基础设施的投资力度，尤其是高效率的交通网络，充分发挥中部地区的区位优势，快速推进基于共同利益基础上的，包括市场、交通、金

融、旅游、科技、教育、社会诚信建设、公共基础设施建设等区域一体化进程，同时还应加强软环境的建设，譬如：①转变政府职能，全面提高政府的服务水平；②改革现行的劳动人事制度，使企业能在当地获得所需的熟练劳动力、专业技术人才及普通管理人员；③禁止任何单位以任何名义向企业进行摊派，为企业投资创造良好的社会氛围，等等。

14.4.2　发挥后发优势，实现反梯度发展

　　中部地区要实现经济赶超就必须发挥后发优势，同时要谨防出现"后发优势悖论"，即与东部地区之间的差距越来越大。中部地区要实现经济赶超必须有效利用后发优势，但东部地区也在利用其后发优势进行经济的"反赶超"。如果中部地区不能有效利用后发优势，可能陷入"后发劣势陷阱"，限制经济的进一步发展，最终导致赶超难以实现，甚至与东部地区的差距进一步扩大，这种现象又被称为"后发优势悖论"。中东部之间要谨慎对待，因为潜在低层次后发优势对高层次后发优势具有排斥性。由于受到人的认识能力和客观条件的限制，后来者往往首先利用低层次后发优势，而使更高层次后发优势的运用被延迟，从而使本来可以更快地赶上领先者的潜在优势不能得到发挥。例如，由于技术模仿后发优势更容易被认识和利用，这无疑增加了技术创新的机会成本，后发展地区有可能忽略技术创新后发优势，倾向于引进和改进发达地区的现有技术，而不注意培养和积累自身的技术创新能力，导致虽然能够实现经济"追赶"，但却无法完成"超越"，在原有的后发优势丧失后，由于失去增长动力而陷入停滞，从而使在追赶阶段与领先地区已缩小差距的再度扩大。

　　中部地区要谨防出现这种情况，后发优势的悖论性要求，中部地区在模仿利用后发优势进行发展的同时，要注意自身的积累，注意超前进行人力资本和社会资本投资，增强发展能力，注意发掘不易被认识的更高层次的后发优势，适时推进后发优势的提升，使后发优势不至于衰竭和丧失增长的动力。具体来说，就是要加强对于引进技术的消化吸收，并进行再研究，培养自己的科研队伍，转变在产业分工中的依附地位，使地区发展具有可持续性。

　　中部地区的经济发展非常重要，自古就有"得中原者得天下"的说法，中部的发展关系着我国经济发展的全局。中部地区承东启西、连南贯北的地理位置，决定了在国家进行西部大开发、振兴东北地区、深化东部改革的过程中，必须要实现"中部崛起"，保持中部的快速发展。中部发展滞后必然导致全局发展失去平衡，东西部间的发展也将受到阻碍。因此，必须加快中部地区的现代化发展步伐。

参 考 文 献

[1] 王先庆. 产业扩张. 广州：广东经济出版社，1989

[2] 周起业. 区域经济学. 北京：中国人民大学出版社，2003

[3] 亚当·斯密. 国民财富性质与原因的研究上卷. 北京：商务印书馆，1997

[4] 魏后凯. 现代区域经济学. 北京：经济管理出版社，2006

[5] 邓力平. 国际经济与贸易. 北京：科学出版社，2000

[6] 孙海鸣，赵晓蕾. 2003 中国区域经济发展报告. 上海：上海财经大学出版社，2003

[7] 赤松. 世界经济论. 东京：国元书房，1965

[8] Vernon R. International investment and international trade in the product cycle. Quarterly Journal of Economics，1966，(80)：190～207

[9] 保罗·克鲁格曼. 克鲁格曼国际贸易新理论. 北京：中国社会科学出版社，2001

[10] 迈克尔·波特. 国家竞争优势. 北京：华夏出版社，2005

[11] Porter M E. Locations，clusters，and company strategy. *In*：Clark G L，Feldman M P，Gertler M S. The Oxford handbook of economic geography. Oxford ：Oxford University Press，2000

[12] Keeble D，Lawson C，Moore B，et al. Collective learning processes，networking and "institutional thickness" in the Cambridge region. Regional Studies，1999，33 (4)

[13] Angel D P. Inter-firm collaboration and technology development partnerships within US manufacturing industries. Regional Studies，2002，36 (4)

[14] Meyer-Stamer J. Understanding the determinants of vibrant business development：the systemic competitiveness perspective. Draft Paper. www. mesopartner. com，2003

[15] 陈建军. 中国现阶段产业区域转移的实证研究——结合浙江 105 家企业的问卷调查报告的分析. 管理世界，2002，(6)：64～74

[16] 张可云. 区域大战与区域经济关系. 北京：中国轻工出版社，2001

[17] 戴宏伟，田学斌，陈永国. 区域产业转移研究——以 "大北京" 经济圈为例. 北京：中国物价出版社，2003

[18] 黎鹏. 区际产业的互补性优化整合——广西与澳门产业协同发展的双赢模式构建. 东南亚论坛，2003，(7)：67～71

[19] 刘秀丽. 中部崛起过程中承接产业转移的可行性分析. 科技情报开发与经济，2007，(18)：110，111

[20] 胡艳. 论我国区域经济合作的梯级推进形式. 乡镇经济，2004，(2)：36～38

[21] 任太增. 比较优势理论与梯度产业转移. 当代经济研究，2001，(11)：47～50

[22] 王怀民. 产业转移、产业升级与内地贸易中心的建立. 郑州航空工业管理学院学报，2006，(3)：45～49

[23] 陶希东. 跨省区域治理：中国跨省都市圈经济整合的新思路. 地理科学，2005，(10)：529～536

［24］孟庆红．区际合作与区际优势重组．财经科学，2000，(1)：66~70

［25］程瑶，刘志迎，张先锋．"中部崛起"的障碍性因素：基于波特范式的分析．改革与战略，2007，(1)：82~85

［26］刘贵富，赵英才．产业链：内涵、特性及其表现形式．财经理论与实践（双月刊），2006，(5)

［27］王小卫，蔡新会．东西部合作的市场条件分析．江苏社会科学，2003，(3)：91~96

［28］谢识予．经济博弈论（第二版）．上海：复旦大学出版社，2002

［29］江西国土资源厅．矿产资源储量登记统计资料．2008-07-30. www.jxgtt.gov.cn

第 四 篇

省域经济研究之一：河南
区域经济协调发展研究
——协调发展水平视角

第 15 章

区域经济协调发展基本理论

15.1 区域经济协调发展的理论背景

区域经济协调理论一直是区域经济学研究的核心问题之一，也是在世界各国经济发展过程中人们普遍关心的一个问题。区域经济协调理论的产生是区域经济发展理论内在逻辑演进的必然结果，是人们在实际经济发展过程中面临种种亟待解决的问题和矛盾的迫切需要。国内外学者对区域经济协调理论问题的研究，最早可追溯到 19 世纪 30 年代，但对此问题进行真正的系统研究大约是在 20 世纪中叶才开始的。比较著名的如 20 世纪 60 年英国经济学家博尔丁提出的所谓储备型、福利型和休养生息型的经济发展模式，即从传统的对资源过度开发的牧童经济过渡到具备储备型、福利型和休养生息型特征的宇宙飞船经济。[1]

对区域发展问题的研究，最早始于德国经济学家冯·杜能（J. H. V. Thunen）在其著作《孤立国》中提到的农业区位论，而真正对现代区域经济发展问题研究产生很大影响的理论成果则出现在 20 世纪五六十年代。现代区域经济学的研究对象一般包括区域活动区位、区域供应与需求、区域经济发展、区际经济关系和区域经济政策与管理五个方面。[2]其中，区域经济发展理论一直是区域经济学研究的主要内容。关于区域经济发展的基本理论，比较著名的有早期的古典区位论，近现代西方经济学的平衡增长理论和不平衡增长理论理论，其中，平衡增长理论主要包括赖宾斯坦（H. Leibenstein）的临界最小努力命题论、纳尔森（R. R. Neksen）的低水平陷阱论、罗森斯坦和罗丹（Rosenstein-Rodan）的大推进理论；不平衡增长理论包括弗朗索·佩鲁（Francois Perroux）的发展极理论、缪尔达尔（Myrdal，1957）的循环累计理论和赫希曼的区域增长传播理论；以威廉姆森（J. G. Williamson）的倒"U"形理论(reversed U-shaped theory)和阿郎索（W. Alonso）的钟形发展理论（bell shaped theory）为代表的区域阶段发展理论；以及罗默（Paul Romer）和卢卡斯（Robert E. Lucas）提出的区域分化理论，等等。

以上区域经济发展理论都贯穿了一个重要思想，即怎样更好地促进区域经济的协调发展。从各国经济发展的历史经验看，经济发展就是平衡增长与不平衡增长的对立统一运动的过程，从表面上看，这两种理论似乎是尖锐对立的不可调和的一对矛盾体，但实际上它们的差异只是表面的。平衡增长强调产业之间的相互依存和协调发展会带来的外部经济，着眼于投资结构的合理安排对经济发展的重要性，对于长期保持区域经济的协调有序发展无疑是正确的，但忽视了发展中国家在经济发展初期缺少实施平衡发展所必要的资本等要素条件，从而脱离了发展中国家和地区的实际情况。因此，在实际的经济发展实践中，无论是经济学家还是实际政策执行者，都强调在不同的经济发展阶段，可以通过选择不同的区域发展战略和区域投资政策来促进区域经济的协调发展。所以，在实际经济发展战略制定上，大部分国家和地区最终选择了平衡发展和不平衡发展相结合并交替轮换实行的经济战略。而区域经济发展阶段理论，如威廉姆森的倒 U 形理论和阿郎索的钟形发展理论都认为区域差异会随着经济发展水平而变化。在经济发展的最早阶段，区域收入差异呈现不断扩大的趋势，但发展到某一点后，区域收入差异又开始明显缩小。在经济起飞初期存在着较大的区域差距，此时完全靠市场的作用不能消除区域差距，必须进行政府干预，而当经济发展到成熟期时，产业基础和资源条件为平衡增长创造了条件，市场机制最终将消除区域差异，这实际上是一种有时间变量的不平衡发展理论，实质是平衡增长和不平衡增长的统一，其理论归宿还是追求区域经济的协调发展，只不过对市场机制在解决区域经济发展差距问题上的作用更推崇而已。

在实施区域经济发展战略的过程中，渗透着平衡增长和不平衡增长的观点，以及发展极理论、循环累计因果理论、中心－外围发展理论、区际增长传播理论、区域分化理论及不平衡发展对整个经济发展的重要性，但最终其理论和政策建议的落脚点还是回到了平衡发展的目的地，这也是区域经济发展的动态平衡，其最终目标就是我们所说的区域经济协调发展。

可以说，区域经济协调发展理论脱胎于经典的区域发展理论，它的产生反映了区域发展战略理论逻辑演进的必然结果，其产生是针对传统的区域不平衡发展理论在实践中导致的区域发展差距过大、区域经济增长利益不同步、区域系统内部要素不协调等矛盾和问题而提出的崭新的发展理论，是一种新型的科学的区域发展观。

15.2　区域经济协调发展的内涵

15.2.1　当前学术界对区域经济协调发展内涵的认识

我国区域经济协调发展这个概念的提出始于 20 世纪 90 年代初期。作为解决区域发展差异不断扩大这一现实问题而提出的经济协调发展战略，对于其实施的必要性和可行性，国内外学者已达成了广泛共识，并主要围绕着区域差距产生的原因和区域经济协调发展的标准及实现的思路等展开了大量的研究。然而到目前为止，学术界对区域经济协调发展内涵的定义还没有统一明确的概念，对于区域经济协调的相关概念的表述也不一样。区域经济协调发展这一概念经常被人运用，也常见诸于报端与各类学术作品中，但其真正含义却很少有人探讨，似乎是"不言自明"，也或者是"心照不宣"。[3]系统论认为，无论区域怎样划分，也无论区域范围的大小，区域经济都是整个国民经济的子系统或组成要素，所以对系统协调分析的方法也可以运用到区域经济中，这改变了以往单纯从区域差异和可持续发展等角度论述区域经济协调发展的局面。正因为协调发展的内容很多，所以不同的学者和研究人员会从不同的角度去理解区域协调发展。蒙少东认为，当前学术界对区域经济协调发展定义的研究根据侧重点不同可分为以下几种：一是以人为中心的社会属性观点，突出人的生理需要；二是世代伦理观点，强调经济发展应符合世代伦理；三是约束性观点，强调环境对经济与人口增长的约束。并认为尽管学术界对协调发展定义不一，但实质是一致的，即区域经济协调发展既是区域内部以及不同区域之间的自然资源、环境与人类对其开发利用的一种平衡，也是区域生态系统与经济系统之间的动态平衡。[1]以下是笔者认为国内具有代表性的对协调发展的内涵的表述。

一种是把区域经济协调发展看做是一种发展过程和状态，侧重于区际联系之间的经济协调，强调发展中的协调性和持续性，如张敦富和覃成林[4]认为，区域经济协调发展是区域之间在经济交往上日益密切，相互依赖上日益加深，发展上关联互动，从而达到各区域的经济持续发展的过程，其实质是实现共同发展。对于这一全新的区域经济发展观念和战略，应该从以下几个方面去正确、全面地把握：首先，区域经济协调发展的目的和核心是实现区域之间经济的和谐发展、经济发展水平和人民生活水平的共同提高，以及社会的共同进步；其次，实现区域经济协调发展的基本方式是促使区域之间在经济发展上形成相互联系、关联互动、正向发展，可以把区域之间在经济利益上是否同向增长，经济差异是否趋于缩小作为检验的标准。应该说这是目前被较为普遍接受的观点。持类似观点的还有王文锦[5]、吴继英等[6]。

陈秀山[7]认为，区域协调发展是一种强调坚持均衡发展与非均衡发展相结合的动态协调发展战略，其对区域协调发展内涵的表述在实质上与张敦富等一致。对区域协调发展的科学含义还可以从广义和狭义两个层次界定，从广义看，区域经济协调发展是相对于区域平衡发展和不平衡发展来说的第三条区域经济发展战略，也就是赫希曼主张的"有控制的不平衡"发展战略；从狭义理解则是如何从效率与均衡的关系角度来分析并设计区域经济协调发展模式。[8]

另一种是冯玉广和王华东[9]从区域系统发展的角度认为，区域经济协调发展是指区域人口、资源环境、经济和社会系统（即 PRED 系统）中诸要素和谐、合理、效益最优的发展。区域系统协调发展中的"协调"表明区域系统内部要素的结构关系、效益关系，"发展"表明区域系统内部要素的量变关系、质变关系。[10]从系统角度定义区域协调发展是一个新方向，反映了对协调发展内涵认识的深化和更加全面完整。

另外，还有把区域协调发展定义为区域内部的和谐与区域外部的共生，认为区域协调发展是内在性、整体性和综合性的发展聚合，并指出区域的整体协调发展是一个全面的目标，包括区域内部各个要素系统在不同地域空间上的协调发展和区域作为一个利益整体对外与不同利益主体之间的协调发展。[11]这种观点把区域内部要素之间的协调和区域外部即各区域之间的协调联系起来，持类似观点的还有全海娟。[12]

15.2.2 本书对区域经济协调发展内涵的界定

科学地界定区域经济协调发展的内涵是进行区域协调发展状况评价的前提，对区域经济协调发展内涵进行界定，一个首要问题是弄清何为协调发展。按照《辞海》的解释，发展是"事物由小到大，由简到繁，由低级到高级，由旧质到新质的变化过程"。由此可知：第一，发展的主体具有多样性；第二，发展强调一种动态性，其中既有量的变化，也有质的变化；第三，发展的结果具有不确定性，可能不符合人们的良好愿望。[10]协调本身就有"和谐一致，配合得当"的意思，它描述了系统间或者系统内部各要素的良好搭配关系。由于系统处于动态变化中，因而系统间或者系统内部要素之间的关系也处于不断调整中。[13]从系统优化的角度看，协调和优化的目标是一致的，其实质就是寻求满足各子系统的最优比例关系，达到系统的综合优化。由于协调发展是社会愿意承受其非均衡代价并可实现的最大幅度的经济发展，所以它既是一个最优化状态，也是一个主观心理感受的结果。从系统演化的角度看，系统组织亦是子系统之间或系统要素之间相互作用、相互关联的一个动态演化过程。从协同的角度看，协调是系统组成要素之间在发展过程中彼此的和谐一致性，协调作用和协调程度决定了系统在达到临界区域时走向何种时序与结构，或称为决定了系统由无序走向有序的趋势。因此协调又表现为一种状态，同时具有时间和空间两维性。协调发展不是平衡发展，其目的是实现从不平衡到平衡再到新的不平衡和新的平衡，没有发展的协调，就没有发展本身。协调不等同于发展，但协调的本质是为了发展。协调追求的是系统整体最优，协调发展是对经济发展概念的进一步深化，区域经济协调发展就是追求区域经济发展的整体最优。

区域经济协调发展观本质是一种动态的和谐发展观，其目的是实现经济社会又好又快发展。对经济协调发展内涵的理解包括系统和空间两个层面，所以作为以追求区域经济发展最优为目标的协调发展，应该包含两个方面的含义：一是区域系统内部各个要素或变量实现发展上的优化，具体就是经济子系统与人口、社会、资源环境和科技教育等子系统之间实现发展上的和谐、结构上的合理和总效益的最优；二是区域之间在经济发展上形成相互联系、关联互动、正向促进的机制，从而实现区域间的合作与良性发展，促使区域间经济利益保持同向增长，区域之间经济差异趋于缩小。之所以强调经济协调发展，只是为了突出经济发展在促进协调发展中的作用。

结合相关研究者[14,15]对于区域经济协调发展目标的学术研究，笔者从系统论和科学发展观的角度，认为区域协调发展的目标可具体分解为五个方面的内容：

第一，区域是一个开放系统，任何区域都不能单独达到理性和最优目标，须与周边地区协同发展、互惠互利，否则将发生区域间的制约作用，而不能走向良性循环。

第二，实现区域经济子系统与人口、资源、环境子系统发展的动态协调，形成协调、和谐的发展模式。尽管各子系统的性能和特征不一、重要程度不一，但对于区域经济的整体发展都是不可或缺的，无论忽视哪一项都会对区域经济的整体发展造成严重的不协调，每个子系统功能的衰弱或残缺都会影响区域整体水平的发挥。

第三，实现区域经济发展中的区域分工和产业结构协调。在区域经济发展过程中，必须注意区域内外三次产业发展速度和比例的相对协调，同时推进区域产业结构的高级化，形成合理的区域分工，改变目前区域产业结构失衡与同构现象严重的局面。

第四，消除区际壁垒，实现各地区人口、资本、技术等生产要素的自由流通，畅通无阻，建立全国统一的大市场。

第五，实现区域经济发展和社会发展相协调，各地区城乡居民可支配收入及享受基本公共产品和服务的人均差距能够被限定在合理范围内。坚持科学发展观的要求，改变经济发展一条腿长、社会发展一条腿短的局面，这是实现和谐社会的重要目标。

15.3　区域经济协调发展理论的基本类型

区域经济协调发展理论的产生作为区域经济发展理论逻辑演进的一个必然结果，其理论基础主要有区域间经济发展关系理论和区域系统理论，此外还有地域分工理论、区际关系理论。限于篇幅，本书只对前两种主要理论作一简单的介绍和评述。

15.3.1　区域间经济发展关系理论

区域间经济发展关系理论的基础是区域均衡发展（balanced growth）理论与区域非均衡发展（unbalanced growth）理论。区域经济发展关系理论在 20 世纪 50 年代初产生于西方，平衡与不平衡发展是始终贯穿区域发展理论演变过程的一个主题，它同西方经济学中的平衡与不平衡增长密切相关，前者侧重于企业结构和组织结构，后者侧重于经济结构的转变。实际上两者是融为一体不可分离的，经济结构的产生与转换总是落实在具体的区域中，区域结构的改善和发展也离不开经济结构变化这一途径。

1. 区域均衡发展理论

赖宾斯坦的临界最小努力命题。赖宾斯坦认为，不发达经济中存在着人均收入提高的趋势，如通过要素投入促进经济增长；也存在着相反的趋势，如人口无限地增加。如果要想使区域经济获得增长，就必须使投入能够足够大，克服相反的趋势带来的影响。赖宾斯坦认为应当有一个临界点，如果突破这个临界点，区域经济就能够增长。

纳尔森的低水平均衡陷阱理论。此理论说明发展中国家存在低水平人均收入反复轮回的现象。不发达经济的痼疾表现为人均实际收入处于仅能够糊口或接近于维持生命的低水平均衡状态；很低的居民收入使储蓄和投资受到极大限制；如果以增加国民收入来提高储蓄和投资，又通常会导致人口增长，从而又将人均收入推回到低水平均衡状态中，这是不发达经济难以逾越的一个陷阱。在外界条件不变的情况下，要走出陷阱，就必须使人均收入增长率超过人口增长率。

纳克斯的贫困恶性循环理论。纳克斯则是从需求与供给的关系方面来论证同一个问题的。不发达地区的低收入意味着低储蓄率，低储蓄率则意味着资本形成不足，于是生产率低下，而这又造成低收入，这是从供给的角度看的。如果从需求的角度看，低收入则购买力低，低购买力无法吸引资本的进入，投资不足则生产率难以提高，而这又会引起低收入，如此形成恶性循环。

此外，还有罗森斯坦－罗丹的大推进理论。[16]

2. 区域非均衡发展理论

二元经济结构理论。1957 年，经济学家缪尔达尔（Myrdal，1957）提出了"地理上的二元经济"概念和"二元空间结构"理论。这种理论认为，发展中国家在区域经济发展中的一个基本特征是地理上的二元经济，即经济发达区域和欠发达区域并存的二元结构。产生这种二元经济的原因在于各地区经济发展的差别性，主要是区际人均收入工资水平和利润率都是大致相同的，而且生产要素可以自由流动。这种不平衡发展到一定程度，就会使区际经济发展人均收入工资水平和利润等产生差距，这种差距的产生会进而引起"累积性因果循环"，产生"马太效应"，使发展快的区域发展更快，发展慢的区域发展更慢，从而逐步增大区际经济差距，形成区域性的二元经济结构。缪尔达尔进一步指出，在循环累积的因果作用中，从发达区域与不发达区域、核心区与边缘区的相互作用来看，存在着两种不同的效应："扩散效应"（spread effect）和"回波效应"（back wash effect）。扩散效应表现为各生产要素从核心发达区域向不发达区域流动，使区域发展差异得到缩小；回波效应表现为各生产要素从不发达区域向核心发达区域流动，使区域经济发展差异不断扩大。在市场机制的作用下，回波效应远大于扩散效应，即发达区域更发达，落后区域更落后。因此，如果没有政府的干预，区域经济发展的差距将不断扩大。

艾伯特·赫希曼指出增长即对区域经济发展的两种影响："极化效应"（polarized effect）和"涓滴效益"（trickling-down effect）。在经济发展初期，极化效应居主导地位，会扩大区域经济发展差异；但从长期来看，涓滴效应将缩小区域经济发展差异。他认为"通过涓滴效应和极化效应显示的市场力量，如果导致极化的暂时占优势，那么周密的经济政策将会应运产生，以改变状态"。

弗里德曼的中心－外围理论，在考虑区域不平衡较长期的演变趋势基础上，将经济系统空间结构划分为中心和外围两部分，二者共同构成一个完整的二元空间结构。中心区发展条件较优越，经济效益较高，处于支配地位，而外围发展条件差，经济效益较低，处于被支配地位。因此，经济发展必然伴随着各生产要素从外围区向中心区的净转移。在经济发展的初始阶段，二元结构十分明显，最初表现为一种单核结构；随着经济进入起飞阶段，单核结构逐渐为多核结构替代；当经济进入持续增长阶段，随着政府政策的干预，中心和外围的界限会逐渐消失，经济在全国范围内将实现一体化，各区域优势得到充分发挥，经济获得全面发展。[17]

另外，还有以弗农等的产品生命周期为理论基础的区域经济发展梯度转移理论。

15.3.2　新经济地理理论中的区域发散理论

该理论兴起于 20 世纪 80 年代，它从运输成本、聚集经济、人力资本、外部性、递增收益、技术扩散等角度对影响区域经济发展的要素进行了全方位的探讨，提出了区域间经济发展趋势或区域发散的观点。该理论认为，资本、劳动等经济要素的自由流动及流动方向除受由稀缺性决定的价格影响外，还受市场环境、文化背景等其他因素的影响。例如，影响劳动力流向的主要因素除工资待遇外，流入地与流出地之间的文化差异、流入地的社会环境等因素也起很重要的作用；资本的流向也并非总是从剩余地指向稀缺地，由产业集聚所产生的收益递增有可能会使产业停滞在产业比较发达的资本剩余地。因此，要素的自由流动并不会自动纠正区域发散趋势，亦即不能自动纠正区域间发展的差距，政府的政策和制度会影响要素的流动方向，政府必须制定区域经济协调发展政策才能缩小区域发展差距。[18]

15.3.3　区域系统理论

系统这一概念是人们在长期的社会实践中形成的，但它作为一个科学的概念进入科学领域是 20 世纪 20 年代以后的事情。系统动力学的创始人福瑞斯特（W. Jay Forrester）在《系统原理》一书中认为，"系统是为一个共同的目的而一起运行的各部分的组合"。我国学者邹栅刚提出了一个系统的概念，即"系统是由两个以上可以相互区别的要素构成的集合体"[19]。

系统理论把特定环境中多个相互联系、相互影响的要素组成的具有相应结构和功能的要素集合看成一个有机整体。系统理论有如下原理[19]：第一，整体性原理。强调要素与系统之间是一个整体，不可分割；要素与环境及各要素之间相互联系、相互影响，使系统呈现出各单一要素所不具备的"整体功能"，从而表现出"整体大于各个部分之和"的新境界；要求人们从系统整体及其整体运动规律层面去认识、考察和把握一个系统及其分要素和子系统。第二，联系性原理。强调系统内部各要素之间的联系，并通过这种联系与相互作用来实现其整体功能并体现其整体属性；强调系统与外部环境之间的联系，并认为一定的环境是系统得以存在、发展和发挥其功能的重要条件，且系统在和外部环境相互联系的作用过程中必然会发生物质能量和信息的交换；要求人们以普遍联系的观点和方法去认识、考察和把握一个系统及其分要素和子系统。第四，调控性原理。认为系统的稳定性是系统存在的基本条件，而系统的这种稳定性是通过调节控制实现的，任何有序的稳定性系统都具有自我调节、自我控制能力。第五，最优化原理。认为达到最优（功能最优）是系统理论的根本目的，要求在动态中协调整体与部分之间的关系，使整体功能达到最优，同时也包括系统结构形态最优、运动过程最优和性质最优。[20]

从系统论的观点来看，世界上的任何事物都可以被看做是一定的系统，而任何事物都以这样或那样的方式包含在某个系统之内，系统是普遍存在的。一般来说，大系统可分为若干子系统，子系统又可再分为更小的子系统，如此等等。按照钱学森对系统的分类，系统可分为简单系统和巨系统两类，前者又可分为小系统和大系统两类，后者又可分为简单巨系统和复杂巨系统两类。各区域由于处于相互依赖之中而形成系统，使区域间经济不可能独立地发展，而必然地彼此依存和相互联系。同时，各区域之间不仅是相互依赖的，而且都处于其上一级区域所构成的系统整体之中。在这样的系统整体里，所有区域都已成为其上一级的子系统，即把一个区域看做一个系统，则其第二层次上的区域单元就是其子系统。[3]

15.4 目前区域经济协调发展评价指标体系 及其模型评述

15.4.1 区域经济协调发展评价指标体系及其模型评述

区域经济协调发展综合评价指标体系是衡量区际间经济协调发展，监测各种经济问题的重要手段，它集评价、分析、监测多种功能于一体，在经济领域中有着广泛的应用。[21]定量化评价研究方法就是通过建立区域经济协调发展模型和指标体系，并通过计算区域经济协调发展程度的指标数值的大小来判断协调度的研究方法。

韩兆洲博士[22]在参照国内外经济社会综合评价指标体系标准要求的基础上，结合中国的实际情况从经济水平与经济结构、科技进步与人口素质、社会发展与居民物质生活、生态环境与自然资源等四个方面精选了16个指标，构建了反映全国区域经济协调发展的综合评价指标体系。他采用层次分析法确定指标权重，采用加权算术平均法对1998年全国31个省（自治区、直辖市）的统计指标进行综合计算排序，并在此基础上进行了总体目标评价和类目标评价分析。这被认为是我国区域经济协调发展状况评价方面比较早的专门研究。

目前，对经济协调发展状况评价的研究主要采用单指标评价法和多指标评价法。根据对区域经济协调发展内涵的界定不同，单指标评价主要是对传统的 GNP、GDP、NI 及相应的人均指标等经济指标作重要修正，从区域经济差异和区域经济联系等方面来界定区域经济协调发展内涵，重新增加一些能充分反映区域经济协调发展的新指标。多指标即指标体系评价法主要分为以下两种：一是从区域发展差距入手，从经济水平与经济结构、科技进步与人口素质、社会发展与居民物质生活、生态环境与自然资源等方面选取一整套新的指标体系；二是从系统论的角度，把区域经济发展系统划分为人口、经济、社会、资源环境等几大系统之间相互联系、综合的可持续协调发展指标体系，以取代现行的 GNP、GDP 和 NI 等指标体系。评价方法主要有回归分析法和主成分分析法两种，评价结果多采用对线性加权的结果计算协调度来判断区域经济协调发展水平。

蒙少东博士[1]根据对区域经济协调发展内涵的理解，把描述区域经济协调发展水平指标分为区域经济发展差距指标、区域社会发展差距指标和区域资源与环境发展差距指标三大指标，初步选取了共300多个单项指标作为备选指标，从中央和地方政府相关职能管理部门、全国部分高校挑选 35 名相关专家组成专家小组，按照德尔菲（Delphi）法的调查程序，通过三轮问卷调查和专家评价，最后筛选淘汰为三大类共 100 个单项指标构成区域经济协调发展指标体系。通过设计东中西区域经济协调发展的总体水平 $Q = \sum_{i=1}^{100} W_i s_i$（$w_i,s_i$ 指指标体系中第三级指标的权重和指标值，Q 值越大，说明区域经济越协调），经过计算认为直到 2002 年，我国区域经济协调发展水平仍然很低（$Q = 50.07$），并指出在未来相当长一段时间里，缩小区域发展差距、促进区域经济协调发展的任务还相当繁重。

彭荣胜博士[3]认为区域经济协调发展应具备四个方面的标志，即区域之间经济联系日益密切、区域分工趋向合理、区域经济发展差距保持在一定的"度"内且逐步缩小，以及区域经济整体高效增长，并根据其对协调发展内涵的理解选取了衡量协调发展状况的指标。他认为经验资料和理论分析表明，从长期看区域经济一体化有利于缩小区域之间的发展差距，在区域经济发展过程中，伴随着区域经济绝对差异的增大，区域发展速度往往会相应地提高，当差异达到某一点时，发展速度达到最大。作为区域经济协调发展评价的指标，区域经济一体化、区域经济发展差距和区域经济整体发展速度不存在相互替代的关系，且相互补充、缺一不可。设区域经济协调发展评价的三项指标，即区域经济一体化程度（以区域市场一体化衡量）、区域经济发展差距程度与区域经济整体发展速度分别为 E_1、E_D 和 E_V，据此建立区域经济协调发展评价的数学模型，如下式：

$$M = \{E_1 \cdot E'_D \cdot E_V\}^{1/3}$$

式中，M 为协调度；E_1 为区域经济一体化程度（作者采用相对价格方差来表示）；E'_D 为 E_D（区域经济发展差距程度，用加权基尼系数来表示）的逆指标，E_V 为区域经济整体发展速度。彭荣胜博士还认为评价区域经济发展是否协调是相对的，即协调程度或协调的程度并没有绝对的标准，"协调"总是相对于"不协调"而言的。他还给出了区域间协调度的评价标准。

采取系统的思想将经济社会大系统划分为几个子系统建立指针体系来评价。采用这种方法的论文有多种名称，如区域经济协调发展、区域经济协调度和区域经济系统协调发展等。这主要表现为对区域协调发展内涵的理解不同，尽管名称各异，但都从一个方面评价了区域协调发展水平，本书将这类评价方法归入系统思想评价法。

吴继英和赵喜仓[6]采用对经济社会大系统"四分法"，本着社会系统是条件、经济子系统是基础、科技子系统是动力、环境子系统是保障的基本思路，构建由社会－经济－科教文化－生态环境四个子系统共17个指标匹配组成的协调发展状况指标体系，采用突出局部差异的均方差方法确定权重系数，采用线性加权模型对2001年江苏省13个城市的区域经济协调发展状况作了评价与分析。全海娟[12]根据区域经济协调发展理论，按照对经济社会大系统"三分法"，即社会发展－经济发展－生态系统的思路建立指针体系框架，根据系统原理运用目标层次分析法来选取目标，分为目标层、准则层、子准则层和指标层，其中准则层包括经济子系统、社会子系统和生态子系统，子准则层包括经济水平指标、经济结构指标、经济效益指标、经济外向性指标、人口发展指标、科教水平指标、基础设施指标、资源利用指标和环境发展指标共8个指标，指标层则包括40个细分指标，指标涵盖较全面；并采用综合主成分分析法、总和合成和聚类分析等方法建立评价模型，将我国国民经济的重要增长极——长江三角洲地区作为实证研究对象，对该地区的经济协调发展情况作了全面系统的评价分析，最后提出相应的对策思路。采用经济社会大系统划分法的还有曹洪峰[22]、张维群[23]等。

汪波和方丽（2004）[24]根据协调度的概念，采用经济社会功能团划分方法，建立包括经济子系统－人口子系统－社会子系统－资源环境子系统－科技教育子系统五个方面共50个指针的区域经济发展协调度评价指针体系，运用层次分析法，综合专家和当地政府职能部门官员的意见，确定各指针在计算所属功能团数值时的权重。根据协调度公式 $B = 1 - S/Y$（其中，Y 为 n 个功能团所得数值的平均值，S 为其标准差。B 越大，说明各功能团所代表的各个子系统之间配合得越好，即协调度越好；反之亦然）计算具体的协调度值，并以广西柳州鱼峰区区域经济发展为例进行了实证研究。刘志亭和孙福平[25]提出了能源－经济－环境（3E）协调度的概念，建立了协调度数学模型。他们将该模型指针结构分为三个层次，即协调度指标、分类指标和具体指标，其中分类指标由五个指标组成，分别是总量指标、结构指标、增长指标、效益指标和地区相对指标；采用专家咨询法与德尔菲法相结合，分别对能源协调度、经济协调度和环境协调度分类指标权重。他们还提出了协调度评价标准：把协调度度量用［0，1］表示；协调度为1表示完全协调；协调度为0表示完全不协调；协调度处于0～1，则表示部分协调，或者称为协同。

此外，张大为等[26]、李勇[27]等也基于经济发展与人口社会资源环境系统的关系协调进行了分析。

15.4.2　其他相关评价研究

区域经济协调发展是一个涉及区域社会经济发展、技术进步、生态环境、区域规划等多领域的多目标、多因素、多层次的复杂适合经济系统，我们在构建区域经济协调发展评价指针体系模型时，可以借鉴其他一些相关和相似的评价研究，如区域差异、区域可持续发展和环境承载力等方面的相关评价研究成果。

对于区域可持续发展的评价研究，如联合国可持续发展委员会（UNCSD）的可持续发展指标体系，该指标体系由社会经济环境和制度等四大系统按驱动力（driving force）、状态（state）、响应（response）模型设计的含 25 个子系统共 142 个指标构成，是目前较有影响且得到广泛应用的可持续发展评价工具。此外，还有英国的可持续发展指标体系[28]、中国科学院的可持续发展指标体系[29]、申玉铭和班武奇[30]提出的山东半岛区域协调指标体系。对区域可持续发展评价方法和模型有模糊综合评价方法、多维灰色评价模型、功效函数法、功效系数法、递阶多层次综合评价线性加权和主成分分析法、回归分析等模型。

关于区域经济差异的研究，具有代表性的研究学者有覃成林、张敦富、魏后凯、胡鞍钢、林毅夫等，另外，刘传明等[31]、金宝石等[32]、冯旭芳等[33]分别对地区区域经济差异作了测算和评价。可以说他们测算区域差异的方法大体一致，这表现了该研究领域的日渐成熟。总结以上学者的研究方法，采取的统计方法有变异系数（V）、加权变异系数（VW）、基尼系数（G）、极差（R）、极值差率（I）、标准差（S）、泰尔系数（TTeil）、偏态系数（Ct）、洛伦茨曲线等。不同学者采用了不同的方法，可能是一种或两种方法的综合，也可能是多种方法。近年来，还有学者尝试用新方法测度区域经济差异，如对基尼系数进行分解，采用加权变异系数对地区产业或部门构成进行分解等。相信随着研究的深入，区域差异指标体系的构建将更加成熟，评价方法会越来越多，精确性也会大大增强。

15.4.3　现有区域经济协调发展指标体系及评价模型存在的问题

目前，比较流行的区域经济协调发展指标体系应涵盖包括经济指标、生态环境指标和社会发展指标的三大类分指标体系，可以通过多元综合指标体系和协调度等方法进行研究。尽管目前已提出了许多指标体系，但就这些指标体系本身来看，主要偏重于对可持续发展水平和区域差异水平的衡量与评价，仍存在不少问题。主要表现在以下方面：一是为追求指标的完备性不断提出和增设新指标，使指标种类和数量越来越多；二是缺乏科学有效的定量筛选方法，大多依靠评价者自身的主观经验，因而在指标的比选上存在很大的随意性和指标体系覆盖不全、指标间信息重叠等问题。[1]另外，还有一个问题就是评价方法越来越复杂，这影响了其推广应用。

第16章

河南区域经济发展特征描述

16.1　地理概况与经济区域划分

区域有三大基本类型，如自然区、行政区和经济区。经济区域是指由人的经济活动所造成的，具有特定区域构成要素的不可无限分割的经济社会综合体，由经济中心、经济腹地和经济网络构成。与"地区"相比，"经济区域"更具有自然经济含义，界限比较模糊，经济功能的发挥主要通过经济发展的客观联系来实现；而"地区"主要兼有行政区域的含义，界限比较清楚，经济功能的发挥往往通过行政手段和政策功能来实现，并在历史再造的基础上比较有序地展开。所以地区也是一种经济区域，因此，在使用中人们往往不区分"经济区域"和"地区"这两个概念。本书沿用此例，对二者不作精确区分。

河南位于中国中东部、黄河中下游，界于北纬 31°23′～36°22′，东经 110°21′～116°39′，东接安徽、山东，北接河北、山西，西接陕西，南临湖北，呈望北向南、承东启西之势。因古时为豫州，故简称豫。河南的地理位置优越，古时即为驿道、漕运必经之地，商贸云集之所。今天，河南地处沿海开放地区与中西部地区的结合部，是我国经济由东向西推进梯次发展的中间地带，京广、京九、焦柳与陇海、新菏等铁路在境内交汇，形成三纵四横的铁路网；高速公路中，京深和连霍一纵一横经过河南，全国光缆干线"八纵八横"中有"三纵三横"经过河南，是全国重要的铁路、公路大通道和通信枢纽。国家提出促进中部崛起，河南独特的区位优势必将使其发挥更大的作用。河南的国土面积为 16.7 万平方千米，居全国各省（自治区、直辖市）第 17 位，约占全国总面积的 1.73%；全省常用耕地面积 10 801.77万亩。地势基本上是西高东低。其北、西、南三面分别为太行山、伏牛山、桐柏山，大别山沿省界呈半环形分布；中、东部为黄淮海冲积平原；西北部为南阳盆地。平原和盆地、山地、丘陵分别占总面积的 55.7%、26.6%、17.7%。截至 2001 年底，全省辖 17 个省辖市，1 个省直管市，21 个县级市，48 个市辖区，89 个县，2123 个乡镇，4.80 万个行政村。省辖市为郑州、开封、洛阳、平顶山、安阳、鹤壁、新乡、焦作、濮阳、许昌、漯河、三门峡、南阳、商丘；省辖地区为周口、驻马店、信阳，省直管市为济源市。

2003 年 8 月，河南省政府通过了《河南省全面建设小康社会规划纲要》[34]，将全省 18 个省辖市划分为四大经济区，分别为中原城市群地区、豫北地区、豫西和豫西南地区、黄淮地区。其中，中原城市群是以郑州为中心，包括洛阳、开封、新乡、焦作、许昌、平顶山、漯河、济源在内的城市密集区，豫北地区包括安阳、鹤壁、濮阳三市，豫西地区为三门峡市，豫西南地区为南阳市，黄淮地区包括驻马店、商丘、周口和信阳市。本书对河南省经济区域的划分将以此为准。

16.2 河南区域经济发展现状

经济学家艾伯特·赫希曼早在 20 世纪 70 年代就提出了著名的“木桶原理”：木桶由几块木板箍成，它的盛水量是由这几块木板共同决定的，若其中有一块很短，则这个木桶的盛水量就被这块短板所限制，其他板块再长也是没有用的，只有加长这块短板，才能增加木桶的盛水量。这一原理生动地揭示出在经济发展这一层面上局部与整体的关系。[35] 从河南省的实际情况来看，全省经济好比一个“木桶”，18 个地市好比 18 块“木板”，实现全面小康目标不是由那块最长的“木板”决定的，而是由那块最短的“木板”决定的，区域经济发展的不平衡程度直接影响到区域经济的协调发展状况。

河南 2006 年的国内生产总值突破 12 万亿大关，达到 12 495.97 亿元，全省经济进入一个工业化和城市化加速发展的关键时期。河南省的地理位置自北向南依次划分为豫北地区、中原城市群地区、豫西豫西南和黄淮地区。其中，中原城市群区域以郑州为中心，是全省经济综合实力最强的地区，这里的郑州、洛阳、焦作以及豫北地区的安阳、新乡等是河南最重要的工业城市，而中原城市群的焦作和平顶山，以及豫北地区的鹤壁和安阳构成了河南重要的煤炭和化工基地。而豫西豫西南的三门峡、南阳由于人口众多，工业基础落后，地理位置相对封闭，经济发展一直较慢。黄淮地区的驻马店、商丘和周口由于历史上黄河和淮河多次改道造成地表黄沙覆盖严重，故土地贫瘠，工农业基础都较薄弱，信阳市经济实力在黄淮地区较强一些，但与豫北地区和中原城市群地区相比还有相当的差距。

从各地市的情况来看，根据图 16.1 和图 16.2 可知，2006 年河南省国内生产总值居前十位的地市中，中原城市群地区和豫北地区占了八席，而豫西豫西南和黄淮地区只有南阳和周口入选。GDP 总量最高的郑州市为 2013.48 亿元，其人均 GDP、城镇居民人均可支配收入及农民人均纯收入也最高，分别达到 11 822 元和 5550 元，而周口市三项指标的排名均居于最后，郑州市三项指标分别是最后的周口市的相应人均值的 4.9 倍、1.6 倍、2.1 倍。人均 GDP 居全省前十位的除了三门峡外，全部来自豫北和中原城市群地区，其平均水平均超过或者接近全省平均水平（13 313 元），后十位的地市除去开封市外，全为豫西南和黄淮地区的地市，其人均 GDP 大大低于全省平均水平，其中周口不足全省平均值的一半，人均值为 6298.7 元。在城镇居民可支配收入和农民人均纯收入的相应实际值和排名方面，除去三门峡外，位于前十名的地市均来自豫北地区和中原城市群地区，并且豫西和黄淮地区大部分地市的平均值低于全省平均水平。

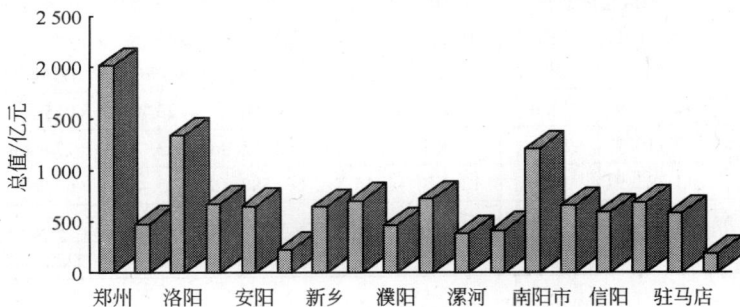

图 16.1 2006 年河南省各地市国内生产总值

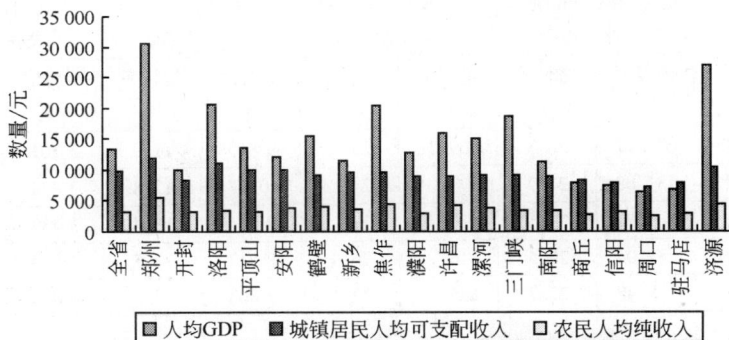

图 16.2 2006 年河南省各地市居民生活水平状况

资料来源：图 16.1 和图 16.2 根据《河南省统计年鉴 2007》相关数据整理汇集而作

从四大经济区域情况来看，由表 16.1、表 16.2 和图 16.3 可知，中原城市群地区和豫北地区的面积占全省总面积的 44%，人口占总人口的近50%，经济总量占全省的近 77%；豫西豫西南和黄淮地区的面积占全省的56%，人口占 50% 以上，其地区生产总值还不及全省的 1/3；特别是黄淮地区，其面积比重（33%）与中原城市群地区面积（35%）基本相当，人口比重为近 36%，仅比后者低 4 个百分点，而地区生产总值比重仅为后者的 1/3，人均 GDP 相当于全省平均水平的一半，而最高的中原城市群的人均 GDP 却是全省平均水平的 1.35 倍。从增长率上看，中原城市群地区和豫北地区生产总值增长率分别超过全省平均水平的 1.1 和 1.7 个百分点，而豫西豫西南地区与全省平均水平基本持平，黄淮地区则低于全省平均水平 1.4 个百分点，并且各地区人均 GDP 增长率也大致如此分布，中原城市群地区和豫北地区的增长率不仅高于豫西豫西南和黄淮地区，也高于全省平均水平。

表 16.1　2006 年河南省四大经济区域主要经济指标（A）

区域	地区生产总值		人均生产总值		规模以上工业增加值		粮食产量	
	绝对值/亿元	增长率/%	绝对值/元	增长率/%	绝对值/亿元	增长率/%	绝对值/万吨	增长率/%
全省	12 495.97	14.4	13 313	13.7	4 150.6	23.4	5 055	10.3
中原城市群	7 116.77	15.5	18 064	14.9	2 652.96	23.7	1 774.45	11.7
豫北地区	1 323.91	16.1	12 753	15.5	588.46	23.4	622.19	13.3
豫西豫西南	1 615.2	14.4	12 431	13.9	474.56	24.1	587.63	14.1
黄淮地区	2 488.99	13.1	7 070	12.5	471.57	23	2322.36	16.5

表 16.2　2006 年河南省四大经济区域主要经济指标（B）

区域	地方财政一般预算收入		人均地方财政一般预算收入		城镇居民人均可支配收入		农村居民人均可支配收入	
	绝对值/亿元	增长率/%	绝对值/元	增长率/%	绝对值/元	增长率/%	绝对值/元	增长率/%
全省	679.17	26.3	69.3	25.5	9 810	11.9	3 261	12.3
中原城市群	431.08	27.7	1 093	27	10167	12.8	3 874	17
豫北地区	63.77	21.5	614	21	9 524	13.4	3 489	17.2
豫西豫西南	57.94	27.5	446	26.9	8 947	13.5	3 393	17
黄淮地区	68.48	22.7	195	22.1	7 803	14.5	2 838	16.6

注：各市城乡居民收入增长速度没有扣除物价因素。

河南省四大经济区域规模以上工业增加值的增长率均超过或接近全省

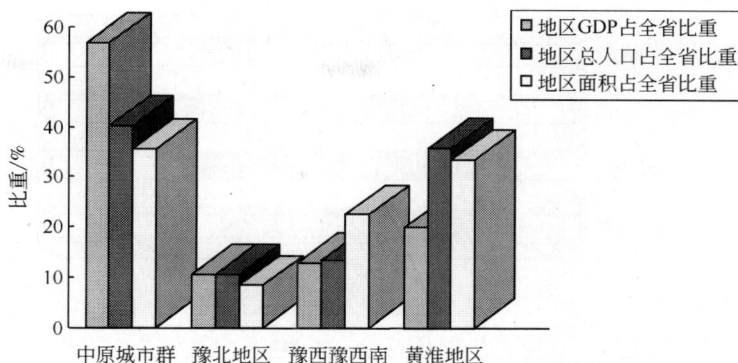

图 16.3　2006 年河南省四大经济区域经济比重

平均水平，反映了各地区工业企业经济效益有了普遍提高，差距得到了缩小，但绝对值的差异很大。拿人口和面积相差不大的黄淮地区和中原城市群作比较，前者比重不到全省的 12%，后者却占全省比重的 64%。在粮食产量方面，豫北地区、豫西豫西南和黄淮地区的增长率大大超过全省平均水平，这说明河南省这几年的种种支农惠农政策取得了成效；从地方财政收入和人均地方财政收入上看，尽管各地区的增长率都在两位数以上，但无论是人均值还是总量值，中原城市群地区和豫西豫西南的增长率均高于全省平均水平，豫北地区和黄淮地区则低于全省平均水平，中原城市群地区的人均财政一般预算收入相当于全省平均水平的 1.5 倍，而最小的黄淮地区的人均值仅为全省平均水平的 1/10 多一点；从居民人均收入水平上比较，中原城市群的人均水平超过全省平均水平，豫北地区和豫西豫西南高于或稍低于全省平均水平，而黄淮地区最低，其人均值无论是城市或是农村均大大低于全省平均水平。

就三大产业之间的比例来说，如图 16.4 所示，第一产业产值比重从黄淮地区、豫西豫西南、豫北地区至中原城市群地区依次增加，其中产值比重最大的是黄淮地区，超过 30%，而最小的中原城市群地区则为 10%；同样在第二产业方面，豫北地区比重最大，为 61%，中原城市群地区为 57%，豫西豫西南为 54%，而黄淮地区仅为 31%。目前河南省正向重工业化阶段过渡，河南省北部的第二产业产值比重较大，工业基础较强，而黄淮地区和豫西豫西南则相对较弱，产值比重小，工业化发展任务艰巨。

总之，河南省区域经济发展呈现出明显的北高南低，自西北到东南逐渐递减的圈层结构；中原城市群、豫北地区经济发展水平遥遥领先，豫西豫西南次之，黄淮地区总体发展水平最低。河南省区域经济发展不平衡的状况非常突出，并开始成为制约全省经济持续协调发展的一个重要因素。

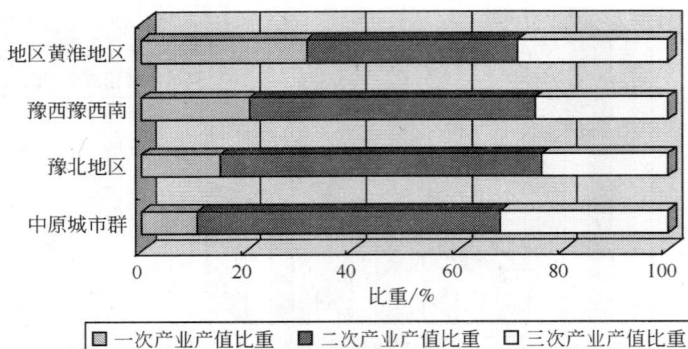

图 16.4　2006 年河南省四大区域各产业比例图

资料来源：表 16.1、表 16.2、图 16.3 和图 16.4 根据《河南省统计年鉴 2007》

（中国统计出版社，2007 年）相关数据整理绘制而成。

16.3　河南省区域经济发展地区差异呈扩大趋势

为了探讨河南省区域经济差异总体上的变动情况，本书采用变异系数或称为标准系数（CV）作为衡量区域经济差异程度的指标。变异系数是标准差与平均值的比值，即

$$CV = \frac{s}{\overline{X}}$$

式中，$s = \sqrt{\dfrac{\sum_{i}^{n}(X - \overline{X})^{2}}{n}}$ 为标准差；$\overline{X}$ 为平均值；X_i 为某项经济指标数值；n 为该地区所含省辖市个数。CV 值越大，表明区域经济差异越大；反之，则说明区域经济差异逐渐缩小。[36]

本书选取 2000 年、2002 年、2004 年和 2006 年四年的数据，以河南省 18 个省辖地市为研究对象，分别计算了农民人均纯收入、人均财政收入、人均工业增加值、全社会固定资产投资和非农业人口比例五项指标的变异系数。由图 16.5 可以看出，首先，从 2000 年以来人均纯收入的 CV 值呈现逐年扩大的趋势，以 2006 年为例，河南省的农民人均纯收入为 3261.05 元，低于全国平均水平 3587.04 元，较上年增长 12.3%，略高于全国 10% 这一增长率；郑州市当年的农民人均纯收入为 5559 元，是最低的周口市农民人均纯收入的 2 倍多。其次，伴随着农民人均纯收入差距的扩大，人均工业总产值 CV 值也在增加，农民人均纯收入与人均工业增加值 CV 值的变化趋势表明河南省某些地区出现了农业和工业发展双重滞后的现象。全社会人均固

定资产投资 CV 值自 2004 年以来呈下降趋势，但与此同时人均财政收 CV 值却呈现加速上升态势，地方财政实力的分化，必将影响未来该地区固定资产投资特别是基础设施投资的增加，这将使本来基础设施落后的豫西豫西南和黄淮地区的经济发展更加困难。可见，从总体上看，自 2000 年以来河南省区域内部经济差异在逐渐增大，这阻碍了河南省区域经济协调发展水平的提高。

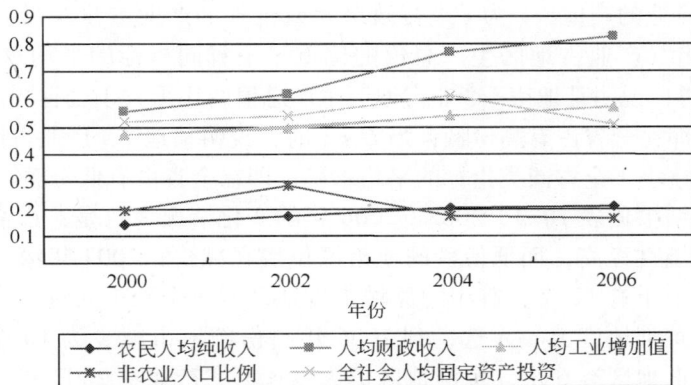

图 16.5　河南省区域经济差异变异系数（CV）变动情况

注：数据根据相关年份的《河南省统计年鉴》整理计算而得。

为了具体对河南省区域经济差异状况有更进一步的了解，借鉴国内学者的研究成果，本书从经济总量、产业结构及经济效益三个方面的地区差异状况对河南省区域差异状况作进一步的分析。[37]

1）经济总量的地区差异

本书选择能反映河南省 18 个省辖市与全省平均水平的偏离程度——地区离差系数对河南省经济地区差异进行分析，选取人均国内生产总值作为评价指标，计算公式为

$$D = \sum_{i=1}^{18} |X_i - X| / (18X)$$

式中，D 为离差系数，其数值越大说明该区域经济地区差距越大；X_i 为某市人均国内生产总值；X 为全市人均国内生产总值。选取河南省各地市 2002 年、2004 年和 2006 年的数据，计算其离差系数分别 0.29、0.32、0.35，其数值逐年增大，说明河南省区域经济总量的地区差距在逐年扩大。

2）产业结构的地区差异

本书选取三次产业区位熵指标，对河南省各地市的产业结构变化情况

进行评价。三次产业区位熵反映三次产业各自的专业化程度及某一地区的某产业在全市范围内的地位和作用。三次产业区位熵公式为

$$Q = \left[\frac{d_i}{\sum\limits_{i=1}^{n} d_i} \right] \Big/ \left[\frac{D_i}{\sum\limits_{i=1}^{n} d_i} \right]$$

式中，Q 为某地市 i 产业对全市的区位熵；d_i 为某地市 i 产业的产值；D_i 为全市 i 产业的产值；n 为 i 级行政单元或全省的产业数量。当 $Q=1$ 时，说明某地市 i 产业占地区生产总值的比重与全省同指标的平均水平相当；当 $Q>1$ 时，说明某地市 i 产业占地区生产总值的比重大于全省同指标的平均水平，即在全省占有高份额；当 $Q<1$ 时，说明某地市 i 产业占地区生产总值的比重小于全省同类指标的平均水平，即在全省占有低份额。

计算结果见表 16.3，2002~2006 年的变化情况大致是：占高份额的地市区位熵在提高，而低份额的地市区位熵在减少；2002 年第二产业占高份额的地市有 12 个，其中中原城市群地区有 7 个地市入选，占总数的 7/12，而黄淮地区无一入选；到 2006 年高份额地市减少为 10 个，其中中原城市群地区有 6 个，黄淮地区仍为零；第三产业在 2002 年占高份额区位熵的地市有 5 个，其中中原城市群地区有 4 个，豫西 1 个，黄淮地区为零；2006 年高区位熵也为 5 个，其中中原城市群地区为 4 个保持不变，黄淮地区有信阳入选。可见，总体上河南省三次产业集中程度的区域差异有所增大，高区位熵地区分布不平衡，中北部较多，黄淮地区很少。

表 16.3　河南省各地市三次产业区位熵

地区	第一产业		第二产业		第三产业	
	2002 年	2006 年	2002 年	2006 年	2002 年	2006 年
郑州	0.24	0.23	1.07	0.99	1.4	1.44
开封	1.42	1.68	0.78	0.77	1.03	1.03
洛阳	0.48	0.59	1.17	1.12	1.11	1.01
平顶山	0.67	0.66	1.16	1.15	0.99	0.92
安阳	0.89	0.92	1.09	1.09	0.94	0.89
鹤壁	0.91	0.98	1.1	1.12	0.92	0.78
新乡	1	0.93	0.96	0.97	1.05	1.09
焦作	0.69	0.54	1.15	1.19	0.99	0.9
濮阳	0.98	0.9	1.18	1.2	0.76	0.7

地区	第一产业		第二产业		第三产业	
	2002 年	2006 年	2002 年	2006 年	2002 年	. 2006 年
许昌	0.89	0.9	1.21	1.17	0.78	0.75
漯河	1.03	1.02	1.21	1.19	0.69	0.65
三门峡	0.52	0.54	1.17	1.18	1.07	0.92
南阳	1.37	1.5	1	0.95	0.77	0.82
商丘	1.89	1.94	0.71	0.75	0.81	0.93
信阳	1.48	1.7	0.81	0.73	0.96	1.1
周口	1.72	2.02	0.85	0.76	0.74	0.87
驻马店	1.53	1.97	0.86	0.73	0.85	0.95
济源	0.43	0.38	1.35	1.29	0.88	0.82

注：数据根据相关年份的《河南省统计年鉴》整理计算而得。

3）经济效益的地区差异

本书中对河南省各地区经济效益地区差异的衡量采用财政收入与人口数量在 18 个省辖地市的差异指数来表示。计算公式为

$$D_{ab} = \frac{\sum_{i=1}^{n} |C_{ai} - C_{bi}|}{2}$$

式中，D_{ab} 为某个时期全市财政收入、人口数量两要素的地区差异指数；C_{ai}、C_{bi} 分别财政收入、人口数量要素在 i 地市分配的百分比。选取 2002 年、2004 年和 2006 年河南省各地市的相应统计资料数据，如表 16.4 所示。

表16.4　河南省各地市财政收入与人口数量的差异指数计算原始数据

地区	2002 年			2004 年			2006 年		
	C_a	C_b	$C_a - C_b$	C_a	C_b	$C_a - C_b$	C_a	C_b	$C_a - C_b$
郑州	22.11	6.58	15.54	27.14	6.68	20.45	28.33	6.69	21.65
开封	3.12	4.9	−1.78	2.93	4.88	−1.95	2.62	4.88	−2.27
洛阳	10.62	6.57	4.05	11.08	6.56	4.52	12.33	6.58	5.75
平顶山	4.8	5.06	−0.26	5.17	5.04	0.13	6.5	5.05	1.45
安阳	6.17	5.47	0.7	6.13	5.46	0.67	5.57	5.46	0.1
鹤壁	1.62	1.48	0.14	1.49	1.47	0.02	1.71	1.47	0.24
新乡	5.34	5.68	−0.33	5.15	5.66	−0.5	5.15	5.65	−0.51

地区	2002 年			2004 年			2006 年		
	C_a	C_b	$C_a - C_b$	C_a	C_b	$C_a - C_b$	C_a	C_b	$C_a - C_b$
焦作	5.06	3.51	1.55	5.87	3.5	2.37	6	3.5	2.51
濮阳	3.84	3.69	0.14	3.25	3.66	-0.41	2.99	3.66	-0.67
许昌	3.91	4.61	-0.7	4.19	4.62	-0.43	4.11	4.61	-0.49
漯河	2.64	2.6	0.03	2.82	2.59	0.23	2.6	2.59	0.01
三门峡	3.19	2.29	0.9	3.12	2.27	0.85	3.48	2.26	1.22
南阳	7.78	11	-3.22	6.54	10.99	-4.46	5.84	11	-5.15
商丘	4.31	8.38	-4.08	3.66	8.37	-4.71	3.35	8.36	-5.01
信阳	3.97	8.05	-4.08	3.16	8.06	-4.9	2.62	8.08	-5.46
周口	5.23	10.93	-5.69	3.51	10.95	-7.45	2.45	10.96	-8.51
驻马店	4.92	8.52	-3.6	3.32	8.55	-5.22	2.61	8.56	-5.95
济源	1.36	0.67	0.69	1.46	0.68	0.78	1.74	0.69	1.06

注：数据根据相关年份的《河南省统计年鉴》整理计算而得；表中，C_a 表示财政收入分配百分比，C_b 表示人口分配百分比，$C_a - C_b$ 为两者之差。

根据表 16.4 可计算出河南省各地市 2002 年、2004 年和 2006 年三个年份的财政收入和人口数量差异指数分别为 23.7、30.0 和 34.0，可见自 2002 年以来河南省的经济效益地区差异在逐年扩大。分别就各地区而言，2002~2006 年财政收入分配百分比与人口分配百分比差异的地区变动态势是：平顶山市由负差异变成正差异，濮阳市由正差异变为负差异，开封、新乡、南阳、商丘、信阳、周口、驻马店呈负差异发展态势，而郑州、洛阳、安阳、鹤壁、焦作、漯河、三门峡和济源呈正差异发展态势。我们可以看出，在呈正差异发展态势的地区中，中原城市群地区有 5 个地市，占该地区的一半以上；豫北地区有 2 个，占 2/3；而豫西豫西南为三门峡市，黄淮地区无一地市入选。在呈负差异发展态势的地区中，中原城市群地区和豫北地区分别只有开封市和新乡市，豫西南为南阳市，而黄淮地区包括全部 4 个地市。可以看出，河南省在各地区经济效益差异方面，北部较小，而豫西南及东部和东南部的黄淮地区较大，这也从另一方面反映了河南省各地区经济发展的不平衡，区域经济协调发展不容乐观。

第 17 章

河南省区域经济协调发展状况定量评价

17.1　河南省区域经济协调状况评价指标体系构建

根据前面本书对区域经济协调发展内涵的界定及对协调发展理论基础的总结，为科学准确地评价河南省区域经济协调发展现状，我们试图在总结现有区域经济协调发展指标体系及相关评价模型的基础上，构建河南省区域经济协调发展综合评价指标体系。

17.1.1　指标体系的构建原则

区域经济协调发展指标体系不是一些单指标的简单堆砌或随意组合，一个科学合理和可行的区域经济协调发展指标体系的建立，首先需要有一个清晰、明确的设计原则，然后遵循这些重要原则精心设计区域经济协调发展指标体系的架构及体系中各项指标的具体内容，最后根据这一架构和指标内容确定具体的指标计算方法和数据获取方法。区域经济协调发展评价指标体系的构建应遵循以下原则。

1. 简明科学性和可操作性原则

一方面，指标体系必须立足客观现实，建立在准确、科学的基础上，所选指标的集合能够反映区域经济协调发展中的经济、社会、科教、生态等各个方面发展的真实水平。指标概念必须明确，并且有一定的内涵，能够真实度量和反映区域经济发展的结构和功能及主要的运行特征。另一方面，指标体系要广泛适用于不同区域，指标具有可测性和可比性，易于量化，并且所需数据应容易获得（最好尽可能利用现有的统计资料），计算方法简单易行。

2. 系统性和全面性相结合原则

区域经济协调发展本身是一个复杂的系统，系统性要求把区域经济协调发展视为一个开放的系统，各子系统并不是孤立的，相互之间有物质、信息等的交换。全面性是指指标的选取应尽可能从不同的角度反映区域经济协调发展的主要方面或主要特征。系统性和全面性相结合的原则就是让那些与区域经济协调发展有关的内容都能在指标体系中得到比较充分的体现，并通过建立起各指标间的有机联系，形成一个相互依存、相互支撑的全面的指标系统。

3. 特殊性原则

由于各区域的文化背景、自然条件、发展历史、地理区位等方面的差异，区域间社会经济发展的水平也存在较大的差异。各区域在实施协调发展过程中遇到的问题不一样，从而区域协调发展评价的重点也会有所侧重，这会在指标的选取及权重的确定上有所体现。因此，在区域经济协调发展评价时，应遵循特殊性原则，以便客观、准确地对区域经济协调发展的状况作出评价。

4. 动静相结合原则

一方面，区域经济系统具有动态开放性的特点，在设计评价指标体系时应能够揭示系统的结构、功能及效益诸方面的演变规律，考察系统的发展趋势，分析系统结构的稳定性及缓冲能力，以掌握协调发展系统的运行规律，进而提出相应的对策思路，这就需要动态指标；另一方面，评价指标体系还应反映当前系统的运行状况，衡量系统所达到的功能和效益水平，以反映系统的现实生产能力和水平，这就需要静态指标。只有将动态指标和静态指标相结合，才能从纵横两个方面综合反映区域经济协调发展的情况。

5. 相对独立性原则

描述区域经济协调发展状况的指标往往存在信息重叠的问题，因此在选择指标时，应尽可能选择具有相对独立性的指标，从而增加评价的准确性和科学性。

当然，在设计区域经济协调发展指标体系的过程中，除了上述原则外，还应注意构建指标体系时经常遇到的一些问题，如科学基础问题、风险与不确定性问题、政策的时滞问题等。

17.1.2 指标体系构建

1. 指标选取思路

从理论上讲,一个科学的评价指标体系应满足两个基本条件:一是不重复;二是不遗漏。度量和评价区域经济协调发展是一个涉及诸多因素和诸多方面的连续过程,具有变量多、变量间关系复杂等特点,具体涉及经济、社会、资源、环境和科技等多方面的内容。简单的单指标线性结构很难描述指标的内在联系,不能从根本上把握区域经济协调发展内涵的各个方面,因此需要借助一定的方法构建综合评价指标体系。

指标体系的构建是一个系统思考的过程。该过程可以通过定性分析、专家咨询来完成,也可以通过定量分析、数据测算来实现,以满足不重复和不遗漏两个条件。本书在设计区域经济协调发展指标体系时,借鉴了目前普遍采用的把区域经济系统划分为若干子系统的方法,本着以上构建指标体系的设置原则,依据河南省区域经济发展的实际情况,采用对社会经济大系统"三分法"——社会、经济、生态环境的协调发展,高度重视生态环境问题在现代化建设与可持续发展中的基础地位。确定设计指标体系原则和经济社会系统"三分法"思路后,如何选择指标就成为首要问题。[38]选择指标时应注意两点:一是注重单个指标的意义;二是注重指标体系的内部结构。就前者来说,代表性最为重要,即所选取的指标最好能代表所评价对象某方面的特性,指标之间不相互影响,是相互独立的随机变量;就后者来说,全面性最为重要,即所选取的指标体系应能反映出研究对象在所研究问题上的全部信息。在构建评价指标体系时,一个理想的状态是所选取的指标体系既能满足代表性,又能满足全面性;既没有信息重叠,也没有信息遗漏,成为多维空间上相互独立的多维随机变量。但在实际构建指标体系中,这两者却是一个两难选择:增加指标个数,可以提高全面性,但却冒着代表性降低的风险;减少指标个数,可以减少独立性降低的风险,但却会影响指标体系的全面性。

2. 指标筛选

在此采用频度统计法、理论分析法和专家咨询法设置、筛选指标,以兼顾代表性和全面性两个要求。频度统计法是对目前有关区域经济协调发展水平测度与评价指标设计的报告、论文进行频度统计,选择那些使用频度较高的层次性指标;理论分析法是对区域经济协调发展的内涵、特征进行分析综合,选择那些重要的结构性指标;专家咨询法是在初步提出评价指标的基础上，征询有关专家的意见，对指标进行调整。此外，还要对指标体系进行主成分性和独立性分析。[13]

17.1.3 指标体系总框架

基于前述指标体系原则及指标筛选方法，参考国内具有代表性的区域经济协调发展相关指标选取及指标体系构建思路（图17.1），本书采用经济社会大系统"三分法"，把经济协调发展指标体系分为经济、社会、生态三大子系统。本书提出了河南省区域经济协调发展指标体系，如表17.1所示。`

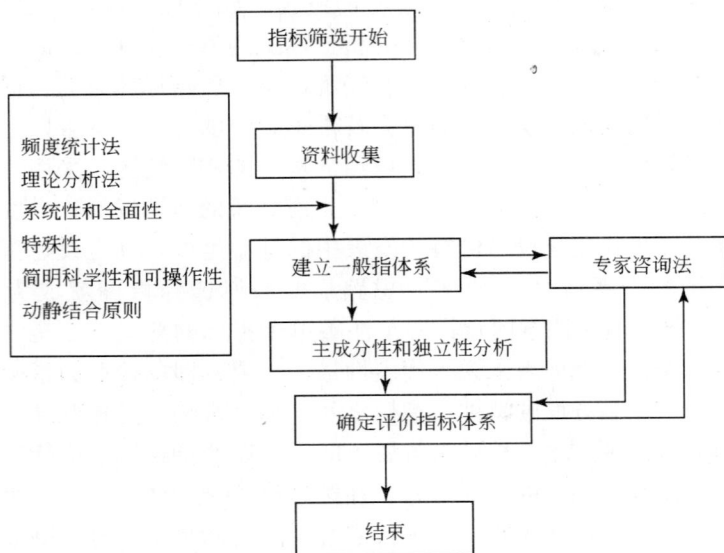

图17.1 指标筛选过程

以下对区域经济协调发展综合评价指标的主要内容作简单介绍，其中大部分指标可以通过查阅统计年鉴直接获得或经过简单计算获得。

1）经济子系统（S_1），包括指标 $x_1 \sim x_{13}$

经济子系统的大部分指标可以从统计年鉴中查到或经简单运算获得，少数特殊指标如经济密度和产业结构变化率需要若干原始统计数据计算得到。x_8 "经济密度" 又称地均GDP，用地区国内生产总值除以地区总面积可得；x_{11} "产业结构变化率" 主要反映区域产业结构在一定时期的变化情况，其计算公式为 $r_s = \sum |Q_{j1} - Q_{j2}|$，其中 r_s 为区域产业结构变化率，Q_j 为区域某产业部门在区域整个产业所占的百分比，下标1、2分别表示

考核起始年份和结束年份。

表 17.1　河南省区域经济协调发展指标体系

领域层	子领域层	序号	指标	单位
经济子系统	经济发展水平及外向指标	x_1	人均 GDP	元, 当年价
		x_2	GDP 增长率	%
		x_3	人均地方财政收入	元
		x_4	财政收入增长率	%
		x_5	人均固定资产投资	元
		x_6	人均进出口额	万元/千米^2
		x_7	实际利用外资额	%
	经济结构效益	x_8	经济密度	%
	指标	x_9	第二产业产值占 GDP 比重	%
		x_{10}	第三产业产值占 GDP 比重	%
		x_{11}	产业结构变化率	元/人年
		x_{12}	工业成本费用利润率	亿元
		x_{13}	工业企业全员劳动生产率	美元
社会子系统	人口发展质量指标	x_{14}	人口自然增长率	%
		x_{15}	非农产业从业人员比重	%
		x_{16}	居民恩格尔系数	-
		x_{17}	城乡居民收入差异	-
		x_{18}	农村居民纯收入	元
		x_{19}	城镇居民人均可支配收入	元
		x_{20}	在岗职工平均工资	元
		x_{21}	人均社会消费品零售总额	元
		x_{22}	人均年末储蓄存款余额	元
		x_{23}	每万人拥有病床数	张
	科教指标	x_{24}	科教文卫支出占财政支出比重	%
		x_{25}	每万人拥有的专业技术人员数	人
		x_{26}	每万人拥有高校学生数	人
	基础设施指标	x_{27}	人均邮电业务量	万元
		x_{28}	每公顷耕地农业机械总动力	千瓦/公顷
		x_{29}	信息化综合指数	%

续表

领域层	子领域层	序号	指标	单位
生态子系统	资源及利用指标	x_{30}	人口密度	人/千米^2
		x_{31}	人均可耕地面积	公顷
		x_{32}	单位 GDP 能耗	吨标准煤/万元
		x_{33}	单位工业增加值能耗	吨标准煤/万元
	环境发展指标	x_{34}	城市人均公共绿地面积	平方米
		x_{35}	建成区绿化覆盖率	%
		x_{36}	环保与治理投资占 GDP 比重	%
		x_{37}	工业固体废弃物综合利用率	%
		x_{38}	工业废水排放达标率	%

2）社会子系统（S_2），包括指标 $x_{14} \sim x_{29}$

该项指标大部分可以从统计年鉴直接查到。其中，x_{16} "居民恩格尔系数" 是基于 1857 年德国统计学家恩斯特·恩格尔（Ernest Engel）提出的这样一个观点：一个家庭收入越少，其总支出中用来购买食物的费用所占的比例越大，这一定律被称为恩格尔定律，我们常常用它来衡量一个国家和地区的人民生活水平状况。其公式为

恩格尔系数(%) ＝食品支出额/消费支出总额×100%

一般认为，恩格尔系数在 59% 以上为贫困，50% ~ 59% 为温饱，40% ~50% 为小康，30% ~40% 为富裕，低于 30% 为最富裕。

x_{17} "城乡居民人均收入" 差异反映了城乡居民收入上存在的差距，其计算公式为：城镇居民与农村居民人均可支配收入之差除以该地区居民人均可支配收入。

x_{29} "信息化综合指数" 是将彩色电视、电话和计算机三个普及率按层次分析法既定的权数加权，得到生活信息化综合指数。按照国家标准，将彩色电视、电话和计算机三个普及率分别按 0.2、0.4、0.4 的权数来计算。

3）生态子系统（S_4），包括 $x_{30} \sim x_{38}$

生态子系统是区域经济协调发展的保障，没有生态子系统的良性发展，经济发展将无所依托。这包括资源及利用和环境发展两个方面。之所以要强调资源的利用，是与当前落实科学发展观和实现经济发展方式转变的目标一致的。河南省经济一直以来呈粗放型发展，资源消耗大，利用率低，而较多的人口又使许多人均指标落后于许多省份，因此实现生态子系统的良性发展是实现该地区经济协调发展的重要一环。由于生态环境统计信息十分缺乏，本指标体系只选用少量指标作为代表。

17.2　区域经济协调发展状况评价模型建立

17.2.1　评价思路

　　本书对区域经济协调发展内涵的定义包括两个方面：一是区域系统内部各个要素或变量实现发展上的优化，具体就是经济、社会和生态环境等子系统之间实现发展上的和谐、结构上的合理和总效益的最优；二是区域之间在经济发展上形成相互联系、关联互动、正向促进的机制，从而实现区域间的合作与良性发展，促使区域间经济利益保持同向增长，区域之间的经济差异趋于缩小。鉴于此，本书对河南省区域经济协调发展状况的评价将从各地市区域经济协调发展的空间差异状况和河南省区域经济协调发展的动态发展趋势两个方面进行评价研究。本书的评价思路如图 17.2 所示。

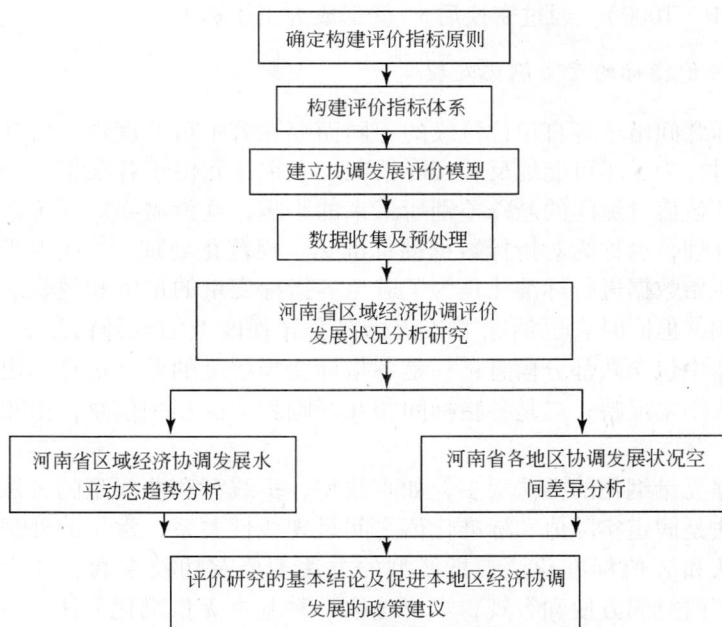

图 17.2　河南省区域经济协调发展评价思路

17.2.2　原始数据预处理及权重系数确定

　　1. 评价指标类型的一致化处理

　　根据单个统计指标作用对评价目标影响的不同，可将统计指标分为正指标、逆指标和中性指标。正指标是所谓数值越大越好的指标，逆指标是数值越小越好的指标，而中性指标是指标的取值既不是越大越好，也不是越小越好。指标的一致化处理主要是针对逆指标和中性指标而言的。

不同性质的指标综合合成通常是把两个指标相加，这样就破坏了综合指标的同质性原则，所以需要把逆指标和中性指标转换为正指标。逆指标转化成正指标可以用取原指标倒数的方法，即逆指标 x_i 可以通过取倒数 $1/x_i$ 转变为正指标。对于中性指标，如上述指标体系中的"人口密度"为中性指标，因此需对"人口密度"指标进行指标类型的一致化处理。对中性指标 x，令

$$x^* = \begin{cases} \dfrac{2(x-m)}{M-m}L & (m \leqslant x \leqslant \dfrac{m+M}{2}) \\ \dfrac{2(M-x)}{M-m}L & (\dfrac{m+M}{2} \leqslant x \leqslant M) \end{cases} \qquad (17.1)$$

式中，m 为指标 x 的一个允许下界；M 为指标 x 的一个允许上界（书中 $m=500$，$M=1000$）。通过变换后 x^* 就都成为正指标了。

2. 评价指标的无量纲化处理

指标之间由于各自单位量级的不同而存在着不可共度性，对其进行综合评价时，为了尽可能地反映实际情况，必须排除由于各项指标的单位不同以及其数值量级间的悬殊差别所带来的影响，这就需要对评价指标作无量纲化处理，也称为对指标数据的标准化、规范化处理。[22] 在主成分分析中，对原始数据进行标准化是为了避免各指标变量的量纲和数量级对协方差的影响，但同时它也消除了各指标在变异程度上的变异信息。一般地，原始数据中包含两部分信息：一是各指标变异程度的差异信息，由各指标的方差大小来反映；二是各指标间相互影响程度的相关信息，由相关矩阵来体现。[39]

数据无量纲化的方法很多，如直线型、折线型和曲线型的方法。直线型的方法是假定实际值和标准化值之间呈现线性关系，常用的处理方法有中心化法和 Z 值标准化法；折线型的方法主要有功效系数、分段处理法等。为了研究的方便和客观，本书选取一种基本无量纲化方法——Z-Score 法对原始数据进行标准化处理。

$$X_{ij}^* = \frac{X_{ij} - \overline{X}}{S_j} \qquad (17.2)$$

式中，$\overline{X}_j = \dfrac{1}{n}\sum_{i=1}^{n} X_{ij}$；$S_j = \sqrt{\dfrac{\sum_{i=1}^{n}(X_{ij} - \overline{X}_j)^2}{n}}$（$i=1, 2, \cdots, n$；$j=1, 2, \cdots,$

m)，m 为样本数，本书中 $n = 17$，m 为指标项数；$\overline{X}_j$、S_j 分别表示第 j 项指标观测值的平均值和均方差；X_{ij} 表示第 i 个样本对第 j 个指标的观测值。

3. 权重系数的确定

考虑到作为层次分析法基础的判断矩阵的建立有一定的随意性和较大的主观性，导致在此基础上建立的数学评价模型的客观性及其科学性受到一定影响；同时，由于层次分析法计算量大且有关数据不易获取[40]等原因，本书采用突出局部的均方差方法，取权重系数为

$$W_j = \frac{S_j}{\sum_{k=1}^{n} S_k} \quad (k = 1, 2, \cdots, l) \tag{17.3}$$

式中，l 为每子系统中的指标项数，建立与各项评价指标项相应的权重系数 W_j。

17.2.3　评价模型及主要方法简介

前面已经构建了河南省区域经济协调发展状况评价指标体系，这实质是一个多系统、多指标的综合评价问题。根据本书对经济协调发展内涵的界定及评价思路，对河南省区域经济协调发展状况评价分为两部分：一是采用 2006 年的截面数据对河南省各地市经济协调发展现状进行评价，通过综合评价值和协调发展指数两个方面，从定量的角度对河南省区域协调发展水平的空间差异状况有一个清晰的了解；二是采用时间序列数据对河南省区域经济系统协调发展状况进行动态评价，从综合评价值和协调度两个方面考察河南省自 1995 年以来区域经济协调发展水平时间序列的变动趋势。

值得说明的是，考虑到本书采用的主成分分析法对样本和指标数量比例关系的要求，而经济协调发展指标体系包括近 40 个单一指标，若直接施以主成分分析法将对样本数量产生过高要求，所以本书采取对每个子系统的所有指标分别施以主成分分析法以解决这个问题。通过主成分分析，我们可以得到经济子系统协调发展评价值、社会子系统协调发展评价值和生态子系统协调发展评价值，分别用 E^1、E^2、E^3 表示。

根据突出局部差异的均方差法，求出 E^1、E^2、E^3 的权数分别为 $f(1)$、$f(2)$、$f(3)$，再考虑到无论忽视哪一子系统都会对区域经济发展造成严重的不协调，故采用线性加权方法，确定区域经济协调发展综合评价数学模型。其数学公式表述为

$$G = E^1 \times f(1) + E^2 \times f(2) + E^3 \times f(3) \tag{17.4}$$

这样通过线性加权的方法，我们可以求出区域经济协调发展综合评价值 G。

1. 区域经济协调发展水平空间差异分析方法

本书在评价河南省各地区经济协调发展现状时，主要采用主成分分析法对标准化数据进行计算，在根据突出局部差异均方差法确定各个系统权重的基础上，求出各地区协调发展的综合评价值，测算 2006 年河南省各地市经济协调发展指数，比较各区域经济协调发展水平的空间差异情况，从而对河南省各地区经济发展水平协调状况作出评价。

1）主成分分析法（PCA）简介

在区域经济研究中，描述某种区域特征的可选统计指标往往比较多，而这些指标又常常相互相关，这就给研究带来了很大不便。在具体的研究过程中，选取指标过多不但会增加研究难度，而且会导致问题变得复杂；选取指标过少又可能会导致对研究对象影响较大的指标未能入选，而影响结果的可靠性。主成分分析法是较为理想的解决这一问题的多元统计工具。[41]

（1）基本原理。主成分分析法是把反映样本某项特征的多个指标变量转化为少数几个综合变量的多元统计方法。其基本思想是从众多的观测变量中综合出携带原始数据信息最多且相互独立的几个因素来解释原有数据变量，其目的是使多维变量降维，从而简化数据结构，为分析问题、研究问题带来方便。

（2）分析步骤：第一，将原始数据进行标准化处理。为了比较不同质的指标，消除变量量纲的影响，对全部指标进行无量纲化处理。

第二，求无量纲化数据的相关系数矩阵 **R**。

第三，求 **R** 的特征值、特征向量和贡献率。

第四，确定主成分的个数。将特征值从大到小排序，计算其累计贡献率，当贡献率≥85％时，确定特征值的个数，其对应的特征向量就是所需要的主成分个数。

第五，对其经济意义作出解释，其意义由各线性组合中权重较大的几个指标的综合意义来确定。

第六，确定各主成分值并计算综合分值，尤其对研究对象要进行排序。

可以看出，主成分分析法既是一种权重确定方法，又是一种成熟的综合评价方法。其优点为：①可消除评价指标之间的相关影响；②可减少指标选择的工作量，相对于其他评价方法，由于主成分分析法可以消除评价指标间的相关影响，所以在选取指标上相对容易些；③主成分分析中各主成分是按方差大小依次排列的，可以用方差较大的几个主成分来代表原变量，从而减少计算工作量。用主成分分析法作综合评价时，由于选择的原则是累计贡献率≥85%，所以不至于因为节省了工作量而把关键指标漏掉以影响评价结果。

2）区域协调发展指数评价

运用主成分分析法可以得出各地市区域经济协调发展综合评价值，通过比较评价值大小及其在全省的排名，我们可以对河南省 2006 年区域经济协调发展水平特征及其空间差异情况作初步了解。但综合评价值高并不完全表示其区域协调发展水平高，因为还存在三个子系统之间的发展是否协调的问题。[42]本书借鉴国内研究者作可持续发展评价时采用的协调发展指数方法，在对区域经济发展综合评价值评价结果分析的基础上，考察各子系统之间是否协调的问题，以便对河南省 2006 年各地市区域经济协调发展特征和空间差异情况有更加清晰的了解。其计算公式如下：

$$CI = \frac{E^1 + E^2 + E^3}{\sqrt{(E^1)^2 + (E^2)^2 + (E^3)^2}} \qquad (17.5)$$

式中，E^1、E^2、E^3 分别为表三个子系统的协调发展评价值；CI 为协调发展指数，其值越大，代表协调发展程度越高。

2. 区域经济协调发展动态趋势分析计算

对区域经济系统协调发展水平的评价，依据前文建立的区域经济协调发展指标体系，本书采用对经过标准化处理的原始数据进行时序主成分分析，利用前面讲述的突出局部差异的均方差方法，通过线性加权，首先求出1998～2006 年河南省各年度子系统协调发展时间序列水平值及综合评价值。

时序主成分分析法是对时间序列和主成分分析的综合。主成分分析法是把多个指标转化为少数几个综合指标的一种多元统计方法，即它可以实现对多维平面数据的有效降维，把原来多个指标转化为一个或几个综合指标，并且这些少量的综合指标能够包含原来多个指标的绝大部分信息（85%以上），其目的在于简化统计数据并揭示变量之间的关系。所以，时序主成分分析法是在主成分分析法的基础上，以一个综合变量来取代原有的全局变量，再以此为基础描绘出系统的总体水平随时间的变化轨迹。[43]

利用时序主成分分析法求出的综合发展评价值反映的是各年度在整个

评价体系中的相对水平，而不是绝对水平。具体就是各系统和综合发展评价值有正有负，当其为正值时，表明该年度发展水平高于评价范围内的平均发展水平；当其为零时，表明该年度发展水平为平均发展水平；当其为负值时，表明该年度发展水平低于评价范围内的平均水平。系统发展水平越高的年度其评价值越大。协调是两种或两种以上系统间的一种良性相互关系，仅仅求出系统发展评价值还不能真实反映系统之间的协调发展关系，为全面准确地反映本地区区域经济协调发展状况，就需要引入协调度这一概念。

协调度是度量系统或系统要素之间协调状况好坏程度的定量指标。在评价某一系统的协调发展状况时，不能仅仅用协调和不协调来衡量。事实上，很多系统的协调发展状况处于协调与不协调之间，因此根据协调发展具有内涵明确但外延并不明确的概念模糊的特点，可以利用模糊数学中的隶属度概念，分别对区域经济系统两两子系统之间的协调程度进行评价，从而达到对本地区协调发展水平动态趋势的考察。首先建立状态协调度函数[40,44]：

$$U(i/j) = \exp[-(E_i - E')^2/S^2] \qquad (17.6)$$

式中，$U(i/j)$ 为 i 系统相对 j 系统的状态协调度；E_i 为 i 系统的实际值；E' 为 j 系统对 i 系统要求的协调值；S^2 为 i 系统实际值的方差。

协调值 E' 表示第 i 系统与第 j 系统协调发展时，第 i 系统的协调发展水平，即当第 j 系统的发展水平为 E_i 时，为了保持与第 j 系统协调发展第 i 系统所应达到的发展水平。协调值的大小由两个因素决定：一是 E_i 的大小；二是 i、j 两个系统之间综合得分的比例关系。要研究两个系统之间综合得分的比例关系，就要考察其数量依存关系，为此须建立一个系统对另一个系统的回归方程来探究其数量依存关系。运用 Eviews 5.1 软件可以求出系统 i 与系统 j 的回归模型：

$$E_i = a + bE_j$$

式中，a、b 为待估参数。

上述回归模型表明，要做到系统 i 与系统 j 之间的协调发展，E_j 每变化一个单位就要求 E_i 变化 b 个单位，这样就可以确定协调值 $E' = bE_j$。

从状态协调度公式可以看出，实际值越接近于协调值，状态协调度 U 越大，说明系统协调发展程度越高。实际值与协调值差距越大，状态协调度 U 越小，说明系统协调发展程度越低。当实际值等于协调值时，状态协调度 U 为 1，说明系统完全协调。通过状态协调度可以对系统间的协调发展程度进行评价。

$$U(i,j) = \{\min[U(i/j), U(j/i)]/[\max(U(i/j), \max(U(j/i))]\}$$
$$(17.7)$$

式中，$U(i/j)$ 为 i、j 两个系统的协调度指数；$U(i/j)$ 为 i 系统对 j 系统的状态协调度；$U(j/i)$ 为 j 系统对 i 系统的状态协调度。

式（17.7）表明，$U(i/j)$ 与 $U(j/i)$ 的值越接近，$U(i,j)$ 的值越大，说明两系统间协调发展的程度越高；反之，$U(i/j)$ 与 $U(j/i)$ 相差越大，$U(i,j)$ 的值越小，说明两系统间协调发展的程度越低；当 $U(i/j)$ 与 $U(j/i)$ 相等时，说明两系统间完全协调。

17.3　河南区域经济协调发展空间差异分析

17.3.1　区域经济协调发展状况定量化分析过程

1. 数据采集及预处理

考虑到主成分分析法对样本数的要求，结合数据的可得性分析，本书选取河南省 18 个地市（含省辖市）为样本，对 2006 年河南省区域经济协调状况空间差异作出分析。按照前文分别对区域协调发展进行实证分析的思路，即对各子系统分别作主成分分析，得到各子系统的评价值，然后根据突出局部均方差的方法确定权重，最后通过线性加权法求得区域协调发展综合评价值。本书区域经济协调发展空间差异分析所用指标原始数据均来自 2006 年《河南省统计年鉴》、2006 年各地市经济社会发展公报及 2006 年各地市环境发展公报。部分指标如生态子系统指标中的环保投资占 GDP 比重、工业废水排放达标率，因为相关地市统计年鉴难以查到或者出现较多年份的数据缺失，故只好舍去；信息化综合指数由于彩色电视普及率数据难以获取，故用电话普及率代替。

通过数据整理，得到原始数据表，按照前式式（17.1）~ 式（17.3）对有关数据进行一致化处理、无量纲化处理，得到标准化数据表。

2. 进行主成分分析及模型检验

应用 SPSS13.0 软件中的主成分分析法，对 2006 年河南省 18 个地市选择的各个指标的标准化数据进行处理，得到各子系统的主成分特征值、特征向量、贡献率与累计贡献率。我们令 E^1、E^2、E^3 分别代表经济子系统、社会子系统和生态子系统的协调发展水平，由于三个子系统的发展水平确定方法相同，所以只将经济子系统作主成分分析过程来说明。

首先分别对区域经济协调发展指标体系经济子系统的所有 13 个指标和

数据能否用于主成分分析进行检验，经检验得到 KMO 取样适当性度量以及 Bartlett 球形检验的统计参数值，如表 17.2 所示。

表 17.2   KMO 取样适当性度量以及 Bartlett 球形检验的统计参数值

KMO 取样适当性度量	Bartlett 球形检验		
	近似卡方分布	自由度	显著性
0.538	264.4	78	0

KMO 检验值为 0.538，表明指标之间有较多的共同因素，数据适合主成分分析；Bartlett 球形检验中的显著性小于 0.01（$p = 0.000$），拒绝单位相关原假设，数据适合主成分分析。

将标准化数据输入 SPSS 软件运算，采用四次最大正交法进行旋转，计算结果如表 17.3 所示。

表 17.3   经济子系统主成分计算结果

主成分	主成分值	方差贡献率/%	累计方差贡献率/%
1	6.3	48.43	48.43
2	2.67	20.56	68.99
3	1.96	15.05	84.04
4	0.6	4.59	88.63
5	0.55	4.26	92.89
6	0.4	3.05	95.94
7	0.24	1.83	97.76
8	0.12	0.91	98.67
9	0.1	0.79	99.47
10	0.04	0.33	99.8
11	0.01	0.11	99.9
12	0.01	0.08	99.98
13	0	0.02	100

由表 17.3 可知，第一主成分的特征根值为 6.3，方差贡献率为 48.43%，前三个主成分累计方差贡献率为 84.04%，表明前三个主成分的数值变化就可以基本代表经济子系统 13 个原始变量的变化，我们将这三个主成分作为评价经济子系统协调发展综合评价值的综合变量。同时求得旋转后的主成分载荷矩阵，如表 17.4 所示。

表 17.4　经济子系统主成分载荷矩阵

变量名	第一主成分	第二主成分	第三主成分
人均 GDP（当年价）	0.97	-0.09	0.09
人均固定资产总值	0.95	-0.19	0.04
产业结构变化率	0.03	0.88	0.09
第三产业产值占 GDP 比重	0.27	-0.86	-0.17
人均进出口额	0.73	0.14	-0.26
经济密度	0.69	-0.21	0.56
工业企业全员劳动生产率	0.03	0.13	0.95
工业成本费用利润率	0.06	0.21	0.86
GDP 增长率	0.77	0.37	0.02
第二产业产值占 GDP 比重	0.71	0.63	0.16
人均地方财政收入增长率	0.94	-0.32	0.07
财政收入增长率	0.77	0.29	-0.27
全年实际利用外资额	0.84	-0.31	0.2

由表 17.4 可以看出，第一主成分在人均 GDP、人均固定资产总值、人均进出口额、经济密度、GDP 增长率、第二产业产值占 GDP 比重、人均地方财政收入增长率、全年实际利用外资额中载荷较大，该主成分可以解释为经济发展水平指标；第二主成分在产业结构变化率、第三产业产值占 GDP 比重、第二产业产值占 GDP 比重中载荷较大，该主成分可以解释为经济发展结构指标；第三主成分在工业企业全员劳动生产率、工业成本费用利润率、经济密度中占有较大的载荷，可以将该主成分解释为经济发展效益指标。

权重的确定影响到评价结果的合理与否，为了避免由人为因素确定权重的随意性，本书在进行因子分析后，用回归法计算出因子得分，并以各因子的方差贡献率占三个因子总方差贡献率的比重作为权重对各主成分进行加权求和，得出协调发展经济子系统综合得分 E^1。设 F_{11}、F_{12}、F_{13} 分别代表经济子系统的三个主成分，即 $E^1 =$（48.43% × F_{11} + 20.56% × F_{12} + 15.05% × F_{13}）/84.04%。

与经济子系统主成分分析过程类似，首先进行检验能否用于主成分分析的 KMO 取样适当性度量以及 Bartlett 球形检验结果，使社会子系统和生态子系统都通过检验。根据特征值大于 1 和累计方差贡献率达到 85% 以上的原则，选取少数几个主成分来代表原来多个指标的绝大多数信息的方法，我们对社会子系统和生态子系统进行了主成分分析，为了统一说明，条理清楚，汇集各指标系统主成分提取及其权重结果，如表17.5所示。

表 17.5 各指标系统主成分提取及其权重

子系统	主成分	主成分特征值	贡献率/%	累计贡献率/%	主成分权重
经济系统	1	6.3	48.43	48.43	57.63
	2	2.67	20.56	68.99	24.46
	3	1.96	15.05	84.04	17.91
社会系统	1	9.48	59.28	59.28	68.38
	2	2.01	12.54	71.82	14.47
	3	1.55	9.66	81.48	11.14
	4	0.83	5.21	86.69	6.01
生态系统	1	2.68	38.22	38.22	42.99
	2	1.7	24.25	62.47	27.28
	3	1.27	18.2	80.68	20.47
	4	0.58	8.24	88.91	9.26

由表 17.5 可知，社会系统的前四个主成分和生态系统的前四个主成分的累积贡献率都大于 85%，故可以取它们来反映原指标，通过进一步进行分别分析，得到社会系统和生态系统的主成分载荷矩阵（见本篇附录 C）。为方便起见，我们以 F_{21}、F_{22}、F_{23}、F_{24} 分别代表社会子系统的四个主成分，以 F_{31}、F_{32}、F_{33}、F_{34} 分别代表生态子系统的四个主成分，结合前面以 F_{11}、F_{12}、F_{13} 代表经济子系统的三个主成分，得到各系统主成分表达式：

$$F_{11} = 0.97y_1 + 0.77y_2 + 0.94y_3 + 0.77y_4 + 0.95y_5 + 0.73y_6 + 0.84y_7 + 0.69y_8 + 0.71y_9 + 0.27y_{10} + 0.03y_{11} + 0.06y_{12} + 0.03y_{13}$$

$$F_{12} = -0.09y_1 + 0.37y_2 - 0.32y_3 + 0.29y_4 - 0.19y_5 + 0.14y_6 - 0.31y_7 - 0.21y_8 + 0.63y_9 - 0.86y_{10} + 0.88y_{11} + 0.21y_{12} + 0.13y_{13}$$

$$F_{13} = 0.09y_1 + 0.02y_2 + 0.07y_3 - 0.27y_4 + 0.04y_5 - 0.26y_6 + 0.20y_7 + 0.56y_8 + 0.16y_9 - 0.17y_{10} + 0.09y_{11} + 0.86y_{12} + 0.96y_{13}$$

$$F_{21} = -0.09y_{14} + 0.84y_{15} - 0.53y_{16} + 0.45y_{17} + 0.84y_{18} + 0.89y_{19} + 0.74y_{20} + 0.95y_{21} + 0.75y_{22} + 0.94y_{23} - 0.62y_{24} + 0.89y_{25} + 0.9y_{26} + 0.89y_{27} + 0.28y_{28} + 0.97y_{29}$$

$$F_{22} = -0.13x_{14} - 0.23x_{15} - 0.58y_{16} - 0.21y_{17} - 0.24y_{18} - 0.2y_{19} + 0.08y_{20} + 0.12y_{21} + 0.6y_{22} - 0.12y_{23} + 0.38y_{24} - 0.11y_{25} + 0.27y_{26} + 0.29y_{27} - 0.81y_{28} - 0.04y_{29}$$

$$F_{23} = -0.13x_{14} - 0.17x_{15} - 0.07y_{16} + 0.78y_{17} + 0.40y_{18} - 0.25y_{19}$$
$$- 0.55y_{20} + 0.07y_{21} + 0.09y_{22} - 0.17y_{23} + 0.08y_{24} - 0.1y_{25} + 0.21y_{26}$$
$$+ 0.07y_{27} - 0.17y_{28} - 0.07y_{29}$$

$$F_{24} = -0.94x_{14} - 0.03x_{15} - 0.32y_{16} + 0.25y_{17} + 0.04y_{18} - 0.14y_{19} - 0.07y_{20}$$
$$+ 0.11y_{21} - 0.03y_{22} - 0.01y_{23} + 0.18y_{24} - 0.28y_{25} + 0.001y_{26}$$
$$+ 0.06y_{27} - 0.05y_{28} - 0.05y_{29}$$

$$F_{31} = -0.02y_{30} - 0.31y_{31} + 0.35y_{32} + 0.33y_{33} - 0.20y_{34} + 0.12y_{35}$$
$$- 0.05y_{36}$$

$$F_{32} = 0.18y_{30} - 0.06y_{31} + 0.16y_{32} - 0.02y_{33} - 0.58y_{34} + 0.69y_{35} - 0.11y_{36}$$

$$F_{33} = 0.18y_{30} - 0.26y_{31} - 0.11y_{32} - 0.10y_{33} - 0.05y_{34} + 0.08y_{35} - 0.91y_{36}$$

$$F_{34} = 0.29y_{30} + 0.07y_{31} + 0.07y_{32} + 0.17y_{33} + 0.16y_{34} - 0.23y_{35} + 1.02y_{36}$$

根据前面求出的各系统各个主成分的权重，利用线性加权法求出河南省各地市经济协调发展各子系统评价表达式：

$$E^1 = 0.5763F_{11} + 0.2446F_{12} + 0.1791F_{13}$$

$$E^2 = 0.6838F_{21} + 0.1447F_{22} + 0.1114F_{23} + 0.0601F_{24}$$

$$E^3 = 0.4299F_{31} + 0.2728F_{32} + 0.2047F_{33} + 0.0926F_{34}$$

通过突出局部的均方差公式（17.4），求得三个系统的权重分别为 0.334、0.332、0.335。根据公式（17.4），可得协调发展综合评价式为

$$G = 0.334 \times E^1 + 0.332 \times E^2 + 0.335 \times E^3$$

根据上式代入数据，进而可以计算各地市的各子系统协调发展状况和区域经济协调发展水平综合评价值 G_i（$i = 1, 2, \cdots, 18$）。依据综合评价值 G_i 的大小，对河南省 18 个地级市协调发展状况由大到小进行排序（表 17.6）。根据主成分得分，运用协调发展指数公式（17.5），可以得出 2006 年河南省各地市协调发展指数，结果与综合评价值有一定的区别，显示了各地市经济子系统、社会子系统、生态子系统之间协调发展状况的不同。通过对综合评价值和协调发展指数结果进行对比分析，可以达到对各地市区域经济协调发展水平进行全面系统的综合评价，进而了解河南省区域经济协调的空间差异状况。

表 17.6　河南省各地市主成分得分、协调发展指数及排序

地市	经济子系统		社会子系统		生态子系统		综合得分排序		协调发展指数	排序
	评价值	排序	评价值	排序	评价值	排序	评价值	排序		
郑州	0.745	3	2.637	1	-0.453	15	0.971	1	1.054 4	6
开封	-0.726	15	-0.337	14	-0.158	11	-0.41	15	-1.497	14

续表

地市	经济子系统		社会子系统		生态子系统		综合得分排序		协调发展指数	排序
	评价值	排序	评价值	排序	评价值	排序	评价值	排序		
洛阳	0.212	8	0.267	3	−0.187	12	0.096	11	0.749 6	10
平顶山	0.129	11	−0.144	10	0.457	4	0.148	8	0.890 4	9
安阳	0.175	9	−0.105	9	0.787	2	0.287	4	1.054 5	5
鹤壁	0.163	10	−0.095	8	0.262	7	0.11	9	1.021 7	7
新乡	0.096	12	0.058	5	0.303	6	0.153	7	1.414 8	3
焦作	0.866	2	0.313	2	0.604	3	0.595	3	1.619	1
濮阳	0.332	7	−0.351	15	0.322	5	0.102	10	0.520 4	11
许昌	0.456	5	0.101	4	0.217	8	0.258	5	1.503 7	2
漯河	0.531	4	−0.17	11	0.209	9	0.191	6	0.957 6	8
三门峡	0.36	6	0.057	6	−0.212	13	0.068	12	0.487 1	12
南阳	−0.498	13	−0.224	12	−0.337	14	−0.35	13	−1.65	16
商丘	−0.589	14	−0.586	17	−0.67	16	−0.62	16	−1.729	18
信阳	−0.923	17	−0.27	15	−0.01	10	−0.4	14	−1.251	13
周口	−0.846	16	−0.622	18	−1.256	18	−0.91	18	−1.664	17
驻马店	−1.141	18	−0.526	16	−0.733	17	−0.8	17	−1.65	15
济源	1.042	1	−0.004	7	0.855	1	0.633	2	1.404 7	4

　　为检验主成分分析的正确性，我们需要对评价结果进行聚类分析。本书采用的样本距离为欧式距离平方法（squared euclidean distance）[45]，聚类方法为最远距离法（furthest neighbour），分析结果如表 17.7 所示。

表 17.7　SPSS 聚类分析结果

样本	分类
1 郑州	1
2 开封	2
3 洛阳	3
4 平顶山	3
5 安阳	3
6 鹤壁	3

续表

样本	分类
7 新乡	3
8 焦作	4
9 濮阳	4
10 许昌	4
11 漯河	4
12 三门峡	3
13 南阳	2
14 商丘	2
15 信阳	2
16 周口	2
17 驻马店	2
18 济源	3

把表 17.7 和综合评价值表对比，我们发现聚类分析的分类结果和主成分分析的评价结果基本一致。聚类分析结果中除安阳、濮阳、济源三市的归类结果和综合评价值结果不一样外（聚类分析结果中濮阳和安阳所在组与综合评价结果所在组恰好相反），其他划分结果基本一致。这可能是由于数据或者数据处理误差引起的，但是这并不影响综合评价法的可信性，因为从总体来说，两者结果是一致的。

17.3.2　区域经济协调发展状况空间差异评价结果分析

协调发展综合评价值反映的是某一地区经济发展的系统整体发展水平；协调发展指数则是着重指出某一地区的经济、社会、生态环境三大系统之间的协调发展水平，它对综合评价值的评价结果具有补充和放大作用。把综合评价值结果和协调发展指数结合起来，就可以更清楚地分析河南省各地市区域经济发展协调性的空间差异情况。由表 17.8 的综合评价值来看，河南省 18 个地市的区域经济协调发展水平可以分为三个档次。

表 17.8　河南省 18 个地市经济协调发展水平分类

分　类	协调发展综合评价值	地　市
Ⅰ类：协调发展水平较高的区域性城市	>0.19	郑州、济源、焦作、安阳、许昌、漯河
Ⅱ类：协调发展水平一般的区域性城市	0.06~0.16	新乡、平顶山、鹤壁、濮阳、洛阳、三门峡
Ⅲ类：协调发展水平较低的区域性城市	< -0.36	南阳、信阳、开封、商丘、驻马店、周口

　　根据协调发展指数公式，计算结果如表 17.6 所示，并结合表 17.8 可知，协调发展指数和综合评价值除去个别地市名次存在差别外（郑州和新乡差别较大），大部分地市分类一致。中原城市群地市和豫北地市协调发展指数较高，表明其经济、社会、生态环境三大系统之间协调发展水平较高，地区经济整体发展水平也较高，而黄淮地区和豫南地区各地市不仅经济发展整体水平与河南省中北部地市有较大的差别，区域之间差距明显，区域不协调现象显著，而且各地市经济、社会、生态环境三大系统之间的协调发展指数也排在全省各地市后列，这和河南省区域经济发展特征的分析结果一致。就综合发展水平来说，中原城市群中 8 个地市（郑州、济源、焦作、许昌、漯河、新乡、平顶山、洛阳）和豫北地区全部 3 个地市（安阳、濮阳、鹤壁）以及豫西南的三门峡市协调发展水平在全省平均水平之上，经济发展状况较好。豫西南和黄淮地区 5 个地市与开封市综合评价值为负值，协调发展水平在全省平均水平之下，经济发展状况较差。这说明河南省各地市不仅在区域经济发展水平上存在较大差异，其各系统内部发展也很不协调。结合两者可以看出，河南省区域经济协调发展水平存在明显的北高南低、自西北到东南存在明显的圈层递减现象。

　　因此，下文分析主要依据综合评价值分类。具体分析如下：

　　Ⅰ类城市的经济协调发展状况较高，其中郑州的综合评价值接近于 1，协调发展状况最好。其中，郑州、济源、焦作、许昌、漯河位于中原城市群地区，安阳市是豫北地市，Ⅰ类城市全部来自河南省西北和中北部。郑州市既是河南省省会，又是中原城市群的龙头城市，是全省的政治、经济、文化中心，发展水平在全省遥遥领先。中原城市群的焦作、许昌和豫北地区的安阳分别是河南省重要的煤炭、钢铁和烟草的主要产地，综合经济实力强，基础设施完善，科技人才汇集，经济发展水明显高于其他城市。济源作为河南省的新兴城市，经济发展迅速，经济、社会、生态环境各项人均指标位居全省前列，发展水平较高。

　　Ⅱ类城市经济协调发展状况处于中等水平，它们几乎全部位于河南省中北部，新乡、洛阳、平顶山是中原城市群的重要城市，濮阳、鹤壁位于豫北地区，只有三门峡市属于豫西南地市。它们的综合发展平均值均大于0，发展水平位于全省平均水平之上。该类中新乡发展水平最高，三门峡发展水平位居最后。

Ⅲ类城市和其他地市有较大的区分性，原因在于不仅其评价值是负数，低于全省平均水平，并且其评价值水平与第Ⅰ、Ⅱ类地市评价值水平有明显的断层。例如，第Ⅱ类最后一名地市的评价值为0.06，而第Ⅲ类评价值最高的城市仅为－0.35，两者相差0.41，说明其差距过大。除开封为中原城市群地市，南阳为豫西南地市外，其余全部为黄淮地区地市。

根据在综合评价过程中得到的各地市子系统的评价值，可以得到如下评价结果：

（1）经济子系统。经济子系统的权重低于生态子系统，这并不是说明经济发展已不是影响河南省区域经济协调发展的重要因素，而是强调在经济发展水平相似的地区，生态子系统的发展水平成为影响区域协调发展水平的重要因素。把经济子系统的排名和综合评价值的排名作对比可以看出，除新乡、三门峡变动较大外，两者总的排名相差不大。

第一类地区中除去安阳排名第9，变化较大外，经济子系统前三名地市济源、焦作、郑州也是综合发展水平的前三名，只是名次发生了变化。经济子系统前十名地市中中原城市群地市占5位，豫北为全部3个地市，豫西为三门峡市，其评价值大于0，发展水平高于全省平均水平；后六名地市除了开封外，其余均为属于第三类地市的黄淮地区地市和豫南地市，其综合发展评价值低于0，发展水平低于全省平均水平，其中驻马店经济发展水平最低，低于－1。这说明黄淮地区及豫南不仅经济子系统发展水平远远落后于全省其他地市，而且协调发展综合水平也排在全省最后，尽管其地区内部差异不大。

（2）社会子系统。区域社会发展状况也是影响区域经济协调发展的重要因素。除了洛阳、三门峡排名及类别划分与综合评价结果有较大区别外，其他地市分类变化不大，只是排名顺序稍有差别。其中，郑州社会发展子系统排名第1，评价值大于2，远远大于排名第2的焦作市0.3128的评价值；洛阳市排名结果与综合评价结果变化最大，其社会子系统排名第3，而综合评价值排名第11。中原城市群地区和豫北地区的大部分地市排名靠前（除濮阳排名第15，开封排名第14外），几乎全部的黄淮地区和豫南地区地市社会发展水平在全省排名较后，和其经济发展水平状况排名相比几乎没有变化，其中位于黄淮地区的周口排名最后。

（3）生态子系统。生态子系统的权重最大，说明生态环境发展水平是影响河南省各地市经济协调发展水平的重要因素，这一点在郑州市表现最为明显，郑州市综合发展水平排名第1，社会子系统排名第1，经济子系统排名第3，而生态子系统排名却为第15位，为全省倒数第3，不仅低于中原城市群的其他地市，也低于黄淮地区的一些地市。这说明近年来郑州市在城市经济规模、人口数量迅速增加的同时，生态环境发展却滞后于经济社会发展，导致经济、社会发展一条腿长，而生态环境发展一条腿短。洛阳市、三门峡市生态环境排名与经济社会排名相比相差较大，而综合评价值排名靠后的黄淮地区的一些地市如信阳市，经济社会发展排名在后3位，而生态环境发展排名却在前10位。但总体上，河南省北高南低、自西北到东南发展水平依次递减的区域发展态势没有得到根本改变。

17.4　河南省区域经济协调发展状况时间序列分析

河南省区域经济系统协调发展水平分析中的大部分数据来自相关年份的《河南省统计年鉴》，个别年份数据来自《中国统计年鉴》。依据前文建立的河南省区域经济协调发展评价指标体系，选取1995～2006年的数据作为协调发展时间序列评价的样本数据。其中，除一些复合指标需要对原始数据进行简单计算外，大部分数据可以直接从相关年份的统计年鉴中获得；个别指标如经济密度指标因在时间序列分析中与其他指标出现重复而被舍去；每万人拥有的专业技术人员数指标由于统计年鉴个别年份的统计口径出现变化导致前后不一致，故也被舍去；信息化综合指数、单位GDP能耗、单位工业增加值能耗等指标因大部分年份数据获取困难并且统计口径不同也被舍去。

17.4.1　时序主成分分析结果评价

运用SPSS13对经过一致化和无量纲化处理的原始数据进行时序主成分分析，时序主成分分析过程与前面所述的主成分分析过程基本相似，所以对其的分析过程及计算过程就不再赘述（其标准化数据和特征向量表见本篇附录）。由此可以求出经济、社会、生态三大子系统协调发展水平综合评价值以及区域系统综合评价值，该评价值代表各子系统及系统整体的发展水平。各系统综合发展水平如表17.9和图17.3所示。

表 17.9　1995~2006 年河南省经济协调综合发展水平值

年份	经济子系统	社会子系统	生态子系统
1995	− 0.253	− 1.274	− 1.102
1996	− 0.341	− 1.042	− 1.100
1997	− 0.459	− 0.844	− 1.053
1998	− 0.661	− 0.692	− 0.510
1999	− 0.754	− 0.557	− 0.416
2000	− 0.452	− 0.304	− 0.225
2001	− 0.481	− 0.154	0.168
2002	− 0.327	0.141	0.815
2003	0.050	0.519	0.781
2004	0.663	0.921	0.813
2005	1.208	1.382	0.909
2006	1.806	1.904	0.920

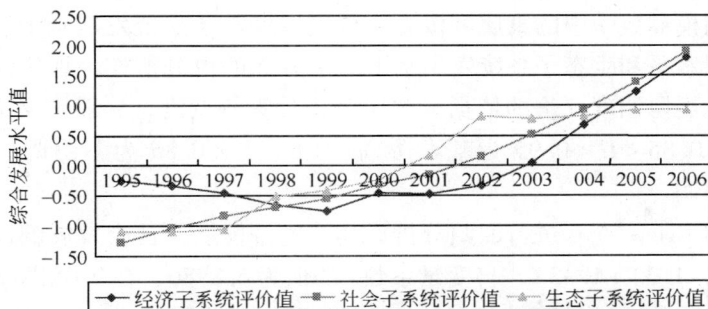

图 17.3　1995~2006 年河南省区域经济协调发展状况曲线趋势图

结合图 17.3 和表 17.9 可以看出，1995 年以来，河南省区域经济发展水平总体上处于上升趋势。经济子系统发展水平在 1995~1999 年 5 年间逐年下降，之后开始逐年上升；生态子系统发展水平除去 2002~2003 年出现短暂回落外，总体上保持着稳步上升的态势；社会子系统则一直处于上升趋势，社会子系统发展水平与协调发展综合评价值变化趋势比较相似，说明社会子系统的发展对本地区域经济系统总体发展水平的提高起到了较大的作用；经济子系统则变化较大，起伏不定，其子系统发展水平值在 1999 年以前逐年下降，1999~2002 年稳中有升，2002 年以后则快速上升，开始与区域综合发展评价值保持一致水平，这从某种程度上说明河南省经济发展对本地区整体发展水平提高的影响力越来越大，并开始成为影响本地区区域经济协调发展水平的关键因素。1995 年以来，生态子系统发展水平与经济子系统发展水平共有两个交点，分别是在 1998 年附近和 2004 年附近，1995～1998 年经济子系统发展水平逐年下降，而生态子系统则保持上升趋势；1999～2004 年生态子系统发展速度先上升后下降，经济子系统发展速度先下降后上升；2004 年后经济子系统发展速度较快，而生态子系统发展速度较慢；12 年间河南省区域经济子系统发展水平与生态子系统发展水平存在此消彼长的发展态势，这一方面说明河南省的经济发展与生态发展是不协调的，另一方面也印证了本书的分析结果是符合实际区域经济发展趋势的。

17.4.2　区域经济发展协调度时间序列分析

区域经济发展协调度是区域系统内部以及子系统优化协调的程度，是判断区域经济社会生态环境发展是否协调的标准。这里从经济子系统与生态子系统发展水平、经济子系统与社会子系统发展水平、社会子系统与生态子系统发展水平三个方面的协调程度来分析河南省区域经济发展的协调度。利用模糊数学中的隶属度概念，分别以经济子系统发展水平、社会子系统发展水平和生态子系统发展水平三个方面的得分值作为评价河南省区域经济发展协调度评价的依据。按照公式计算协调度，一般定义 $U > 0.95$ 为协调，$0.85 < U < 0.95$ 为基本协调，$0.5 < U < 0.85$ 为不协调，$U < 0.5$ 为极不协调。

运用 Eviews 5.0 进行回归分析，其中经济发展与社会发展的回归方程为：$Y = -1.32 + 1.43X$，自变量系数 t 的值为 6.8986，在 0.05 显著性水平下，回归系数通过显著性检验，$F = 392.87$，$P(F) = 0.00$，$R\text{-}Square = 0.9899$；经济发展与生态环境发展的回归方程为：$Y = -1.13E - 06 + 1.11X$，自变量系数 t 的值为 2.79，在 0.05 显著性水平下，回归系数通过显著性检验，$F = 7.8014$，$P(F) = 0.02$，$R\text{-}Square = 0.4383$；社会发展与生态环境发展的回归方程为：$Y = 7.38E - 07 + 1.09X$，自变量系数 t 的值为 6.91，在 0.05 显著性水平下，回归系数通过显著性检验，$F = 747.7186$，$P(F) = 0.0004$，$R\text{-}Square = 0.8267$。根据协调度公式（17.6）进行计算，我们求出经济 - 社会协调度、经济 - 环境协调度、社会 - 环境协调度的时间序列值，如图 17.4 所示。

总体上看，1995～2006 年的 12 年间，河南省社会子系统发展与生态环境子系统发展协调水平最高，大部分年份处于基本协调水平；1995～1998 年经济社会协调度处在不协调和极不协调的状态，但协调度水平上升

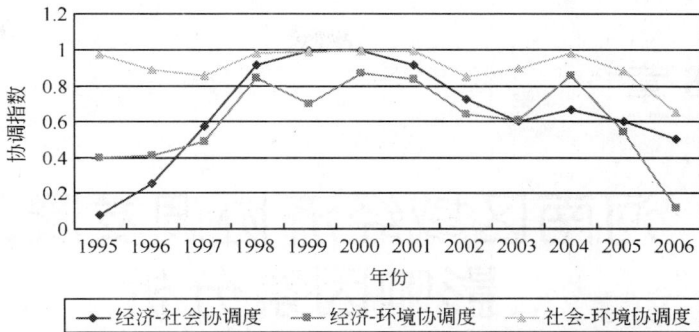

图 17.4　河南省区域经济发展协调度时间序列趋势图

较快，反映了这一时期经济社会发展不协调状况在逐年降低；1998～2002年经济社会协调度较高，保持在 0.8 以上，为基本协调；2002 以后协调水平下降，大部分年份处于不协调状态。经济发展与生态环境发展在 1995～1998 年由极不协调到不协调，表明经济发展与生态环境发展之间不协调的矛盾有所减弱；1999～2004 年经济与生态环境发展协调度起伏不定，除个别年份处于基本协调状态外，大部分年份为不协调状态；2004 年后经济发展与生态环境发展协调度急剧降低，由不协调到极不协调，反映了经济发展与生态环境发展不协调矛盾的加剧。经济社会协调度变化曲线与经济环境协调度变化曲线在总体轮廓上保持一致，反映了经济子系统发展在两者协调水平变化中支持作用的变化，也从一个侧面说明了河南省经济发展对区域经济协调水平提高的支持作用并不稳定。总的来说，河南省区域经济发展协调性较差，尤其是近年来经济发展与生态环境协调发展不协调的矛盾较大。

第 18 章

河南区域经济协调发展的
影响因素分析

区域经济协调发展观是一种新的动态的、和谐的发展观，其实现需要一个动态发展的过程。由于经济协调发展是一个经济、社会、科技、文化、生态综合发展的过程，不同国家、不同地区在不同的历史阶段，其经济发展水平都存在不同程度的差异，加之各地区各种要素资源和环境条件不同，资源开发利用的时间也有早有晚，所以各地市在经济发展过程中表现出很大的差异，区域经济协调发展水平在不同时段也出现较大波动。深入探寻造成河南省区域经济差异的深层次原因，理清解决区域经济差异问题的基本思路，就能更有针对性地提出促进河南省区域经济协调发展的政策建议，促进本地区经济又好又快发展。

18.1　地理条件及区位因素

区位因素及地理环境资源条件是影响河南省区域经济协调发展水平提高的一个重要因素。在区域经济学中，为了具体说明经济活动的空间布局问题，经济区位往往被描述为距离某一个或几个特殊地点的不同位置所反映的市场供求（运输）成本等方面的差异问题，如距离城市中心的远近、离自然资源供给源的距离、各空间位置上的市场供求状况等所形成的经济利益差异。[46]区位优势即区位的综合资源优势，也就是某一地区在发展经济方面客观存在的有利条件或优越地位，其构成因素主要包括自然资源、地理位置，以及社会、经济、科技、管理、政治、文化、教育、旅游等。区位优势是一个综合性概念，单项优势往往难以形成区位优势。一个地区的区位优势主要由自然资源、劳动力、工业聚集、地理位置、交通等决定，同时区位优势也是一个不断发展的概念，会随着条件的变化而变化。

前文从空间和时间两个维度对河南省区域经济协调发展状况进行了实证分析，我们发现从空间角度上看，河南省区域经济发展水平呈现明显的北高南低、自西北到东南逐渐递减的圈层结构现象。例如，经济发展水平相对较高的中原城市群（除东部与黄淮地区接近的开封外）的大部分城市均位于京广线和陇海线交叉的地区及宁西线周围，交通便利，知识信息流通方便，有着优越的投资环境，能促进地区的经济发展。其中，郑州交通通信发达，处于我国交通大十字架的中心位置，陇海、京广铁路在这里交汇，107、310 国道，京珠、连霍高速公路穿境而过；济源市自古有"豫西北门户"之称，在区位上是沟通晋豫两省、连接华北平原和中西部地区的枢纽，在全国经济布局中具有东引西进、南下北上的有利条件，有着十分重要的战略地位和良好的区位优势。又如，焦作有着优越的区位优势，它地处我国南北交汇点 – 东西结合部，又是新欧亚大陆桥在中国境内的中心地带，具有承东启西、沟南通北的枢纽地位；境内有焦枝（焦作—枝城）、焦太（焦作—太原）、焦新（焦作—新乡）、月侯（月山—侯马）四条铁路线，铁路交通便利。该地区其他城市如洛阳市和新乡市等城市区位优势同样也比较明显。豫北地区的安阳、鹤壁、濮阳及豫西豫西南地区，地理位置稍次，交通条件尚可，与山东、河北相接，与环渤海地区的相对距离和绝对距离较近，有利于促进地区经济发展。黄淮地区交通条件较次，尽管近年来商丘和信阳由于京广线和京九线以及京珠高速等穿境而过，极大促进了该地区的经济发展，但就整体而言，由于区位优势不是很明显，黄淮地区对于知识、信息的接收和消化能力都极差，投资环境欠佳，地区经济发展受到阻碍。

不同地区自然环境的差异是导致各区域经济差异的客观因素，而这种差异主要表现在区位优势上。目前，经济发达的中部偏西北地区处于西部山地与东部平原的交接地带，矿产资源、农业资源条件均优于省内其他地区，轻重工业发展的条件都很优越。河南是农业大省，发展农业条件的优劣对经济发展水平的影响十分显著。该地区属山前平原区，土地肥沃，地表水和地下水丰富，发展农业生产的条件很好。从上文中区域协调发展的空间差异分布也可以看出，位于河南平原地区的郑州、洛阳、新乡、焦作地区都是经济实力比较强的区域，一方面它们拥有发展农业所需的光照、灌溉、土地等优良的基础条件，形成了具有一定全国意义的商品粮基地；另一方面由于它们拥有丰富的煤、铁、镍、稀土等矿产资源，重工业较为发达。例如，中原城市群的平顶山和焦作得益于煤的发现与采掘，豫西的三门峡市是随着三门峡水库的开发而兴起的。而豫西、黄淮地区的信阳等经济欠发达地区，矿产资源相对贫乏，发展工业特别是重工业的条件先天不足，地区经济只能以发展农业和在农业资源基础上发展轻工业生产为主。另外，该地区山大沟深，沟壑纵横交错，土地分散，给其发展集约农业造成了极大的障碍；豫西南地区虽然拥有较丰富的锑、汞、铅、锌等资源，也有发展林果业、中草药、旅游业的资源基础和条件，但由于区内交通、通信、水电等基础设施建设落后，阻断了其与区外的经济联系，严重制约了该区的经济发展。黄淮地区的商丘、周口、驻马店地区由于自古黄河和淮河多次改道带来大量积沙，土地被黄沙覆盖，发展农业生产面临诸多困难，也使该地区工业发展积累不够，影响了该地区经济的发展。

18.2 科技及人力资源因素

罗默和卢卡斯提出了区域分化理论，认为知识的积累和人力资本是经济增长的重要因素，经济发达地区的人力资本积累越来越少，经济发展就会越来越慢，现代经济发展对科技和人力资源的依赖日渐明显。河南省每万人拥有的大学生数由 1995 年的 13 人增加到 2006 年的 99 人，人均邮电业务拥有量由 1995 年的 33 万元增加到 2006 年的 735 万元，全省专业技术人员拥有数由 2002 年的 114 万人增加到 2005 年的 204 万人，但科教文卫支出占财政支出的比重还是有一定的下降，由 1995 年的 28% 减少到不足 24%，这对河南省区域经济协调发展水平的提高和区域差异的缩小将产生消极影响。河南省四大经济区域在人力资源方面差异明显，四个区域无论在科技、人力资源还是信息等资源方面都存在差别。中原城市群和豫北地区在科研机构的数量和人力资源方面优势明显，科技发达，人口素质高，信息资源丰富，产业结构和布局基本合理，该地区集中了河南省大部分高校的优质教育资源，特别是中原城市群地区，集中了全省 90% 以上的高等院校和一些具有国内一流水平的科研院所，区位优势显著。黄淮地区为传统农区，人力资源明显不足，科技落后，人口素质低，信息资源贫乏，产业布局和结构不合理，这造成四个区域经济发展水平存在明显差异。具体来说，中原城市群和豫北地区每万人拥有专业技术人员数、人均科技事业费用和人均教育事业费用支出分别为 410 元、960 元、645 元，为相对应的最低地市驻马店的 2.7 倍、信阳的 53 倍、周口的 2.8 倍；每万人拥有专业技术人员数三门峡 303 人，济源 297 人，分别名列第 2 位和第 3 位，前 10 位均为中原城市群和豫北地区地市（三门峡除外），人均科技事业费用和人均教育事业费用居前 10 位的地市中除去三门峡外，均为中原城市群和豫北地区地市，后 5 位除去开封外，均为豫西南和黄淮地区地市；在每万人拥有高校学生数方面，郑州最高，为 676 人，驻马店和周口最少，分别为 15.78 人和 15.76 人，最高者约是最低者的 43 倍；在科教文卫支出占财政支出比重上，黄淮地区较高，如信阳和商丘分别占 28% 左右，高于以郑州为首的中原城市群地市以及豫北地市，这对提高本地区经济发展水平、缩小区域差距有积极作用，不过由于其科教文卫支出绝对数较少，且人均科教文卫支出低于全省平均水平，所以区域经济发展的困难仍然较多。河南省各地区在科技以及人力资源方面的差距是影响区域经济差异缩小、实现区域经济协调发展的重要因素。

18.3　产业结构效率因素

　　1995 年以来，河南省三大产业结构发生了很大变化，这对区域间的经济发展和人民生活水平提高起了很大作用。特别是近几年来，河南省三次产业的总量和结构都发生了较大的变化，三次产业的增加值增速加快，而与之相伴的产业结构也在不断演变。从生产总值看，2006 年河南省国内生产总值为 12 495.97 亿元，是 1995 年的 4.5 倍。其中第一产业产值为 2049.92 亿元，是 1995 年的 2.7 倍；第二产业产值为 6724.61 亿元，为 1995 年的 4.8 倍；第三产业产值为 13 313.4 亿元，为 1995 年的 1.3 倍。三大产业的产业结构也由 1995 年的 25.5：46.7：27.8 变为 2006 年的 16.4：53.8：29.8，其中，第一产业产值结构下降了 9.1 个百分点，年均下降了 0.76 个百分点；第二产业产值结构增加了 7.1 个百分点，年均增长了 0.59 个百分点；第三产业产值结构增加了 2 个百分点，增长较慢，年均增长了 0.17 个百分点。这种结构变动反映了三大产业结构向协调发展方向前进了一大步，改变了传统经济体制下的产业经济结构，第一产业的产值比重下降速度较快，反映了非农产业比重在逐年提高，经济结构向高级化发展；但同时第三产业增长较慢，反映了服务业对该地区经济增长的贡献较弱，不利于该地区经济的持续协调发展。

　　一个地区区域经济的发展与该地区的经济结构效率相关，所有与经济发展有关的要素资源都要由经济结构来转换和体现。因此，不同地区经济结构效率的高低，直接影响资源利用的效率，导致资源与要素流向利用率高的地区，并最终造成区域间的经济差异。由于产业结构的演进与不同的社会技术经济条件和不同的经济发展阶段相适应，在特定的经济环境和技术进步条件下，各产业处于自己生命周期的不同阶段，总有一些产业比另一些产业发展得快。因此，产业结构不同的区域，其经济发展速度、水平也不同。中原城市群、豫北地区集中分布着电子、机械、化工、纺织等工业部门，旅游业和其他服务业也较发达，三次产业的比例基本协调；黄淮地区技术条件落后，资源开发利用不合理，各产业发展水平都较低，其中第一产业比重大，产业结构不合理，从而制约了地区经济发展。

　　河南省各地区产业结构效率差异是影响该地区经济协调发展的一个重要因素。本书在第 3 章从定性角度对河南省区域经济协调发展状况进行了部分论述，认为各地区经济增长速度差异明显，如中原城市群和豫北地区的生产总值增长率分别超过全省平均水平的 1.1 和 1.7 个百分点，豫西豫西南与全省平均水平基本持平，而黄淮地区则低于全省平均水平 1.4 个百分点；各地区的人均 GDP 增长率差异情况也大致相同，中原城市群地区和豫北地区增长率不仅高于豫西豫西南和黄淮地区，也高于全省平均水平。从三大产业之间的比例来看，第一产业产值比重从黄淮地区、豫西豫西南、豫北地区和中原城市群地区依次增加，其中产值比重最大的是黄淮地区，超过 30%，而最小的中原城市群地区则为 10%；同样在第二产业产值比重上，豫北地区比重最大，为 61%，中原城市群地区为 57%，豫西豫西南为 54%，而黄淮地区仅为 31%。由于目前河南省正向重工业化阶段过渡，河南省北部的第二产业产值比重较大，工业基础较强，发展速度快，协调发展水平较高；而黄淮地区和豫西豫西南工业基础相对较弱，产值比重小，工业化发展任务艰巨，经济发展明显滞后于中原城市群地区和豫北地区。

18.4 区域经济政策因素

区域经济政策特别是投资政策是影响河南省区域经济发展的一个重要因素，其倾斜度使各地固定资产投资的差距扩大，公共服务水平相差悬殊，资金投入及流动对当地经济发展产生重要影响。国家区域经济发展总体战略和河南省区域经济发展经历了从均衡发展到非均衡发展再到区域协调发展的转变。改革开放以来，国家实际上采取了一种由东至西的梯度开发战略，河南省作为中部省份，在改革开放初期受到国家开放政策的影响较小，经济发展呈现低水平均衡状态，区域经济差异不大；随着改革开放政策的深入和经济体制的转型，河南省的经济总量增长和发展速度得到较快提升，但在经济得到快速发展过程中各地区由于经济发展资源禀赋条件的不同，经济差异逐渐呈现。与此同时，河南省根据省情采取的是非均衡发展战略，比如，2002 年以来提出建设中原城市群以带动省域经济发展的战略，中原城市群地区是河南省经济发展水平最高、条件最为优越的地区，但这也在一定程度上扩大了区域经济差异的程度。具体从投资政策上看，中原城市群地区的郑州市作为省会和河南省的政治、经济、文化和交通中心，是河南省的投资重点地区；焦作地区属我国重要的能源和重化工基地之一，是国家的重点投资开发区；洛阳市是国家级重化工基地之一，有多个国家级重点项目在此立项，尽管其区域经济协调发展总体水平并没在全省排在前列，但其经济和社会发展水平居于全省前列，发展水平高；此外，豫北地区的濮阳、安阳和豫西的三门峡都曾在不同时期作为全国或全省的重点投资开发区，而经济欠发达的豫西南的南阳以及黄淮地区在接受国家和省内投资方面则很有限。

第 19 章

促进河南区域经济协调发展政策建议

通过分析，我们发现河南省区域经济协调发展水平的空间差异显著，区域经济发展的不协调性和不均衡现象明显，其中中原城市群和豫北地区的经济发展水平较高，内部差异较小，协调发展相对较好，特别是中原城市群作为全省经济发展的龙头，有率先崛起并走在中西部发展前列的势头；而豫西南和黄淮地区的经济发展水平与前两者相比有较大的落差，内部处于低水平均衡状态，协调发展水平差，特别是黄淮地区发展滞后，有被边缘化的危险。河南省近年来区域经济发展总体水平保持着较快的上升势头，但经济、社会、生态环境协调性较差，特别是经济发展和生态环境之间的不协调有增大之势，这不利于该地区资源的优化合理配置，不利于河南省及各地区全面建设小康社会目标的实现和"十一五"规划任务的完成。对河南省来说，要实现本地区的区域经济协调发展，应该注意以下几个方面的问题。

19.1　坚持区域经济协调发展战略

首先是注重协调发展。针对各区域之间发展不平衡将会加剧的状况，必须实行区域经济协调发展战略，努力将发展的差距控制在合理的范围内。但区域经济不能坚持平衡发展，在发展的政策和空间上，不能均匀用力，而应当有所区别，有所侧重。应当在政策上鼓励有条件的地方加快发展，形成若干个经济增长极，带动辐射周边地区的经济发展。中原城市群由于得天独厚的区位优势和较好的工业基础，具有走在全省经济乃至中西部经济发展前列的条件。中原城市群建设应以大郑州为核心，以洛阳、开封、新乡、焦作、济源、许昌、平顶山、漯河八个城市为支点而构成地域空间组织密集区。在空间布局上，按照点－轴原理，依托交通线，重点发展一批中心城市，形成增长极，带动周边县域经济，形成产业带和城镇带。通过实施信息化、工业化、城市化一体化战略，充分发挥中心城市在区域发展中的重要作用，以城市的辐射力、吸纳力来进一步调整和优化行政区域布局，把发展小城镇作为城市和乡村联结的桥梁，同时以信息化带动工业化，以工业化促进信息化，进而带动整个区域经济的发展。对于发展步伐严重滞后的黄淮地区，除了自身努力之外，政府应当在资金上、项目上加大投入，重点在发展的基础条件上增加投资，增强其发展潜力和后劲。

其次是努力推进工业化，加快城市化进程。各区域应根据自身条件，发展不同类型的工业，以工业化促进城市化，以工业化带动经济的长期较快增长，尤其是黄淮等发展滞后的地区，更要加快工业化进程。要坚持做大、做强资源型工业，延伸产品链条，实现资源型产品的深加工、精加工，逐步改变以资源消耗来换取增长的粗放型发展模式。中原城市群和豫北地区的主要城市，如郑州、洛阳、焦作、安阳等是该地区主要的煤炭、石油、化工基地，要通过引进技术，改造提升该地区石油及天然气加工、煤化工、精细化工等化工业的产业基础，扩大石油炼能，建设化学燃料产业基地，加快以煤为原料的精细化工产品发展，提升装备制造业的整体能力和大型化、系列化水平，突破核心技术，形成具有国际竞争力的产品，从而提升该地区企业乃至区域国际竞争力。要把农民技能培训作为加快城市化、工业化的一个重要手段，造就大批产业工人，为实现农村富余劳动力大量向二、三产业转移，为城市化发展创造基础性条件。

最后要积极发挥比较优势，努力实现跳跃式发展。黄淮地区等经济区可通过借助外部资源和先进技术，结合本地资源，选准发展突破口，形成各自鲜明的产业特色，实现产业的跨越式、跳跃式发展。如加速本地区农业产业化、加速劳动力转移，发展农产品深加工、精加工，建设以农产品精深加工为主的绿色农产品加工制造的产业中心。

19.2 优化地区产业结构，构建圈层的产业分工体系

区域经济发展要解决的关键问题就是区域的分工选择，区域经济发展速度和规模、经济竞争实力和国民收入水平等的差异，归根结底都取决于产业结构的差异。地区产业结构是否合理决定了地区资源能否在各部门之间合理配置，直接影响到区域财富创造的多少及经济实力和竞争实力的强弱。笔者认为，圈层经济结构是一种较好的区域分工选择方式，圈层经济结构的形成为区域发展提供了一个合理有效的分工思路，该理论提出的基础是比较优势、产业集聚、规模经济和内生增长等理论。圈层经济结构的基本范式是：以大中城市为枢纽，以卫星城市为结点，以市场为依托，以专业化分工为纽带，通过不同经济圈层的产业定位，实施产业的梯度升级[47]，进而使区域产业发展和整体产业发展同步，同时，利用产业发展既能带动地区发展，又能兼顾区域经济的协调发展。构建圈层的产业分工体系，就是可以把一个区域的不同城市按照各自的比较优势不同，以及它们各

自在产品内分工中所扮演的角色不同，从而确立不同的分工点，划分为不同的层次。在理论方法上，通常根据经济发展水平的差异性选择经济增长极或经济增长核心区，通过人均 GDP 标准化值比较、投资比重与全省投资比重比较、经济区域经济增长率和全省经济增长率三个指标综合比较分析得出：中原城市群内部的增长极应当是以郑州为核心，形成洛阳、焦作、许昌三足拱卫的隆起区；豫北地区的增长极应当是安 – 鹤工业带；豫西豫西南地区的增长核心分别是南阳市、三门峡市；黄淮地区的增长极定位比较困难，可以考虑重点发展经济实力强的中小城市。[48] 依据比较优势理论和要素禀赋原理，根据主导产业原理、产业区位商、影响力系数、感应度系数等确定四大经济区域中各个中心城市的主导产业，重点发展高附加值产业和现代服务业，为周围的中小城市提供信息流、物流、智力资源等支持。同时以中心城市为圆点，层层布局，形成中心与外围紧密联系的圈层经济结构。把居于价值链高端的城市看成中心城市，可以把处于价值链低端的城市看成次中心城市或者卫星城市，依此类推，处于价值链最低端的为外围城市。一个区域的圈层结构的形成可能先从某一行业开始，随着每个城市（包括卫星城市和中心城市）在分工中积累的要素的数量增加，该城市在整个分工中所占有的优势会越来越明显，更多的城市和行业会加入到这种分工中，那么区域的分工模式将变得更加庞大。需要指出的是，圈层经济结构并不是一成不变的，它会随着城市的发展而动态演进。

19.3　推动区域合作，形成分工合作、优势互补的发展合力

从开放型经济角度看，河南省的区域经济发展，需要加强与国外、我国东部地区和西部地区的合作，通过吸引外来资金、技术、人才等资源来提升本地区的经济实力，增强河南的产业和产品竞争力，同时，河南要加强与外部的经济贸易联系，提高产品外销的比重和市场占有率。从河南四大经济区域发展的角度看，这四个经济区是相互联系的，而不是相互割裂的，既要有分工，又要有合作。分工是建立在各自优势的基础上的，突出发展优势产业，合作是为了实现优势互补，资源共享。在合作形式的选择上，一是产业政策协调。区域不同，产业政策的着力点应有所不同，各级政府在制定政策时，对各区域及区域之间应有明确的政策导向，引导区域优势资源向优势产业集中，引导优势企业集聚，形成集聚经济，实现规模效应。二是打破市场壁垒，使区域内实现交通便捷，交易顺畅，同时区域之间也要打破壁垒，促进自由贸易、公平交易，保证机会均等。三是改进区域间政府协商机制，促进区域间加强沟通，平等协商。四是调整区划，整合要

素资源，尽快出台促进区域经济协调发展的相关政策。

19.4 在不损害市场效率的情况下，政府必须为地区经济的协调发展提供政策支持

分析造成河南省区域经济发展不平衡的原因，除了各地区发展基础存在差异即起点不同外，还应该有其他的原因，它与区域经济不平衡发展的起点水平高低无关，但对区域经济不平衡发展的维持和强化有着重要影响。按照自增强理论的观点，在边际报酬递增的假设下，经济系统中能够产生一种局部正反馈的自增强机制，一个经济系统可能产生路径依赖而进入一种均衡状态，这种均衡状态不一定是最有效率的或者说极有可能是一种低效率的均衡，但这种均衡一旦形成，就会不断地重复选择下去，极易形成低水平均衡。从动态的角度来看，区域经济发展总是一个从不平衡向协调平衡转变的过程，也可以说是一个从低效率均衡向高效率均衡转变的过程。在低水平均衡状态下，区域系统发展由于惰性往往停滞不前，这使市场力量通常倾向于扩大这种差距而不是缩小，低水平均衡地区只能在原有的水平上继续发展。因此，要促进区域经济协调发展，缩小区域差异，实现区域经济发展的动态平衡，就需要把市场机制这只"看不见的手"和宏观调控这只"看得见的手"相结合，在确保效率的情况下，促进要素投入的区域协调性和经济系统内部的均衡性。在这一点上，国外就非常重视宏观调控手段特别是财政政策的作用，如通过规范和完善专业支付制度，平衡各区域的公共服务水平，实行对落后地区企业的补贴制度等。[49]

首先，尽快出台促进区域经济协调发展的相关政策。区域经济的发展离不开政策引导，河南应尽快制定和实施区域经济发展的相关政策，以形成区域间竞相发展的良好格局。一是各经济区发展的指导性政策，包括发展目标、产业规划、城市规划、区域合作、工业产业带和农业产业带规划等。二是区域内外交通、通信协调政策，如促进建立中原城市群快捷交通网、城际铁路、交通枢纽的政策。三是促进增长极和经济核心区加快发展、快速崛起的政策。四是促进主导产业做大做强，使之成为河南经济发展的支柱的政策。五是促进技术进步、体制创新的政策。六是努力向中央争取支持河南及中部地区发展的政策。争取国家将振兴东北老工业基地、西部大开发的一部分政策给予中部，争取中央进一步加大对河南农业及农业产业化的政策扶持力度。

其次，各级政府作为地区经济的管理者和有关政策的制定者，必须为地区经济的协调发展提供政策，在注重效率的同时，加强要素投入的区域协调性。具体应做到：①对于省级政府，在制定全省社会经济发展规划时，必须充分考虑并体

现区域协调发展的观念；要加大对豫西南和黄淮地区的投资政策倾斜，加大对教育、科技、交通等方面基础设施的投资力度；通过制定法规推动和规范地方政府间的区域经济合作，建立各地区政府间的合作机制；鼓励企业跨地区发展，打破地方垄断，实现各种生产要素的自由流动，人流、物流、信息流等的畅通无阻。②对于地方政府，在制定本区域社会经济发展规划时，要保持与国家级、省级规划的协调配合；着力出台政策，优化投资环境；加大对产业结构调整的政策引导，积极培育主导产业；深化人事制度改革，提高人力资源的利用效率。

19.5　实现可持续发展，高度重视生态环境在区域经济协调中的作用

可持续发展是区域经济发展的根本要求，只有实现河南省区域经济、社会、资源、环境、人口的协调，做到可持续发展，才能实现区域经济的整体发展。这要求我们在促进经济发展的过程中，要正确处理区域经济增长与区域社会发展、生态发展的关系。长期以来，个别地区忽视生态环境和社会发展，把区域经济发展与区域经济增长等同起来，造成经济增长一条腿长、社会生态发展一条腿短，严重影响了区域经济发展水平的提高。

河南省是全国第一人口大省，人口密集，经济发展相对落后，土地空间相对短缺。城市化发展的加速，要求河南省既要确保耕地面积保有量，维护粮食安全，又要腾出空间发展经济，这严重制约了该地区的可持续发展。河南省黄淮地区由于历史和地理原因，生态环境脆弱，经济发展任务又很繁重，经济发展与生态保护的矛盾突出；豫西豫西南地区矿产资源丰富，近年来开发力度较大，乱采、私采、滥采现象突出，生态环境极其脆弱；中原城市群和豫北地区经济发展水平相对较高，但社会发展与经济发展不协调的问题依然突出。因此，河南省四大经济区域可以利用各自的综合优势，走可持续发展道路，努力实现经济、社会、生态环境的协调持续发展。

参 考 文 献

[1] 蒙少东. 区域经济协调发展研究. 博士学位论文. 天津：天津大学，2004

[2] 魏后凯. 现代区域经济学，北京：经济与管理出版社，2006

[3] 彭荣胜. 区域经济协调发展的内涵、机制与评价研究. 博士学位论文. 开封：河南大学，2007

[4] 张敦富，覃成林. 中国区域经济差异与协调发展. 北京：中国轻工业出版社，2001：136～141

[5] 王文锦. 中国区域协调发展研究. 博士学位论文. 北京：中央党校，2001

[6] 吴继英，赵喜仓. 江苏省区域经济协调发展状况评价与分析. 工业技术经济，2004，（2）：55～57

[7] 陈秀山. 区域经济协调发展要建立区域互动机制. 党政干部学刊，2006，（1）：27～29

[8] 蔡思复. 我国区域经济协调发展的科学界定及其运作. 中南财经大学学报，1997，（3）：21～25

[9] 冯玉广，王华东. 区域 PRED 系统协调发展的定量描述. 环境科学学报，1997，（4），487～492

[10] 孙建. 区域系统协调发展评价研究. 内蒙古科技与经济，2005，（2）：10

[11] 孙海燕. 区域协调发展机制构建. 经济地理，2007，（3）：363～365

[12] 全海娟. 区域经济协调发展评价指标体系及评价模型研究——以长江三角洲为实证研究. 硕士学位论文. 南京：河海大学，2007

[13] 中国南昌大学中部经济发展研究中心. 中部经济发展研究报告（2006）. 北京：经济管理出版社，2007

[14] 陈秀山，刘红. 区域协调发展要健全区域互动机制. 党员干部学刊，2006，（1）：26～28

[15] 陈栋生. 论区域协调发展. 北京社会科学，2005，（2）：2～10

[16] 孙久文，叶裕民. 区域经济学教程. 北京：中国人民大学出版社，2002：52～53

[17] 高洪深. 区域经济学（第二版）. 北京：中国人民大学出版社，2006：30，31

[18] 刘水林，雷兴虎. 论区域协调发展的基本理念. 中南财经政法大学学报，2006，（1）：13～18

[19] 邹栅刚. 系统科学. 上海：上海人民出版社，1987：48

[20] 王淑荣，吴显悦，果光虎. 系统科学和成功管理. 北京：中国物资出版社，1993：37，38

[21] 韩兆洲. 区域经济协调发展统计测度研究. 博士学位论文. 厦门：厦门大学，2000

[22] 曹洪峰. 山东省区域协调发展状况评价与分析. 山东经济，2005，（2）：95～99

[23] 张维群. 区域人口与经济、社会、资源环境协调发展评价研究. 区域经济，2006，（5）：265～266

[24] 汪波，方丽. 区域经济发展的协调度评价实证分析. 中国地质大学（社会科学版），2004（6）：52～55

[25] 刘志亭，孙福平. 基于3E协调度的我国区域协调发展评价. 青岛科技大学学报，2005，（6）：555～558

[26] 张大为，黄姗姗，丁健民. 成都经济圈区域经济协调发展研究. 商场现代化，2006，（4）：248

[27] 李勇. 经济与环境协调发展综合指标与实证分析. 环境科学研究, 2006, 19 (2): 62~65

[28] UK. Development of environment, indicators of sustainable development for the Unite Kingdom. London: HMSO, 1996

[29] 中国科学院可持续发展研究组. 1999 年中国可持续发展战略报告. 北京: 科学出版社, 1999: 153~164

[30] 申玉铭, 班武奇. 山东半岛可持续发展能力的综合评价研究. 首都师范大学学报 (自然科学版), 1999 (9): 81~87

[31] 刘传明, 李娜. 湖北省地区经济差异评价及协调对策. 湖北社会科学, 2004, (1): 27~29

[32] 金宝石, 查良松. 安徽省区域经济差异与发展对策初步研究. 国土与自然资源研究, 2004 (2): 1~2

[33] 冯旭芳, 刘敏. 区域发展差异测度及协调对策——以山西为例. 经济问题, 2007, (3): 124~126

[34] 河南省委省政府. 河南省全面建设小康社会规划纲要. 河南报业网 http://www.sina.com.cn. 2004-09-27

[35] 中华人民共和国统计局. 安徽省区域经济差异及其协调发展问题的分析研究. 资料来源: http://finance.sina.com.cn. 2004-12-16.

[36] 叶初升, 夏善华. 湖北区域经济协调发展问题研究——兼论"泛武汉城市圈"区域协作体系的构建, 湖北经济学院学报, 2005, (3): 4

[37] 徐建华. 现代地理学中的数学方法. 北京: 高等教育出版社, 2004: 323

[38] 邱东, 汤光华. 对综合评价几个阶段的再思考. 统计教育, 1997, (4): 25~27

[39] 万星火, 檀亦丽. 主成分分析原始数据的预处理问题. 中国卫生统计, 2005, 22 (5): 328

[40] 郭镭, 张华, 袁去病. 区域环境——经济协调发展定量分析方法研究. 四川环境, 2003, 22 (5): 68

[41] 侯景新, 尹卫红. 区域经济分析方法. 北京: 商务印书馆: 123

[42] 许学强, 张俊军. 广州可持续发展的综合评价. 地理学报, 2001, (1): 54~63

[43] 乔峰, 姚俭. 时序全局主成分分析在经济发展动态描述中的作用. 数理统计与管理, 2003, 20 (2): 1

[44] 曾珍香, 顾培亮. 可持续发展系统分析与评价. 北京: 科学出版社, 2000: 134~136

[45] 卢纹岱. SPSS for Windows 统计分析 (第 3 版). 北京: 电子工业出版社: 418

[46] Myrdal G. Economic theory and underdeveloped regions. London: Duekworth, 1957. 该文来源于吴小波, 曾静. "圈层"经济结构和我国区域经济协调发展. 广东经济研究, 2007, (2)

[47] 河南省发改委. 协调河南区域经济发展, 合理规划产业空间布局. http://www.henan.gov.cn/. 2007-03-05

[48] Brown C V. Public sector economic (4th). Basil Basil Black Well, 1990.

[49] 吴强, 李宗植, 柴友兰. 美国协调区域经济发展的政府行为及其特点. 财会研究, 2004, (1): 60~62

附录 A 指标均值化数据表

表 1 指标均值化数据表（2006 年河南省各地市）

地区	x_1	x_2	x_3	x_4	x_5	x_6	x_7	x_8	x_9	x_{10}	x_{11}	x_{12}
郑州	2.368	0.801	3.112	0.453	2.527	0.898	2.914	2.992	-0.164	2.901	-2.179	0.41
开封	-0.694	-1.001	-0.663	-0.584	-0.963	-0.522	-0.725	-0.375	-1.282	0.624	-1.078	-0.049
洛阳	0.892	0.732	0.703	0.93	0.789	0.01	0.374	-0.137	0.502	0.514	-1.177	-1.319
平顶山	-0.145	0.871	0.104	1.813	-0.383	-0.277	-0.51	-0.171	0.658	0.006	-0.171	-0.12
安阳	-0.38	0.732	-0.171	-0.486	-0.304	-0.092	-0.629	-0.146	0.341	-0.18	0.813	-0.79
鹤壁	0.117	-0.031	-0.019	1.147	0.214	-0.357	0.154	0.101	0.546	-0.755	0.707	-0.86
新乡	-0.456	0.801	-0.28	0.152	0.233	0.064	-0.245	-0.299	-0.237	0.915	0.876	-0.825
焦作	0.853	0.871	0.544	0.319	0.978	0.497	0.482	1.302	0.901	-0.092	0.95	1.503
濮阳	-0.285	0.247	-0.377	-0.4	-0.496	-0.282	-0.461	0.227	-0.927	-1.239	0.97	1.82
许昌	0.191	0.177	-0.298	0.035	-0.098	-0.128	-0.397	0.825	0.785	-0.974	0.476	1.327
漯河	0.054	1.356	-0.185	-0.395	-0.394	-0.365	0.567	0.85	0.876	-1.496	0.848	0.163
三门峡	0.585	-0.724	0.362	0.924	0.991	-0.341	1.608	-0.964	0.851	-0.006	0.469	1.115
南阳	-0.511	-1.001	-0.667	-0.566	-0.593	-0.486	-0.74	-0.863	-0.385	-0.541	-0.892	-0.12
商丘	-0.985	-1.001	-0.801	-0.438	-0.906	-0.583	-0.842	-0.592	-1.402	0.066	0.854	0.268
信阳	-1.06	-0.655	-0.879	-1.049	-0.612	-0.592	-0.758	-1.078	-1.51	1.003	-0.399	-1.354
周口	-1.226	-1.625	-0.981	-2.031	-1.173	-0.534	-0.766	-0.655	-1.339	-0.309	-0.388	0.762
驻马店	-1.15	-1.764	-0.898	-1.272	-1.216	-0.59	-0.78	-0.984	-1.485	0.147	-1.497	-1.142
济源	1.833	1.217	1.394	1.448	1.406	3.681	0.754	-0.033	1.416	-0.582	0.817	-0.79

续表

地区	x_{13}	x_{14}	x_{15}	x_{16}	x_{17}	x_{18}	x_{19}	x_{20}	x_{21}	x_{22}	x_{23}	x_{24}
郑州	0.577	-0.915	2.528	-0.842	1.541	2.592	2.297	2.099	3.616	3.633	2.686	-1.089
开封	0.131	-0.137	-1.594	0.17	-0.249	-0.594	-0.798	-0.909	-0.177	-0.474	0.057	-0.556
洛阳	-1.238	0.888	0.368	-0.976	-1.389	-0.279	1.561	1.097	0.861	0.5	0.729	-1.53
平顶山	-0.649	1.442	-0.365	1.086	-1.276	-0.623	0.612	1.127	-0.305	-0.073	0.455	-0.868
安阳	0.019	1.237	0.082	-1.09	-0.353	0.207	0.71	0.559	-0.424	-0.043	-0.041	0.914
鹤壁	-0.458	1.237	0.082	-1.09	-0.353	0.594	-0.095	0.559	-0.376	-0.079	-0.041	0.914
新乡	-1.19	0.56	-0.216	-0.46	-0.188	0.047	0.225	-0.712	-0.296	-0.034	0.484	-0.027
焦作	1.945	1.442	0.765	-1.224	1.459	1.171	0.376	0.364	0.124	0.219	0.698	-1.066
濮阳	0.577	-0.178	0.119	0.074	-1.188	-0.948	-0.206	0.842	-0.393	-0.11	-0.201	1.227
许昌	1.961	-1.387	0.144	-0.498	1.782	0.87	-0.269	-0.638	-0.152	-0.314	-0.534	0.25
漯河	1.404	-0.116	-0.154	-0.498	0.645	0.355	-0.143	-1.017	0.088	-0.299	-0.179	-0.679
三门峡	-0.14	-1.961	-0.427	0.322	-0.322	-0.243	-0.11	1.176	0.163	0.491	0.536	-0.147
南阳	0.258	0.519	-0.675	-0.098	-0.3	-0.308	-0.249	-0.088	-0.204	-0.669	-0.893	-0.002
商丘	-0.569	-0.588	-1.321	-0.078	-1.121	-1.164	-0.746	-0.525	-0.724	-0.808	-0.954	1.568
信阳	-0.601	-0.854	-0.315	2.517	0.182	-0.619	-1.259	-0.485	-0.597	-0.599	-1.398	1.655
周口	0.067	0.847	-0.514	0.418	-0.538	-1.303	-1.733	-1.78	-0.818	-0.857	-1.431	0.55
驻马店	-0.76	0.417	-0.924	1.62	-0.507	-0.949	-1.135	-1.056	-0.808	-0.748	-1.125	1.215
济源	-1.334	-0.075	1.684	-1.052	0.816	1.192	0.963	-0.078	0.42	0.264	0.355	-1.159

续表

地区	x_{26}	x_{27}	x_{28}	x_{29}	x_{30}	x_{31}	x_{32}	x_{33}	x_{34}	x_{35}	x_{37}
郑州	3.855	3.481	0.177	3.269	-0.763	0	-0.714	-0.706	-0.253	0.088	-0.496
开封	0.164	-0.37	0.43	-0.228	0.518	-1.506	-0.921	-0.968	-1.189	-1.577	1.681
洛阳	0.06	0.197	-0.511	0.757	0.231	0.753	-0.343	-0.182	1.029	0.631	-1.413
平顶山	-0.117	0.173	-0.912	-0.482	1.586	-0.753	1.164	0.533	-0.797	-0.117	-0.403
安阳	-0.265	-0.239	-0.18	0.189	0.704	-0.753	2.134	1.821	-1.247	-0.024	0.367
鹤壁	-0.265	-0.239	-0.18	0.189	1.28	0	0.091	0.019	-0.243	0.519	-0.422
新乡	0.302	0.152	0.352	0.605	1.113	0	0.029	0.22	-0.399	0.912	-0.584
焦作	0.271	0.802	1.155	0.483	-0.401	-1.506	1.102	0.875	-0.765	0.799	0.05
濮阳	-0.514	-0.016	0.413	-0.42	-0.401	0	0.441	-0.364	1.844	0.968	-0.39
许昌	-0.322	0.172	-0.639	-0.343	-0.986	0	-0.694	-0.625	0.116	1.529	0.762
漯河	-0.308	0.009	0.112	-0.47	-1.598	0	-0.921	-1.582	1.746	1.155	1.674
三门峡	-0.479	0.368	-0.865	-0.172	-1.747	0	0.421	0.22	-0.21	0.07	-0.066
南阳	-0.407	-0.548	-1.173	-0.585	0.054	1.506	-0.673	-0.877	2.007	-0.716	0.44
商丘	-0.333	-0.577	0.338	-0.881	0.305	0.753	-0.529	0.15	-0.439	-1.951	0.141
信阳	-0.399	-0.783	-1.526	-0.907	0.054	0	-0.714	0.663	-0.569	-1.034	1.675
周口	-0.55	-0.878	-0.46	-1.078	-0.93	0.753	-0.941	-1.149	0.083	-0.941	-2.008
驻马店	-0.55	-0.729	-0.539	-0.757	1.456	2.258	-0.879	-0.364	-0.634	-0.997	-0.584
济源	-0.056	-1.108	2.692	0.71	-0.475	-1.506	1.948	2.315	-0.08	0.687	-0.422

注：本书建立的河南区域经济协调发展指标体系共有38个指标。x_{25}每万人拥有专业技术人员数，在查阅河南2006年相关统计年鉴过程中，由于发现各地市对此统计口径及指标理解不同，只好放弃；x_{29}信息化综合指数是一个复合指标，其中中间指标彩色电视普及率在豫南和黄淮地区难以查到无法计算，后者本书用电话普及率来代替；x_{36}环保与治理投资占GDP比重，x_{38}工业废水排放达标率两组指标数据，前者在河南一半以上地市的统计年鉴中难以查到，由于部分地市出现数据空缺，为了模型运算准确只好舍弃，实际运算中对于部分数据舍弃是研究过程中几乎不可避免的，并且本书经过验证，以上数据联合没有对模型结论的准确度造成不可逆转的影响。以上均在17.3.1节中的"数据采集及预处理"部分中逐一指出。

表 2　指标均值化数据表（1995～2006 年河南省）

年份	x_1	x_2	x_3	x_4	x_5	x_6	x_7	x_9	x_{10}	x_{11}	x_{12}
1995	-1.313	3.169	-1.37	2.104	-1.032	-0.674	-0.621	-0.232	-2.177	1.299	-1.32
1996	-1.089	1.225	-1.121	1.752	-0.906	-0.778	-0.52	-0.385	-2.053	1.391	-1.173
1997	-0.955	-0.316	-0.921	0.381	-0.804	-0.811	-0.253	-0.415	-1.431	1.116	-0.956
1998	-0.871	-0.99	-0.827	-0.945	-0.749	-0.877	-0.317	-0.751	-0.746	1.116	-1.094
1999	-0.809	-1.247	-0.736	-1.043	-0.703	-0.875	-0.587	-1.117	0	1.116	-1.005
2000	-0.607	-0.218	-0.599	-0.706	-0.608	-0.692	-0.489	-0.629	0.187	0.537	-0.202
2001	-0.44	-0.564	-0.471	-0.867	-0.511	-0.511	-0.888	-0.629	0.622	0.323	-0.394
2002	-0.267	-0.626	-0.292	-0.585	-0.39	-0.37	-0.683	-0.476	0.933	0.018	-0.103
2003	0.025	0.069	-0.034	-0.196	-0.079	0.162	-0.441	0.226	1.866	-1.141	0.133
2004	0.624	1.656	0.541	1.402	0.42	0.826	0.246	0.44	0.311	-0.592	0.532
2005	1.327	1.542	1.226	1.222	1.229	1.209	1.029	1.417	-0.809	-1.019	0.995
2006	1.972	0.694	2.113	1.336	2.196	1.939	2.384	1.936	-0.933	-1.476	2.093

续表

年份	x_{13}	x_{14}	x_{15}	x_{16}	x_{17}	x_{18}	x_{19}	x_{20}	x_{21}	x_{22}	x_{23}
1995	-1.24	1.518	-0.737	2.66	0.071	-2.166	-1.462	-1.319	-1.762	-1.694	-1.016
1996	-0.969	1.253	-0.289	2.044	-0.885	-1.446	-1.234	-1.171	-1.449	-1.447	-1.277
1997	-0.842	1.097	-0.148	1.535	-0.945	-1.125	-1.065	-1.095	-1.146	-1.21	-1.305
1998	-0.793	1.216	0.257	1.53	-1.296	-0.856	-1.002	-0.954	-0.975	-0.961	-0.839
1999	-0.776	1.143	-1.049	0.909	-1.068	-0.681	-0.846	-0.849	-0.824	-0.798	-0.568
2000	-0.665	0.612	-1.183	-0.033	-0.809	-0.603	-0.729	-0.662	-0.612	-0.668	-0.428
2001	-0.537	0.429	-0.918	-0.345	-0.442	-0.371	-0.478	-0.411	-0.364	-0.404	-0.306
2002	-0.334	-0.404	-0.487	-0.536	0.466	-0.126	0.011	-0.092	-0.093	-0.072	-0.549
2003	-0.018	-0.76	-0.101	-0.521	1.173	-0.085	0.351	0.308	0.21	0.348	0.385
2004	0.611	-1.163	0.503	-0.311	0.98	0.573	0.741	0.655	0.707	0.747	0.543
2005	1.343	-1.117	1.261	-0.782	0.984	1.232	1.223	1.206	1.226	1.257	1.01
2006	2.01	-1.053	1.865	-1.446	0.957	2.041	1.794	1.892	1.869	1.761	2.056

续表

年份	x_{24}	x_{26}	x_{27}	x_{28}	x_{30}	x_{31}	x_{34}	x_{35}	x_{36}	x_{37}	x_{38}
1995	3.176	-1.143	-1.228	-2.622	-2.305	1.343	-2.828	-3.106	-0.593	-1.809	-2.147
1996	2.174	-1.127	-1.15	-1.62	-1.968	0.513	-2.323	-2.483	-0.491	-1.911	-2.055
1997	0.753	-1.102	-1.061	-1.542	-1.63	-0.221	-1.925	-1.794	0.317	-1.453	-2.333
1998	0.397	-1.069	-0.87	-1.207	-1.208	-0.134	-0.753	-1.334	-0.314	-1.185	-0.709
1999	-0.427	-0.935	-0.703	-0.701	-0.87	-0.808	-0.309	-0.448	-0.495	-1.005	-0.696
2000	-1.006	-0.675	-0.475	-0.358	-0.363	-1.071	-0.248	-0.022	-0.34	-0.93	-0.047
2001	0.633	-0.314	-0.544	-0.126	-0.025	-1.25	0.311	-0.12	-0.624	0.702	0.285
2002	1.348	0.017	-0.328	0.002	0.312	2.135	-0.531	0.11	-0.341	0.497	0.571
2003	1.127	0.312	0.063	0.391	0.566	0.885	0.158	0.372	-0.482	0.836	0.662
2004	-0.178	0.796	0.682	0.866	0.819	0.385	0.571	0.766	-0.319	0.763	0.815
2005	-1.152	1.287	1.239	1.185	1.072	0.236	1.115	1.235	-0.155	0.813	0.692
2006	-1.495	1.681	1.997	1.491	1.326	-0.156	1.612	1.235	2.753	0.963	0.761

注: 本书对河南区域协调发展动态分析仍采用前文建立包含 38 个指标区域经济协调发展指标体系。x_8 经济密度在空间差异异分析中指标有效, 但在时间序列分析中该指标出现实际意义重复, 基于指标简洁不重复要求, 故舍去。x_{25} 每万人拥有的专业技术人员数由于 1995~2006 年河南该指标名称利统计口径不一, 故放弃; x_{29} 信息化综合指数, x_{32} 单位 GDP 能耗, x_{33} 单位工业增加值能耗三个指标由于指标由于指标由于指标中相关统计年鉴特别是 1996~2002 年相关统计年鉴指标数据或者统计口径不一致, 或者统计口径多年空缺, 所以在数据运算过程中放弃这几个指标。本章指标数据在模型运算中放弃这几个指标中的联合, 经计算结果验证其没有对本书准确度构成不可逆转的影响, 故笔者认为可以接受。

附录 B 子系统主成分的特征向量

表 3 2006 年各地市各子系统主成分的特征向量

		第 1 主成分	第 2 主成分	第 3 主成分	第 4 主成分
经济子系统	x_1	0.97	-0.09	0.09	
	x_2	0.77	0.37	0.02	
	x_3	0.94	-0.32	0.07	
	x_4	0.77	0.29	-0.27	
	x_5	0.95	-0.19	0.04	
	x_6	0.73	0.14	-0.26	
	x_7	0.84	-0.31	0.2	
	x_8	0.69	-0.21	0.56	
	x_9	0.71	0.63	0.16	
	x_{10}	0.27	-0.86	-0.17	
	x_{11}	0.03	0.88	0.09	
	x_{12}	0.06	0.21	0.86	
	x_{13}	0.03	0.13	0.95	
社会子系统	x_{14}	-0.09	-0.13	-0.13	-0.94
	x_{15}	0.84	-0.23	0.17	0.03
	x_{16}	0.45	-0.21	0.78	0.25
	x_{17}	0.84	-0.24	0.4	0.04
	x_{18}	0.89	-0.2	-0.25	-0.14
	x_{19}	0.74	0.08	-0.55	0.07
	x_{20}	0.95	0.12	0.07	0.11
	x_{21}	0.75	0.6	0.09	-0.13
	x_{22}	0.94	-0.12	-0.17	-0.01
	x_{23}	-0.62	0.38	0.08	0.18
	x_{24}	0.89	-0.11	-0.1	0.28
	x_{26}	0.9	0.27	0.21	0.01
	x_{27}	0.89	0.29	0.07	0.06
	x_{28}	0.28	-0.81	0.17	-0.05
	x_{29}	0.97	-0.04	0.07	-0.05
生态子系统	x_{30}	-0.16	0.1	0.95	0.02
	x_{31}	-0.78	-0.11	-0.31	-0.38
	x_{32}	0.9	0.23	-0.17	-0.15
	x_{33}	0.88	-0.03	-0.36	-0.09
	x_{34}	-0.68	0.63	-0.17	0.02
	x_{35}	0.23	0.9	0.18	-0.06
	x_{37}	-0.02	-0.06	0.02	0.98

注：表中缺项和附录 A 原因一样，为相关数据难以查找故放弃。

表 4　1995～2006 年河南省各子系统主成分的特征向量

		第 1 主成分	第 2 主成分
经济子系统	x_1	0.118872	-0.0454
	x_2	0.001	0.336
	x_3	0.119	-0.051
	x_4	0.010	0.354
	x_5	0.116	-0.010
	x_6	0.113	0.025
	x_7	0.099	0.073
	x_9	0.101	0.099
	x_{10}	0.048	-0.345
	x_{11}	-0.116	0.111
	x_{12}	0.119	-0.066
	x_{13}	0.117	
社会子系统	x_{14}	-0.078	
	x_{15}	0.064	
	x_{16}	-0.074	
	x_{17}	0.065	
	x_{18}	0.081	
	x_{19}	0.082	
	x_{20}	0.082	
	x_{21}	0.082	
	x_{22}	0.082	
	x_{23}	0.079	
	x_{24}	-0.057	
	x_{26}	0.081	
	x_{27}	0.081	
	x_{28}	0.079	
生态子系统	x_{30}	0.208	0.076
	x_{31}	0.038	0.835
	x_{34}	0.186	-0.168
	x_{35}	0.198	-0.035
	x_{36}	0.065	-0.339
	x_{37}	0.206	0.178
	x_{38}	0.205	0.138

注：表中缺项与附录 B 原因一样，都是由于数据查找不到造成的，原因不再赘述。

第 五 篇

省域经济研究之二：江西
区域经济协调发展研究
——工业化进程视角

第 20 章

区域工业化差异的相关理论

20.1 工业化的基本含义与一般特征

20.1.1 工业化的基本含义

工业化是由传统的农业经济向工业经济转变的过程[1]，是社会经济发展的主要标志，是实现经济现代化的特定历史阶段，理论界对此已基本达成共识。但对于"工业化"，不同的学者有不同的认识，其中以下几种比较具有代表性。

1）从资源配置结构的转换角度进行定义

西蒙·库兹涅茨[2]在《现代经济增长》（1989）中指出，工业化过程即"产品的来源和资源的去处从农业活动转向非农业生产活动"。这种观点将工业化界定为资源配置从农业领域转向工业的过程。

2）从经济结构变动角度进行定义

A. K. Bagchi 在权威的《新帕尔格雷夫经济学家大词典》中对工业化的定义是，"工业化是一种过程。其一般特征是：首先，一般说来，国民收入（或地区收入）中制造业活动和第二产业所占的比例提高了；其次，在制造业和第二产业就业的劳动人口的比例一般也有增加的趋势。在这两种比率增加的同时，除了暂时的中断以外，整个人口的人均收入也增加了"。[3]著名发展经济学家钱纳里等[4]也支持这个观点，在《工业化和经济增长的比较研究》中，他把工业化看做是广义的"经济结构转变"。

3）从社会生产力变革角度进行定义

中国著名经济学家张培刚[5]教授在 20 世纪 40 年代曾对工业化作出过解释，他认为工业化是："一系列基要的（strategical）生产函数连续发生变化的过程"，并指出"这种基要的生产函数的变化，最好是用交通运输、动力工业、机械工业、钢铁工业诸部门来说明"。他所说的"基要生产函数"是指在整个经济中居于支配地位，亦即"联系效应"很大的生产函数，它的变化能引起并决定其他生产函数的变化。根据这一定义，工业化不仅包括工业自身的机械化和现代化，而且也包括农业的机械化和现代化。因此，他在 20 世纪 90 年代初又把工业化的定义增改为："国民经济中一系列基要生产函数，或生产要素组合方式，连续发生由低级到高级的突破性变化的过程。"[5] 这就更加明确地指出，工业化是一个由低级到高级、不断进步的动态过程，是一个具有突破性的社会生产力变革的过程。

4）从生产工具变革角度进行定义

德国经济史学家鲁道夫·吕贝尔特在《工业化史》中指出："只是在机器时代破晓以后，随着纺织工业的机械化，随着蒸汽机作为一项新的能源，随着从单件生产过渡到系列生产，再过渡到大规模生产，人类社会才开始了巨大的变化，我们称之为工业化的这种变化。"[6] 这种观点认为工业化就是以机器生产取代手工操作的现代工业的发展过程，所强调的是生产工具的变化，即工具的机械化替代人工操作这一变化过程。

综上所述，工业化概念尚没有标准的定义，工业化的内容丰富多彩，但都有一个共同之处即工业化是经济发展、社会变革的一个过程，强调了经济结构的转变，强调了现代工业的兴起和迅速发展等内容。本书认为工业化实质上就是指"经济现代化"。工业化不仅仅局限于工业部门，而应该涵盖整个国民经济。它是国民经济结构发生的从以农业占主导地位向以工业占主导地位的转变过程，伴随着这一转变，生产过程、经济组织、社会结构乃至人们的生活方式、思维方式、价值观念等各方面都发生了相应的变化，从而使一个国家或地区由传统的农业社会转变为现代的工业社会。

20.1.2　工业化的一般特征

如上所述，工业化是一个动态过程，这个过程不仅表现为经济的持续增长，还包括社会生产力不断提高、经济结构持续变化、经济制度变革、城乡生活变化等方面的特征，其中最突出的特征是工业部门持续扩张，特别是制造业部门的比重持续上升和劳动生产率大幅度提高。通过国内外学者的深入研究以及对世界各国的工业化实践进行总结，可以将工业化归纳为以下几点：

（1）工业化的最本质之处在于以机器生产代替手工劳动，即通常所说的机械化、自动化，现在又应当加上信息化。这是一场生产技术的革命，从而也是社会生产力的突破性发展，并且伴随着生产组织形式和国民经济结构的调整和演变。

（2）工业化不仅包括工业本身的机械化、自动化、信息化，而且包括农业生产的机械化、自动化、信息化，亦即包含整个国民经济的进步和发展。因此，在工业化进程中，农业绝不意味着要萎缩甚至被放弃，任何以牺牲农业为代价来发展工业的想法和做法，都是错误的。

（3）在工业化进程中，农业增加值的绝对值会上升，但在 GDP 中所占的比重会下降，农业劳动力在社会总劳动力中所占的比重也会下降；而工业增加值在 GDP 中所占的比重会上升，但上升到一定程度就趋于稳定，然后逐步下降。工业劳动力在社会总劳动力中所占的比重，也会发生与工业增加值基本同方向的变动。

（4）在第一、二产业加快发展、基础更加扎实的同时，第三产业的增加值与从业人员都将呈现持续上升的势头，目前不少发达国家的第三产业增加值在 GDP 中所占的比重已超过 70%，从而，三次产业的结构经历了"一、二、三"→"一、三、二"→"二、一、三"→"二、三、一"→"三、二、一"这样的变化，实现了产业结构的升级。

（5）工业结构的加工度水平提高，即由以原材料工业为重心的结构向以加工、组装工业为重心的结构发展，工业生产层次增多，加工程度不断加深，工业增长对原料的依赖程度出现相对下降的趋势，即工业结构趋向高加工度化。

（6）工业的技术集约化水平提高，表现为各工业部门采用越来越先进的工艺和技术，高技术工业的兴起和发展、工业技术进步对工业经济增长的作用增加，以及工业的投入产出水平进一步提高[7]。

借助于以上认识，在分析江西省各区域的工业化水平时，就可以用具体指标来加以衡量，并与这些一般特征相比较，以发现江西省各区域间工业化水平存在的差异之处。

20.2　区域工业化理论

工业化的推进和实现是与特定的地域空间相联系的，任何一个经济体的经济增长和产业结构研究都是发生在某个空间中的，在此有必要对区域工业化理论进行简要的叙述。

20.2.1　经典工业化理论

工业化一直是经济学研究中的重要问题，从早期古典学派的亚当·斯密、李嘉图、李斯特，到新古典学派的马歇尔、克拉克等；从现代的霍夫曼、罗丹、库兹涅茨、罗斯托、刘易斯、舒尔茨、钱纳里等西方经济学家，到列宁、斯大林等社会主义工业化理论学者，都从不同角度直接或间接论述过工业化，本节将简要介绍以下几种经典工业化理论。

1）刘易斯的二元经济结构理论

刘易斯假定发展中国家是由两个性质不同的部门构成的，一个是传统的能维持生存的农业部门，另一个是具有较高的劳动生产率的现代工业部门。[8]这一基本经济形态就是二元经济，即城市中新兴的资本主义工业部门与农村中庞大的传统农业部门并存。他认为，经济发展过程就是工业化带动城市化的过程，而实现工业化和城市化的关键是增加资本积累或提高资本形成率。对于二元经济国家，农村剩余劳动力无限地向城市转移，这既能为资本积累创造条件，又能满足工业部门扩张的需要，从而推动工业化和城市化的进程。

2）罗斯托的起飞理论

罗斯托的"起飞"概念是指在工业化初期的较短时间内（20～30年）实现基本经济和生产方法上的剧烈转变，而不是指一个渐进的过程。罗斯托[9]认为，一个国家最重要的阶段就是"起飞"，而"起飞"的基本条件就是创造一种机制，以便使剩余习惯地进入生产投资渠道而不被消费掉，这一点对发展中国家尤为重要。与此同时，还应建立主导部门，即建立起自身能快速发展又能带动其他相关部门乃至整个经济增长的主要部门。另外，经济起飞还要有与之相适应的经济制度（体制）、社会结构、政治法律制度及意识形态的变革，使之能满足经济起飞的要求并促进起飞的顺利实现。

3）列宁的社会主义工业化理论

列宁[10]是社会主义工业化理论的奠基者。他关于社会主义工业化理论的主要观点是：第一，大工业化是社会主义的物质基础；第二，社会主义工业化的根本任务是提高劳动生产率；第三，社会主义工业化的制度基础是国家所有制与计划经济制度，主要通过国家干预来推动工业化；第四，对外开放是社会主义工业化的必要条件；第五，技术不断进步是加快社会主义工业化的有效途径；第六，列宁还强调交通运输业是整个国民经济的命脉，必须尽快恢复、改善和发展以铁路为主体的交通运输业。列宁在研究和考虑工业化问题时，十分注重农业与工业的协调发展。

20.2.2　区域工业化与国家工业化的比较

传统经典工业化理论在研究中没有将国家内部区域的工业化单独列为研究对象，而在研究发展中大国的工业化问题时，仅从国家整体的角度出发来研究工业化并不能真正了解其工业化的发展路径。由于国家和区域在空间结构和地理位置上存在差异，并且本部分主要研究江西各区域的工业化进程，因此，需要对区域工业化和国家工业化的不同点进行深入认识。

首先，国家工业化与区域工业化在进程上往往呈现出非同步性。一个国家幅员辽阔，而各个区域的自然资源、地理位置、历史文化状况千差万别，因而工业化的兴起、工业化道路的选择和工业化的发展进程各不相同，即表现为区域经济的不平衡发展。这说明，国家工业化只是概括性地反映了一国工业化的整体状况，而其内部各区域的工业化发展或者超越了现阶段国家的工业化水平，或者落后于这个水平。

其次，国家边界的限制使得其在获得工业化所需的各种生产要素时，存在着流动性方面的差异。在不同国家之间，由于涉及不同的语言、货币及海关和贸易壁垒等问题，使得生产要素在国与国之间的流动受到很大的限制，因此不仅要克服地理空间上的距离，还要克服国家政策的限制。而在国家内部，虽然要素的流动也要付出成本，但是各经济区域之间由于其发展方式和条件的相似性，可以实现资本、劳动力、技术、信息的较快流动及自由地进行货物交换，从而绕过了国家政策约束这一主要障碍。克鲁格曼[11,12]认为"政府的政策影响产品和要素的流动，当代所有的国家都限制劳动流动。许多国家还限制资本流动，或者至少威胁要这样做"。生产要素流动性的差异使得在工业化和经济增长的过程中，区域更倾向于根据本地比较优势选择主导产业，而国家则可以凭借行政干预，建立和保护某些并不具备比较优势但被认为是意义重大的产业。

最后，在产业结构方面。一般来说，国家在工业化进程中，由于有足够大的空间位置，各种自然资源比较丰富，以及存在足够规模的市场需求，这样会建立起门类比较齐全的国民经济各个产业部门，表现出对外部依赖程度较低的内生型发展模式。而区域工业化则不同，由于空间区位和市场规模的限制，在区域工业化发展中，产业结构比较单一，具有专业化的特征，而且区域内经济增长依赖于区域外要素的吸引和区域外市场的需求，表现出外向型的特征。

20.3　区域经济差异理论

区域工业化差异是区域经济差异的一种表现，随着对工业化研究的进一步深入，区域经济差异理论将为实现各区域工业化的协调推进，制定区域经济发展战略提供理论支撑。国外很早就在区域经济及其差异方面进行了研究，并提出了众多理论，主要有区域均衡发展理论和区域非均衡发展理论。本节将对这两种理论作出评述。

20.3.1　区域均衡发展理论

区域均衡发展理论的代表主要有纳克斯的"贫困恶性循环论"和"平衡增长论"、罗森斯坦－罗丹的"大推进论"、纳尔森的"低水平均衡陷阱论"和哈维·赖宾斯坦的"临界最小努力命题理论"[13]。

新古典经济学从生产要素尤其是资金和劳动力在经济空间充分自由流动以寻求最大利润这一前提出发,认为区域经济发展是一个由失衡走向均衡的过程。他们认为区域经济的长期增长主要取决于资本、劳动力与技术进步三个要素,随着市场制度的完善和流动障碍的消失,在市场机制作用下,劳动力将由就业机会少、工资水平低的地区向就业机会多、工资水平高的地区流动,而资本则是从高工资区域向低工资和可以获得劳动力的区域流动,技术将由原始创新区域流向外围区域,从而使要素收益均等化,区域间的差异不断缩小,区域发展逐步均衡,中心-外围结构逐渐消失,因此,区域增长是趋向均衡的。

然而,世界各区域经济发展的现实与新古典学派的理论出现了巨大反差,而且人们发现,即使有些国家内部区域差异有一定程度的缩小,也并非是市场机制作用的结果,而是政府大量干预的结果。在此背景下,不平衡增长理论开始出现并得到发展。

20.3.2　区域非均衡发展理论

该理论的核心观点是:发展中国家或地区不具备全面增长的资本和其他资源,平衡增长是不可能的,应当集中有限的资源优先发展重点区域或重点部门,以促进和带动整个区域的经济发展。主要代表性理论为缪尔达尔的累积循环因果论、赫希曼的非均衡增长理论、佩鲁的增长极理论、弗里德曼的中心-外围论、梯度推移理论和倒"U"理论[4]。

1) 缪尔达尔的累积循环因果论[15]

该理论认为,经济发展过程在空间上并不是同时产生和均匀扩散的,而是从一些条件较好的地区开始,一旦这些区域由于初始优势比其他区域超前发展,这些区域就会通过累积因果过程不断积累有利因素继续超前发展,从而进一步强化和加剧区域间的不平衡,导致增长区域和滞后区域之间发生相互作用。由此产生两种相反的效应:一是回流效应,表现为各生产要素从不发达区域向发达区域流动,使区域经济差异不断扩大;二是扩散效应,表现为各生产要素从发达区域向不发达区域流动,使区域发展差异得到缩小。在市场机制的作用下,回流效应远大于扩散效应,即发达区域更发达,落后区域更落后。基于此,缪尔达尔提出了区域经济发展的政策主张:在经济发展初期,政府应当优先发展条件较好的地区,以寻求较好的投资效率和较快的经济增长速度,通过扩散效应带动其他地区的发展。但当经济发展到一定水平时,也要防止累积循环因果造成贫富差距的无限扩大,政府必须制定一系列特殊政策来刺激落后地区的发展,以缩小经济差异。

2）赫希曼的非均衡增长理论[16]

该理论认为，经济进步并不同时出现在每一处，经济进步的巨大推动力将使经济增长围绕最初的出发点集中，增长极的出现必然意味着经济增长在区域间的不平等，是经济增长不可避免的伴生物，是经济发展的前提条件。他提出了与回流效应和扩散效应相对应的"极化效应"和"涓滴效应"观点。在经济发展的初级阶段，极化效应占主导地位，因此区域差异会逐渐扩大，但从长期看，涓滴效应将缩小区域差异。他又进一步提出"关联效应"原理，因此，主张优先投资和发展的产业必定是关联效应最大的产业，通过该产业的扩张和优先增长，逐步扩大对其他相关产业的投资，带动后向联系部门、前向联系部门和整个产业部门的发展，从而在总体上实现经济增长。

3）佩鲁的增长极理论[17]

该理论的基本思想是：经济增长并非同时出现在所有的地方，而是首先集中在某些具有创新能力的行业和主导部门，由于供给函数和市场需求的不可分性，这些主导部门和有创新能力的行业通常聚集在大城市中心。换言之，经济增长首先出现在一些增长点或增长极上，然后通过不同的渠道向外扩散，对整个经济产生不同的影响。后来的学者又将佩鲁的增长极概念推广到地理空间，因此增长极概念有了两种含义：一是指在经济意义上具有空间集聚特点的主导产业部门；二是特指在地理意义上区位条件优越、经济发达的地区。

4）弗里德曼的中心－外围理论[18]

弗里德曼将经济系统的空间结构划分为中心和外围两部分，二者共同构成一个完整的二元空间结构。该理论认为中心区发展条件较优越，经济效益较高，处于支配地位，而外围区发展条件较差，经济效益较低，处于被支配地位。因此，经济发展必然伴随着各生产要素从外围区向中心区净转移。在经济发展初始阶段，二元结构十分明显，表现为一种单核结构；随着经济进入起飞阶段，单核结构逐渐被多核结构替代；当经济进入持续增长阶段，随着政府政策干预，中心和外围的界限会逐渐消失，经济在全国范围内实现一体化，各区域优势得到充分发挥，经济获得全面发展。

5）区域经济梯度推移理论[19]

该理论最早源于美国哈佛大学教授弗农[20]等首创的"工业生产生命周期阶段论"，认为工业各部门甚至各种工业产品都处于不同的生命循环阶段上，在发展中必然经历创新、发展、成熟、衰老四个阶段，并且在不同阶段，将由兴旺部门转为停滞部门，最后成为衰退部门。区域经济学者把它引用到区域经济学中，创造了区域经济梯度转移理论。该理论认为，区域经济的盛衰主要取决于其产业结构的优劣，而产业结构的优劣又取决于区域主导产业部门在工业生命循环中所处的阶段。如果区域主导产业处于创新和发展阶段，这个区域就属于高梯度地区；反之，则处于低梯度地区。根据该理论，每个国家或地区都处在一定的经济发展梯度上，世界上每出现一种新行业、新产品、新技术，都会随时间推移，由高梯度区向低梯度区传递。

6）威廉姆逊的倒"U"理论[14]

倒"U"模型是由美国著名经济学家威廉姆逊在其《区域不平衡和国家发展过程：一个描述模型》一书中提出的一个理论，该理论认为区域经济增长的不平衡度与区域的经济发展水平存在倒"U"形关系，如图20.1所示。

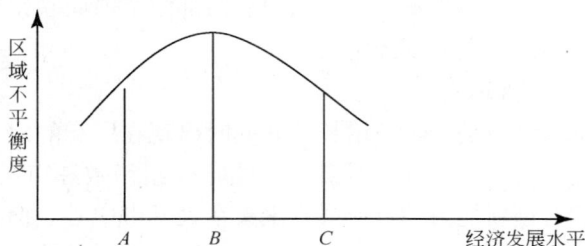

图 20.1　倒"U"模型

这一倒"U"模型表明，在经济发展的初期（A点），区域经济的不平衡度相当低；而在经济开始起步的初期阶段（$A \sim B$阶段），区域差异扩大；当经济发展进入成熟阶段（$B \sim C$阶段），发达地区投资收益递减，资本要素回流到欠发达地区，区域差异趋于缩小。

综上所述，不论是刘易斯等的二元经济结构理论、罗斯托的"起飞"概念，还是赫希曼的不平衡增长理论、威廉姆逊的倒"U"理论，他们的研究理论与方法都对研究各区域的工业化水平、实现区域经济协调发展具有重要的启示，为从整体上把握和认识江西各区域的工业化水平差异问题、协调各区域的经济发展奠定了良好的理论基础。

第 21 章

区域工业化水平综合评价模型

为充分认识江西省各地区经济发展程度的差异,详细分析江西各区域工业经济发展的基本特点及存在的问题,就需要选择恰当的工业化评价模型来对其工业化水平进行评价,从而揭示出江西工业化进程中的区域结构特征。本章首先介绍传统工业化发展阶段的划分方法,然后重点介绍中国社会科学院课题组的陈佳贵、黄群慧、钟宏武[21]等提出的能够反映地区工业化进程和区域特征的最新工业化水平综合评价模型,亦为本书所选择的模型。

21.1　传统的工业化发展阶段划分方法

衡量一个国家或地区的工业化水平或发展阶段有多种方法,从国内外学术界已有的研究成果看,对我国工业化水平和阶段的认识,大多依据霍夫曼的工业内部结构四阶段划分法、库兹涅茨的产值结构和就业结构五阶段划分法及钱纳里的人均收入七阶段划分法,在此先对这些传统的划分方法作一简单介绍。

21.1.1　霍夫曼的工业内部结构四阶段划分法

霍夫曼分析了工业化过程中工业内部的结构变动状况,通过计算消费品工业与资本品工业的比重(霍夫曼比例),揭示了工业部门内部结构演变的一般趋势。该方法将工业化进程划分为四个阶段,表 21.1 给出了霍夫曼的工业内部结构四阶段。

霍夫曼[22]的理论揭示了工业化过程中工业部门内部结构演变的一般趋势。因为资本品工业与消费品工业相比,具有资本、技术密集的特点,同时资本品工业比例的增大意味着工业加工程度的深化及中间产品和最终产品比例的扩大。所以,霍夫曼比例越低,说明资本品工业规模越发展,相应地,消费品工业比重越小,工业结构乃至整个产业结构的高度就越高。因此,霍夫曼比例反映了工业化的进程和发展水平,该比例越小,则工业化水平就越高。

表 21.1　霍夫曼的工业内部结构四阶段

工业化阶段	霍夫曼比例
第一阶段	5（±）
第二阶段	2.5（±1）
第三阶段	1（±0.5）
第四阶段	<1

注：表中括号内的数字表示以前面数字为基准允许浮动的幅度。

资料来源：霍夫曼. Industrial economics. Manchester University Press，1958

21.1.2　库兹涅茨的产值结构和就业结构五阶段划分法

库兹涅茨[23]根据对 57 个国家原始资料处理的结果，整理出了 1958 年按人均 GDP 为基准的产业结构变化趋势。同时，他还根据 1958 年各国的国内生产总值，进一步考察了 59 个国家于 1960 年劳动力在三次产业中所占的份额，得出工业化五阶段理论。

该理论认为工业化在产业结构变动中表现得最为充分，从三次产业产值结构的变动看，在工业化的起点阶段，第一产业的比重较高，第二产业的比重较低；随着工业化的推进，第一产业的比重持续下降，第二产业的比重迅速上升，而第三产业的比重只是缓慢提高。工业的扩展引起产业结构的迅速转变，这种转变又带动了就业结构的变动，因此，产业结构和就业结构变动的一般趋势，反映了工业化演进的阶段性。具体划分标准如表 21.2、表 21.3 所示。

表 21.2　1958 年库兹涅茨产值结构五阶段（单位:%）

产业	70 美元	150 美元	300 美元	500 美元	1 000 美元
第一产业	48.4	36.8	26.4	18.7	11.7
第二产业	20.6	26.3	33.0	40.9	48.4
第三产业	31.0	36.9	40.6	40.4	39.9

资料来源：西蒙·库兹涅茨. 各国的经济增长（中译本）. 北京：商务印书馆，1985

表 21.3　1960 年库兹涅茨就业结构五阶段（单位:%）

产业	70 美元	150 美元	300 美元	500 美元	1 000 美元
第一产业	80.5	63.3	46.1	31.4	17.0
第二产业	9.6	17.0	26.8	36.0	45.6
第三产业	9.9	19.7	27.1	32.6	37.4

资料来源：西蒙·库兹涅茨. 各国的经济增长（中译本）. 北京：商务印书馆，1985

21.1.3   钱纳里的人均收入七阶段划分法

钱纳里[4]等从结构转变过程的角度将各国的人均收入水平划分为七个变动阶段，具体如表 21.4 所示。钱纳里认为，第 1~2 阶段是起始时期即准工业化阶段；第 3~6 阶段是工业化时期，又可细分为工业化初期、中期和后期三个阶段；第 7 阶段是后工业化阶段。从表 21.4 中可以看出，人均收入的不断提高是工业化的自然结果，综合反映了工业化的经济效益。钱纳里对经济结构转变过程的分析，包括从发达经济到成熟的工业经济的全过程，并对引起经济结构转变的各转折点的人均收入指标给予了具体划分。因此，钱纳里模型已成为评价工业化阶段的标准理论和方法。

表 21.4   钱纳里等划分的结构转换时期与阶段

时期	人均收入变动范围/美元		发展阶段
	1964 年	1970 年	
1	100 以下	140 以下	初级产品阶段
2	100~200	140~280	
3	200~400	280~560	工业化阶段
4	400~800	560~1 120	
5	800~1 500	1 120~2 100	
6	1 500~2 400	2 100~3 360	
7	2 400~3 600	3 360~5 040	后工业化阶段

注：1964 年与 1970 年美元的换算因子是 1.4。

资料来源：钱纳里·H. 工业化和经济增长的比较研究. 上海：上海三联书店，1995

21.2   区域工业化水平综合评价模型

从上一小节国外学者对工业化评价的标准来看，大多数学者是从工业内部结构、三大产业的产值比例、人均收入等单一指标来进行判断的。虽然近年来国内也出现了大量有关工业化进程的研究文献，但大多也仅从整体层面分析判断工业化所处的阶段，尚未深刻揭示各区域的工业化水平差异，从而不能深层次地分析工业化进程中存在的问题。为了能够深入认识我国地区工业化水平、解释工业化进程的区域结构特征及解决长期以来地区间发展不平衡的问题，陈佳贵、黄群慧和钟宏武等在传统工业化评价方法的基础上提出了研究中国地区工业化进程的综合评价模型。该研究方法相对比较独特，该模型基于经典工业化理论选定了地区工业化综合评价体系的构成指标和相应的标准值，运用层次分析法确定各个指标的权重，从而计算出中国各地区工业化进程的综合指数。本书正是在深入研究该方法的基础上，结合江西的实际和最新的统计数据对江西省 11 个地市的工业化进程进行综合评价和特征分析。本节将对该评价模型进行详细具体的介绍。

21.2.1 评价指标选择和权重确定

1. 指标设计原则

根据世界工业化国家的经验和我国的基本国情，以及对工业化基本含义和一般特征的理解，在具体选择工业现代化评价指标和评价标准时，该模型遵循了以下四个方面的原则。

1）科学性原则

科学性是指所设计的指标体系要科学、准确地反映工业化的内涵与主要特征。应在指标体系设计中充分体现工业化的要求，力戒将现行统计指标作简单汇集和重复组合。要在科学理解和把握工业化内涵和主要特征的基础上，设计能客观准确地反映工业化特征的指标体系。该模型指标体系的设计能够对区域经济发展的数量和质量进行科学、客观、真实的度量，并对区域工业化的实现程度和发展趋势进行较为客观的评价，以利于指导区域工业化的顺利实现。

2）系统性原则

系统性是指统计指标体系不能是一些指标的简单堆积，而应是一个统一的有机整体。指标体系内部各指标之间要有一定的逻辑关系，不但要涵盖工业化的主要特征，反映其发展现状，还要体现工业化内涵中各个方面的内在联系，从不同侧面、不同角度反映和评价区域工业化的运行状况，并具有清晰的层次。

3）可行性原则

可行性是指指标体系要在尽可能科学、客观、合理的基础上，兼顾指标的实用性和可操作性。工业化的测度与评价是一项实践性很强的工作，因此，在指标的选取上，要从实际出发，减少烦琐性，增大可操作性。即要求：指标数据易于收集整理；与现行统计方法相衔接；适于经常性动态监测；指标体系简单明了，指标不易太多且换算较容易。

4）可比性原则

可比性是指在设计指标体系中的各项指标时，应尽量考虑到其数值可进行横向比较（与全国平均水平或国内各省、自治区、直辖市之间的相互比较）及纵向比较（与历史状况相比），以便对工业化的发展进程和横向差异进行深入的分析和评价。

2. 评价指标的选择

根据经典工业化理论，衡量一个国家或地区的工业化水平，一般可以从经济发展水平、产业结构、工业结构、就业结构、空间结构等方面来进行。该模型遵循上述指标设计原则，选择了以下指标来构造区域工业化水平的评价体系：①经济发展水平方面，选择人均 GDP 为基本指标，将汇率法与购买力评价法相结合，取其平均值，对各地区的人均 GDP 进行折算；②产业结构方面，选择一、二、三产业产值比为基本指标；③工业结构方面，选择制造业增加值占总商品生产部门增加值的比重为基本指标；④空间结构方面，选择城市化率（城镇人口占总人口比例）为基本指标；⑤就业结构方面，选择第一产业就业占比为基本指标。

以上指标的选择既吸取了国内外衡量工业化发展水平合理的量化标准，又弥补了传统工业化评价方法指标单一性的不足。通过选择一系列的指标体系来反映工业化的基本特征，因此使用该综合评价指数方法对工业化水平进行综合测定较为合理。

3. 评价标准

参照钱纳里等（1989）的划分方法，将工业化过程分为三个阶段，即前工业化阶段、工业化实现阶段和后工业化阶段。其中，工业化实现阶段又分为三个阶段，包括工业化初期、中期和后期[21]。中国社会科学院课题组结合相关的理论研究和国际经验，估计确定了工业化不同阶段的各评价指标的评价标准，如表 21.5 所示。

表 21.5　工业化不同阶段的标志值

基本指标	前工业化阶段（1）	工业化实现阶段			后工业化阶段（5）
		工业化初期（2）	工业化中期（3）	工业化后期（4）	
1. 人均 GDP（经济发展水平）					
（1）1964 年美元	100～200	200～400	400～800	800～1 500	1 500 以上
（2）1996 年美元	620～1 240	1 240～2 480	2 480～4 960	4 960～9 300	9 300 以上
（3）1995 年美元	610～1 220	1 220～2 430	2 430～4 870	4 870～9 120	9 120 以上
（4）2000 年美元	660～1 320	1 320～2 640	2 640～5 280	5 280～9 910	9 910 以上
（5）2002 年美元	680～1 360	1 360～2 730	2 730～5 460	5 460～10 200	10 200 以上
（6）2004 年美元	720～1 440	1 440～2 880	2 880～5 760	5 760～10 810	10 810 以上
（7）2006 年美元	770～1 540	1 540～3 080	3 080～6 160	6 160～11 560	11 560 以上

基本指标	前工业化阶段（1）	工业化实现阶段			后工业化阶段（5）
		工业化初期（2）	工业化中期（3）	工业化后期（4）	
2. 三次产业产值结构（产业结构）	A＞I	A＞20%，且A＜I	A＜20%，I＞S	A＜10%，I＞S	A＜10%，I＜S
3. 制造业增加值占总商品增加值比重（工业结构）	20%以下	20%～40%	40%～50%	50%～60%	60%以上
4. 人口城市化率（空间结构）	30%以下	30%～50%	50%～60%	60%～75%	75%以上
5. 第一产业人员占比（就业结构）	60%以上	45%～60%	30%～45%	10%～30%	10%以下

注：1964 年与 1996 年的换算因子为 6.2，系郭克莎（2004）计算；1996 年、1995 年、2000 年、2002 年、2004 年、2006 年的换算因子分别为 0.981、1.065、1.097、1.162、1.202、1.242，系陈佳贵、黄群慧、钟宏武根据美国经济研究局提供的美国 GDP 数据推算；A、I、S 分别代表第一、第二和第三产业增加值在 GDP 中所占的比重。

资料来源：陈佳贵，黄群慧，钟宏武. 中国地区工业化进程的综合评价和特征分析. 经济研究，2006（6）：5

4. 评价指标权重的确定

该模型采用层次分析法确定地区工业化综合评价指标的权重，中国社会科学院课题组参考专家的意见构造出各指标的比较判断矩阵[21]，该矩阵的最大特征根 = 5.071 04，相对一致性指标 CR = CI/RI ＜0.1。通过逻辑一致性检验，从而得到各个指标相应的权重，如表 21.6 所示。根据表中所列各指标的权重值，可以发现，对于衡量区域工业化水平而言，经济发展水平的重要性 ＞经济结构的重要性 ＝工业结构的重要性 ＞空间结构的重要性 ＞就业结构的重要性。

表 21.6　各指标的权重值

指标	人均 GDP	三次产业产值比	制造业增加值占比	人口城市化率	第一产业就业人口比
权重/%	36	22	22	12	8

资料来源：陈佳贵，黄群慧，钟宏武. 中国地区工业化进程的综合评价和特征分析. 经济研究，2006（6）：9

21.2.2　区域工业化水平综合评价的具体研究路径

根据上述衡量工业化水平的指标体系、相应的标志值及各指标的权重，该模型选择了传统的加法合成法的评价方法来构造计算反映一国或地区工业化水平的综合指数。该方法的具体研究路径如下：

首先，依据衡量工业化水平的指标按地区和时间收集数据，并加以计算，然后按照工业化不同阶段的标志值（表 21.5）分别确定某年份、某地区、某个指标属于哪个阶段。

其次，按照上一步判断出来的某个指标所属的阶段，通过公式计算出该指标的评测值。该研究方法使用阶段阈值法进行指标的无量纲化处理，其公式为

$$\begin{cases} \lambda_{ik} = (j_{ik} - 2) \times 33 + (X_{ik} - \min_{kj}) / (\max_{kj} - \min_{kj}) \times 33, (j_{ik} = 2,3,4) \\ \lambda_{ik} = 0, \ (j_{ik} = 1) \\ \lambda_{ik} = 100, \ (j_{ik} = 5) \end{cases} \tag{21.1}$$

式中，i 为第 i 个地区；k 为第 k 个指标；λ_{ik} 为 i 地区 k 指标的评测值；j_{ik} 为 i 地区 k 指标所处的阶段（1～5）；j_{ik} 的取值区间为 1、2、3、4、5，即如果 $j_{ik} = 5$，则 $\lambda_{ik} = 100$（说明 i 地区的 k 指标已达到后工业化阶段的标准），反之亦然；X_{ik} 为 i 地区的 k 指标的实际值；$\max_{kj}$ 为 k 指标在 j 阶段的最大参考值；$\min_{kj}$ 为 k 指标在 j 阶段的最小参考值，$\lambda_{ik} \in [0, 100]$。

该方法的实施过程如下：

（1）确定某地区某指标所处的工业化阶段，即 j_{ik}。

（2）如果该指标实际值处于第 1 阶段，则最后得分为 0，表明该地区还未进入工业化阶段。

（3）如果该指标实际值处于第 5 阶段，则最后得分为 100，表明该地区已进入后工业化阶段。

（4）如果该指标处于第 2、3、4 阶段，则最后得分＝阶段基础值（分别为 0、33、66）＋（实际值－该阶段最小临界值）／（该阶段最大临界值－该阶段最小临界值）×33。

（5）通过以上计算得出的某年、某地区各指标的评测值，可以利用加法合成法公式计算出某年、某地区的工业化综合指数。公式如下：

$$K = \frac{\sum_{i=1}^{n} \lambda_i W_i}{\sum_{i=1}^{n} W_i} \tag{21.2}$$

式中，K 为国家或者地区工业化水平的综合评价值；λ_i 为单个指标的评价值；n 为评价指标的个数；W_i 为各评价指标的权重，由层次分析法生成，其中的权重比例如表 21.6 所示。

（6）最后，可以通过一定的综合指数的工业化判断标准来判断各年份某地区的工业化进程。其判断标准是：用"—"表示前工业化阶段（综合指数为 0），

"二"表示工业化初期（综合指数值大于 0，小于 33），"三"表示工业化中期（综合指数值大于等于 33，小于 66），"四"表示工业化后期（综合指数值大于等于 66，小于等于 99），"五"表示后工业化阶段（综合指数值大于等于 100）；"（Ⅰ）"表示前半阶段（综合指数值未超过该阶段的中间值），"（Ⅱ）"表示后半阶段（综合指数值超过该阶段中间值）。例如，"二（Ⅰ）"就表示该地区处于工业化初期的前半阶段[21]。

由于加法合成法无法避免主观因素的影响和指标间信息重复的问题，因此陈佳贵等运用主成分分析法对上述评价结果的准确性、合理性和可靠性进行了检验。通过比较发现，两种方法的结果基本一致，因此利用该区域工业化水平综合评价模型得到的结果是可以让人信服的。

第 22 章

江西各区域工业化水平差异的
实证分析

本书在第 21 章中详细介绍了最新的区域工业化水平综合评价模型，本章将在此基础上，利用该模型结合江西省各地区的经济统计数据，对全省 11 个地市的工业化水平作一个比较全面而深刻的研究，以进一步认识江西省各区域的经济发展差异。

22.1 江西各区域工业化水平的初步判断

22.1.1 数据收集和整理

首先，在此对江西各区域作出简要的说明，本章中的各区域是从行政区域的角度进行定义的，具体来说是指以江西 11 个地市作为研究对象。在确定了研究对象之后，本章将借鉴上一章中所述的区域工业化水平综合评价模型，结合江西省的实际情况，利用 1995 年、2000 年、2002 年、2004 年及 2006 年的《江西省统计年鉴》中的地区工业化数据（江西省和 11 个地市）进行分析，以保证数据在时间和空间上的可比性。根据经济发展水平、产业结构、工业结构、就业结构和空间结构各个指标的要求分别收集相关的数据，计算出五个年份中各地区、各指标的评测值，并测算出五个年份该地区的综合指数①（本篇附录 A ~ E 给出了这五年江西省和各地市的工业化相关指标的原始值、评测值和综合指数）。

其次，对数据收集时所选择的年份需要加以解释。本书之所以选择 1995 年、2000 年、2002 年、2004 年及 2006 年这五个年份的统计数据进行评价，是因为

---

① 本书在研究的过程中为了长时间地反映江西各地区的工业化进程，分别计算了 1995 年、2000 年、2002 年、2004 年、2006 年的工业化指标的评测值和综合指数，这几年的数据见本篇后的附录。

1995~2006 年 10 年的时间，大致包括了"九五"和"十五"两个时期，可以对江西各区域的工业化发展水平进行长期性、阶段性研究，反映工业化发展的大致历程，从而为"十一五"期间实现江西经济的协调发展提供基准。基于以上原因，本书选取了这五个年份的数据进行计算分析。

再次，将人均 GDP 换算成美元。目前比较通用的换算方法有汇率法、购买力平价法、大国贸易法、汇率 – 购买力平价法。经过比较其利弊，本书选择了汇率 – 购买力平价法，该方法既有一定的可比性，又有一定的完整性，即将汇率法与购买力平价法结合取其平均值，利用该方法对江西及 11 个地市的人均 GDP 进行折算。本书所选用的五个年份的官方汇率与购买力平价法汇率具体数值见表 22.1。

表 22.1 人民币对美元汇率一览表

项目	1995 年	2000 年	2002 年	2004 年	2006 年
市场汇率	8.317 9	8.278 1	8.277 3	8.276 5	7.808 7
购买力平价法汇率	1.66	1.96	1.79	1.92	2.68

资料来源：中国国家统计局，www. stats. gov. cn

最后，需要说明的是，本章在数据处理方面对上一章工业化水平综合评价模型中所用的指标作了部分修正：①制造业增加值占比由于数据收集上的困难被改为工业增加值，选择规模以上工业企业增加值占第一、二产业增加值的比重代替；该指标的评测值有夸大的可能，但对江西省各地区评价结果的影响不大，因为各地区的计算方法是统一的，并且与人均 GDP 相比，该指标的比重为 22%，不占有最大比重。②人口城镇化率由于统计年鉴数据的局限性而以非农人口占总人口的比率代替，这样可能会缩小该指标的评测值，但总体来说对江西省各地区之间的比较结果影响不大。

22.1.2 评价结果

根据上述陈佳贵等提出的综合评价方法，结合课题组采用层次分析法确定的地区工业化综合评价指标的权重，通过传统评价法（加法合成法）来构造计算反映各地区工业化进程的综合指数 K。通过上一节中计算出的各年各地区的综合指数（见本篇附录 A ~ E），再利用综合指数的工业化判断标准，我们可以判断出江西省各地区 1995 年、2000 年、2002 年、2004 年、2006 年在工业化进程中所处的阶段（表 22.2）。

表 22.2　1995~2006 年江西省各地区工业化进程的综合指数与所处阶段

地区	1995 年		2000 年		2002 年		2004 年		2006 年	
	综合指数（百分制）	工业化阶段	综合指数（百分制）	工业化阶段	综合指数（百分制）	工业化阶段	综合指数（百分制）	工业化阶段	综合指数（百分制）	工业化阶段
江西省	7.84	二（Ⅰ）	12.15	二（Ⅰ）	16.65	二（Ⅱ）	23.68	二（Ⅱ）	33.00	三（Ⅰ）
南昌市	24	二（Ⅱ）	38.52	三（Ⅰ）	43.84	三（Ⅰ）	53.31	三（Ⅱ）	60.53	三（Ⅱ）
景德镇	15.43	二（Ⅰ）	31.23	二（Ⅱ）	40.42	三（Ⅰ）	41.01	三（Ⅰ）	48.36	三（Ⅰ）
萍乡市	10.82	二（Ⅰ）	18.48	二（Ⅱ）	25.42	二（Ⅱ）	34.38	三（Ⅰ）	47.49	三（Ⅰ）
九江市	7.16	二（Ⅰ）	11.25	二（Ⅰ）	15.77	二（Ⅰ）	21.7	二（Ⅱ）	34.00	三（Ⅰ）
新余市	14.37	二（Ⅰ）	19.32	二（Ⅱ）	31.96	二（Ⅱ）	44.92	三（Ⅰ）	62.81	三（Ⅱ）
鹰潭市	6.95	二（Ⅰ）	24.33	二（Ⅱ）	27.19	二（Ⅱ）	47.98	三（Ⅰ）	53.49	三（Ⅱ）
赣州市	0	—	0.84	二（Ⅰ）	1.51	二（Ⅰ）	10.27	二（Ⅰ）	18.12	二（Ⅱ）
吉安市	0	—	0.04	二（Ⅰ）	6.32	二（Ⅰ）	10.08	二（Ⅰ）	16.74	二（Ⅰ）
宜春市	2.96	二（Ⅰ）	2.04	二（Ⅰ）	9.06	二（Ⅰ）	13.76	二（Ⅰ）	21.28	二（Ⅱ）
抚州市	0	—	5.87	二（Ⅰ）	7.21	二（Ⅰ）	12.29	二（Ⅰ）	16.48	二（Ⅰ）
上饶市	1.46	二（Ⅰ）	1.87	二（Ⅰ）	8.25	二（Ⅰ）	11.05	二（Ⅰ）	16.74	二（Ⅱ）

注：由于统计口径上的差异，本书测算的 2004 年的综合指数是 23.68，而陈佳贵等测算的是 19（见《经济研究》，2006 年第 6 期），但是对该年工业化进程的评价结果是一致的，都是属于工业化初期的后半阶段。

22.2　江西各区域工业化水平差异的比较分析

通过以上数据的收集和整理，本书测算出了江西省各地区 1995 年、2000 年、2002 年、2004 年、2006 年五年的综合指数，对各年各地区工业化所处的阶段得出了一个初步的判断结果。本节将从数据测算得到的评价结果出发，对江西各区域工业化进程从发展进度、增长速度和阶段特征三个方面进行比较分析，以便更进一步地认识江西各区域工业化进程中的深层问题。

22.2.1　江西各区域工业化进程的发展进度比较分析

从 2006 年测算的数据结果可以很清晰地作出判断，总体来看，江西省已经从工业化前期进入工业化中期的前半阶段，但各地区工业化发展的差距较大，有的地区已经步入工业化后期，但仍有一部分地区集中在工业化初期阶段。

从表 22.3 中可以看出，南昌市、新余市和鹰潭市的综合指数都超过了 50，均处于工业化中期的后半阶段，这三个地市都有比较好的工业基础，工业化发展水平比较均衡，地区差距不大；景德镇和萍乡市的工业化综合指数超过了40，也达到了工业化中期的前半期，九江的工业化综合指数在2006年达到34，也开始步入工业化中期阶段，有较大的发展潜力；处于工业化初期的有五个地市，赣州市、吉安市、上饶市和宜春市处于工业化初期的后半期，而只有抚州市一个地区仍然处于工业化初期的前半阶段，这几个地区的工业化进程相对滞后，因此影响了江西（工业化综合指数33，处于工业化中期的前半阶段）工业化进程的整体推进。另外，由表22.3还可以看出，先进地区与落后地区的工业化水平差距非常大。到2006年，南昌市、新余市和鹰潭市三个地区已经进入工业化中期的后半阶段，并开始向工业化后期迈进，其经济总量占全省的33%，而人口总量只占全省的15.56%；景德镇和萍乡市处于工业化中期的前半阶段，其经济总量占全省的21.34%，人口总量占全省的18.59%；处于工业化初期的赣州市、吉安市、上饶市、宜春市和抚州市，其经济总量占全省的46%，而人口总量却占全省的65.86%。由此可见，截至2006年这个时间截面，虽然江西全省整体上已处于工业化中期的前半阶段，但就其内部各地市来看，各地区工业化进程的落差较大。

表22.3　江西各地区工业化阶段的比较（2006年）

阶段		全省及11个地区
后工业化阶段（五）		—
工业化后期（四）	后半阶段	—
	前半阶段	—
工业化中期（三）	后半阶段	南昌市（60.53）、新余市（62.81）、鹰潭市（53.49）
	前半阶段	景德镇（48.36）、萍乡市（47.49）、九江市（34）、江西省（33）
工业化初期（二）	后半阶段	宜春市（21.28）、赣州市（18.12）、吉安市（16.74）、上饶市（16.74）
	前半阶段	抚州市（16.48）
前工业化阶段（一）		—

注：括号中的数字为相应的工业化综合指数。

资料来源：根据《江西省统计年鉴（1995～2007）》计算整理而得

将本书测算的五个年份的工业化综合指数进行汇总，可以发现近10年来江西工业化进程的发展进度，见表22.4。1995年，11个地市中有8个处于工业化初期，3个处于前工业化阶段，发展比较均衡，地区差距较小。至2000年，工业化前期的地市已经全部进入工业化初期，使工业化初期的地市增加到10个，其中南昌市进入了工业化中期。2002～2006年，各地区工业化发展较快。其中，

2002～2004 年，有 3 个工业化初期的地市进入工业化中期，使工业化中期的城市达到 5 个；2004～2006 年，有 5 个地市从工业化初期的前半阶段过渡到后半阶段。这种结构在未来几年随着江西工业化核心战略的推进将继续变化，在"十一五"期间，将有大部分地市进入工业化中期阶段。

表 22.4　1995～2006 年江西工业化进程的发展进度特征

阶段	1995 年	2000 年	2002 年	2004 年	2006 年
后工业化阶段	—	—	—	—	—
工业化后期	—	—	—	—	—
工业化中期	—	1	2	5	6
工业化初期	8	10	9	6	5
前工业化阶段	3	—	—	—	—

22.2.2　江西各区域工业化进程的增长速度比较分析

从 1995～2006 年总体来看，江西绝大部分地市都在加速工业化进程，虽然各地市的增长速度有一定差距，但是各地市的综合指数都在持续提高，特别是鹰潭和新余地区的工业化年均增长速度最快，分别达到 4.404 和 4.231，如表 22.5 所示。如果将各地区 2000～2006 年的工业化平均增长速度与 1995～2000 年的工业化平均增长速度相比较，可以发现各区域都在加速推进工业化进程。[①]

虽然各地区都在加速工业化的进程，但是，各地区工业化进程的增长速度有快有慢。从表 22.5 中可以看到，1995～2006 年南昌的工业化发展水平一直排在前列且年均增长速度较高；同时，新余、鹰潭的工业化进程也发展迅速，2000～2006 年这两个地区的工业化年均增长速度分别为 7.248 和 4.860，增速位于全省前两位；九江、萍乡、景德镇的工业化发展速度一直处于中等水平；而赣州、吉安、宜春、抚州、上饶的工业化水平滞后，年均增长速度低于全省平均水平。其中，2006 年抚州的工业化综合指数仅为 16.48，而同期新余的工业化综合指数高达 62.81，二者相差 45.33 点；1995～2006 年，上饶的工业化年均增长速度为 1.389，而新余为 4.404，后者是前者的 3.17 倍。这说明各地区工业化进程的差距在不断扩大，要使各地区工业化水平的差距缩小，任重而道远。

---

① 根据数据的测算，其中景德镇为减速。

表 22.5 1995～2006 年江西各地区的工业化增长速度

地区	工业化综合指数			工业化年均增长速度			类型
	1995 年	2000 年	2006 年	1995～2006 年	1995～2000 年	2000～2006 年	
江西省	7.84	12.15	33.00	2.287	0.862	3.475	加速
南昌市	24	38.52	60.53	3.321	2.904	3.668	加速
景德镇	15.43	31.23	48.36	2.994	3.16	2.855	减速
萍乡市	10.82	18.48	47.49	3.334	1.532	4.835	加速
九江市	7.16	11.25	34.00	2.440	0.818	3.792	加速
新余市	14.37	19.32	62.81	4.404	0.99	7.248	加速
鹰潭市	6.95	24.33	53.49	4.231	3.476	4.860	加速
赣州市	0	0.84	18.12	1.647	0.168	2.880	加速
吉安市	0	0.04	16.74	1.522	0.008	2.783	加速
宜春市	2.96	2.04	21.28	1.665	-0.184	3.207	加速
抚州市	0	5.87	16.48	1.498	1.174	1.768	加速
上饶市	1.46	1.87	16.74	1.389	0.082	2.478	加速

注：工业化年均增长速度均由相应的工业化综合指数推算而得；加速是将两个时间段的工业化综合指数对比，若后者大于前者为加速，反之为减速。

如图 22.1 所示，在江西省的 11 个地市中，1995 年工业化排在前三位的地区是南昌（24）、景德镇（15.43）、新余（14.37），其工业化综合指数平均指数为 18；排名后三位的地区分别为赣州（0）、抚州（0）、吉安（0），其工业化综合指数平均指数为 0，相差 18 点。到 2006 年，排名前三位的地区为新余（62.81）、南昌（60.53）、鹰潭（53.49），其工业化综合指数平均增加了 40 点，上升到 58 点；排在后三位的地区为抚州（16.48）、上饶（16.74）、吉安（16.74），其工业化综合指数平均只增加了 17 点，二者的差距扩大到约 40 点。

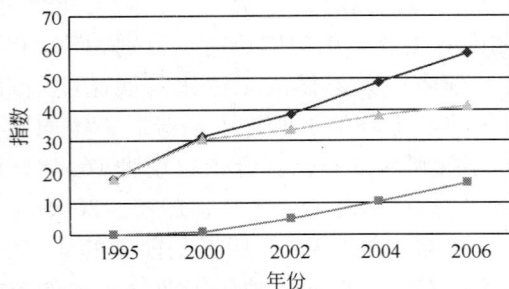

图 22.1 1995～2006 年江西地区工业化进程综合指数差距

通过以上章节的分析，并将图 20.1 和图 22.1 进行比较，可以发现江西各地区工业化差距的发展趋势与威廉姆逊提出的倒"U"形理论有很好的拟合。即在工业化起步或前工业化阶段，江西各地区工业化发展差距较小，进入工业化初级和中级发展阶段，地区经济差距会越来越大，处于差异扩大阶段，可以预测，随着工业化进程的推进，各地区工业化发展差距会进一步加剧。根据倒"U"形理论，当进入工业化高级阶段或者后工业化阶段，随着工业化速率的下降，这种差距又开始降低，处于差距缩小阶段，因此要使地区间的经济差距缩小，必须使落后地区加快工业化，从而在整体上提升江西的工业化水平。

22.2.3　江西各区域工业化进程的阶段特征比较分析

从总体上看，1995～2006 年江西省工业化综合指数累计增加了 25.16，从各指标对地区工业化综合指数增长的贡献度来看，人均 GDP 指标对综合指数增长的贡献度最大，占 38.5%，其次是工业结构，占 33.1%，三次产业产值比占 13.2%，产业就业结构占 8.3%，而城市化率指标最低，仅占 6.8%。由表 22.6 我们可以看到，各个指标的发展很不均衡，江西地区的工业化进程主要表现为人均收入的持续增长、三次产业结构和工业结构的不断优化，而城市化发展水平和产业就业结构对工业化进程的贡献率较低，发展相对滞后。

表 22.6　1995～2006 年各指标对地区工业化综合指数增长的贡献度

地区	人均 GDP/%	产业产值比/%	工业结构/%	城市化率/%	产业就业比/%	工业化指数累计增加值
江西省	38.5	13.2	33.1	6.8	8.3	25.16
南昌市	43.8	18.9	25.2	5.9	6.3	36.53
景德镇	40.0	14.8	35.0	4.0	6.3	32.93
萍乡市	39.6	19.8	28.5	9.2	2.9	36.67
九江市	36.3	15.9	26.7	6.6	14.2	26.84
新余市	29.6	13.7	45.4	6.5	4.8	48.44
鹰潭市	28.4	12.3	47.3	4.9	7.1	46.54
赣州市	12.7	38.4	28.2	8.3	12.4	18.12
吉安市	18.2	40.9	26.8	3.9	10.2	16.74
宜春市	24.7	38.1	31.1	4.9	1.2	18.32
抚州市	27.3	42	16.5	1.7	12.6	16.48
上饶市	14.9	50.4	22.7	0.0	11.1	15.28

注：产业就业比对工业化增长的贡献率为负的主要原因是经济普查中对第一、二、三产业就业人口的抽样调查所造成的。本表中的贡献度 =（2006 年某指标的指数 - 1995 年某指标的指数）/（2006 年工业化综合指数 - 1995 年工业化综合指数）× 该指标相应的权数。

如果把 1995～2006 年分成 1995～2000 年和 2000～2006 年两个阶段，就会发现各地区推动本地区工业化进程的主要动力有所差异，且随着工业化进程的推进在不断变化。

在第一阶段（1995~2000 年），江西省工业化综合指数累计增加了 4.31 点，而工业化进程中各指标的发展极不均衡，见表 22.7。具体就各地区而言，南昌、九江、萍乡工业化进程的主要动力表现为人均 GDP 的增长和农业产值比重的下降；景德镇、新余、鹰潭主要通过工业结构的优化加快工业发展，且人均收入增长的贡献程度仅次于工业结构，但城市化进程缓慢，第一产业就业人口的比重仍然很高；赣州、吉安、宜春和上饶地区工业化进程的最主要动力为第一产业就业人数的不断下降，而其他指标的贡献度几乎为零；抚州地区的工业化主要表现为农业产值比重的下降，该指标的贡献度达到 100%，其他指标发展相对缓慢。

表 22.7　1995~2000 年各指标对地区工业化综合指数增长的贡献度

地区	人均 GDP/%	产业产值比/%	工业结构/%	城市化率/%	产业就业比/%	工业化指数累计增加值
江西省	43.9	14.5	23.6	0.0	18.0	4.31
南昌市	42.7	25.5	25.3	2.3	4.2	14.52
景德镇	30.3	12.4	48.3	−0.1	9.1	15.80
萍乡市	55.3	52.1	0.0	0.0	−7.3	7.67
九江市	40.7	24.0	0.0	0.0	35.3	4.09
新余市	30.8	−0.6	71.2	3.2	−4.6	4.95
鹰潭市	16.7	2.9	74.8	0.0	5.6	17.38
赣州市	0.0	0.0	0.0	0.0	100.0	0.84
吉安市	0.0	0.0	0.0	0.0	100.0	0.04
宜春市	0.0	0.0	0.0	0.0	100.0	−0.92
抚州市	0.0	100.0	0.0	0.0	0.0	5.87
上饶市	0.0	0.0	0.0	0.0	100.0	0.40

注：表中的贡献度＝（2000 年某指标的指数−1995 年某指标的指数）／（2000 年工业化综合指数−1995 年工业化综合指数）×该指标相应的权数。

在第二阶段（2000~2006 年），即"十五"期间，江西工业化综合指数累计增长 20.85 点，较第一阶段有较大幅度的增长，各指标发展的均衡程度较第一阶段有所改进，见表 22.8。"十五"期间，各地区的人均收入仍在持续增长。与前一阶段相比，南昌、景德镇的城市化进程明显加快，第一产业就业人口在下降；萍乡、九江、新余、鹰潭四个地区的工业结构升级逐渐取代了产业结构调整，成为推动工业化的主要动力；赣州、吉安、宜春和上饶四个地区在第一阶段只依靠降低第一产业就业人口推进工业化，而在第二阶段产业结构的优化升级和工业结构的调整对加快本地区的工业化步伐起到了举足轻重的作用，表明这些地区开始重视通过制造业等工业企业的发展来促进工业化水平的提升；抚州地区工业化进程的主要动力由原来的主要依靠产业结构的优化升级转向以人均收入增长为主动力,产业就业结构和工业结构也得到进一步调整。综上分析可知,各地区工业化进程的主要表现与前一阶段有较大差异,但是总的来说,各个指标都在趋于均衡和合理。

表 22.8　2000～2006 年各指标对地区工业化综合指数增长的贡献度

地区	人均 GDP/%	产业产值比/%	工业结构/%	城市化率/%	产业就业比/%	工业化指数 累计增加值
江西省	37.4	13.0	35.0	8.3	6.3	20.85
南昌市	44.6	14.5	25.2	8.2	7.6	22.01
景德镇	48.9	17.0	22.7	7.7	3.7	17.13
萍乡市	35.5	11.3	36.0	11.7	5.6	29.01
九江市	35.5	14.4	31.8	7.8	10.4	22.75
新余市	29.4	15.3	42.5	6.9	5.8	43.49
鹰潭市	35.3	18.0	30.9	7.8	8.0	29.16
赣州市	13.3	40.3	29.5	8.7	8.1	17.28
吉安市	18.2	41.0	26.9	3.9	10.0	16.70
宜春市	23.5	36.3	29.7	4.6	5.9	19.24
抚州市	42.4	9.8	25.6	2.6	19.6	10.61
上饶市	15.3	51.8	23.3	0.0	8.6	14.87

注:表中的贡献度 =(2006 年某指标的指数 - 2000 年某指标的指数)/(2006 年工业化综合指数 - 2000 年工业化综合指数)×该指标相应的权数。

22.3　小　　结

本章通过借鉴陈佳贵等研究中国地区工业化进程的评价方法,结合江西各地区的实际,在现有统计数据的基础上,对江西省和 11 个地市的工业化进程进行了综合评价,并且从行政区域的角度出发对江西各区域的工业化水平进行了比较分析。本章的研究结论是:2006 年江西地区工业化进程步入工业化中期的前半阶段;1995～2006 年江西省大部分地区的工业化都在加速发展,但发展最快和最慢地区的工业化综合指数相差 40 点,工业化进程差距较大;在“十一五”期间,由于各地区在经济发展水平、资源条件等各方面存在差异,推动工业化进程的主要动力也因地制宜,工业结构的优化升级、城市化进程的加快和产业就业结构的调整将分别成为推进江西各地区工业化进程的主要动力。

第 23 章

江西各区域工业化水平差异的成因分析

通过第 22 章的分析，我们深入认识了江西各区域工业化水平的现实差距，本章将进一步分析产生这种差距的原因。

江西各区域工业化发展水平差异是多种因素共同作用的结果。曾国安[24]在其"试论工业化的条件"一文中指出了地区工业化发展所需要的条件。即要实现工业化，必须具备经济资源充分且能合理流动和被有效利用、基础设施协调发展、有持续的技术创新条件、拥有有效的经济与创新激励机制和制度等条件。本章将对照工业化的条件及结合江西的实际情况，着重从客观和主观两个方面分析导致江西各区域工业化水平差异的原因。

23.1　对江西工业化发展水平的区域界定

在对江西各区域工业化水平差异的成因进行分析之前，首先在此对江西工业化发展水平重新进行区域界定。本章在分析各区域工业化差异的成因时，不再以地理位置和行政区划作为划分标准，而将采取规范的处理方法，即用聚类分析法对有关的数据进行处理。本章在前一章评价结果的基础上，将江西 11 个地市分为工业化先进地区、工业化中等发达地区和工业化落后地区这三个区域进行比较，这是因为这三大块的划分使各区域内部在工业化水平及经济发展程度上趋于一致，内部差异更小于地区间的差异。

根据 2006 年的测算数据，可以按其所处的工业化发展阶段将之归类：

（1）将工业化综合指数大于全省平均值且处于工业化中期的后半阶段的地市界定为工业化先进地区（Ⅰ类地区），这些地区包括南昌、新余和鹰潭。

（2）将工业化综合指数大于全省平均值且处于工业化中期的前半阶段的地市界定为工业化中等发达地区（Ⅱ类地区），这些地区包括景德镇、萍乡、九江。

（3）将工业化综合指数小于全省平均值且处于工业化初期的地市界定为工业化落后地区（Ⅲ类地区），这些地区是处于工业化初期的后半阶段的四个地市赣州、吉安、上饶、宜春和处于工业化初期前半阶段的抚州（表23.1）。因此，下文将以这三大区域及其内部的地级市为单位，对它们之间的工业化发展水平差异进行比较。

表23.1　江西各区域工业化水平的聚类分析

类　别	地　区
Ⅰ类地区	南昌、新余和鹰潭
Ⅱ类地区	景德镇、萍乡、九江
Ⅲ类地区	赣州、吉安、抚州、宜春和上饶

23.2　江西各区域工业化水平差异的客观性成因分析

上一节对江西工业化发展水平进行了区域界定，本节将在此基础上主要从以下三个方面对影响江西各区域工业化水平差异的客观性成因进行分析。

23.2.1　自然资源条件的差异

自然资源条件是一切经济活动赖以进行的内在因素和物质基础，虽然它在现代区域工业化发展中的影响并不是决定性的，但也是一个不可忽视的方面。这是因为，自然条件的优劣和自然资源的分布特征能够对区域产业的形成与发展、资源开发与利用、生存环境优劣等产生直接或间接的影响，从而影响区域工业化发展水平。

江西各区域的自然资源存在着明显的空间分布差异。首先，从矿产资源来看，北部矿产品种多，在按全国统一口径确定的45种对国民经济有重大影响的矿产中，北部就有36种。据统计，在保有储量人均拥有量高于全国平均水平的15种矿产中，北部占优势的有12种，储量价值大于90%的有铜、锌等。此外，北部的铁占47%、煤占82%、硫铁矿占84%、水泥灰岩占63%，按1990年不变价计算的矿产潜在经济价值，80%的价值分布在北部[25]。这种矿产分布为北部工业化的发展提供了丰富的资源。而Ⅲ类地区大多分布在南部地区，南部资源相对匮乏，占优势的只有锡、稀土及少数矿产。其次，从水资源方面来看，江西拥有能够吞吐长江的全国最大的淡水湖——鄱阳湖。南昌、九江等工业化相对发达的地区大多位于江西省北部，处在环鄱阳湖平原上，更靠近发达的长江水系，水路、陆路交通方便，自然条件好。良好的水运又给北部工业化的发展提供了便利的运输条件。因而，这些地市一直是工业化发展的先行地区。

23.2.2　工业区位的差异

区位反映一个地区与其他地区的空间联系。工业区位的差异是导致工业化发展差距的根源，尤其是在改革开放的社会主义市场经济条件下，工业区位的优劣将导致开放次序与程度的差异，决定了一个地区与其他地区的往来是否频繁，以及区域参与地域劳动分工和接受资金、技术、信息等生产要素辐射的方便程度。因此，工业区位优越的地区在工业化进程中占有绝对优势。根据克鲁格曼提出的中心–外围模型，产业集聚的根本原因是规模经济，正是规模经济才使得利润最大化的制造业企业向某一区域聚集，同时劳动力也向该区域转移。因此，工业区位差异引致各种经济增长因素的差异，也促使区域经济差异的形成。

江西省的土地总面积为 16.69 万平方千米。从全省的总体地貌可以发现，江西东、南、西部属于江南丘陵地带，多为山地和丘陵，工业化发展落后的赣州、吉安等Ⅲ类地区就处于该地带。这些地区由于交通不便，与外界交往相对较少，从而使得这些地区的资源优势难以转化为经济优势，工业化发展相对缓慢。而与这些地区相比，工业化发展水平较高的Ⅰ、Ⅱ类地区多位于江西的中北部，这些地区为冲积平原，地势平坦，河流交错，交通便利，有利于工业化的发展。其中，特别是工业化发达的Ⅰ类地区在地理位置上较为集中，且总面积较小，核心城市对周边城市具有较强的吸纳力、辐射力和带动力。因此，在该区域内，通过省会南昌这个中心城市的"向心力"，带动了周边城市新余、鹰潭工业化的快速发展；相比较而言，赣州、吉安、宜春、抚州和上饶属于这一经济圈的外围城市，受到以南昌为中心的鄱阳湖城市圈的旁侧效应较小，接受的辐射带动作用较弱，从而使得这些地区的工业化发展速度相对缓慢。

23.2.3 社会分工的差异

区域经济发展水平是经济发展长期积淀的结果，区域社会分工的历史差异，是构成区域工业化发展水平现实差异的重要因素之一。无论从发展速度，还是从总量规模看，江西各区域工业化的发展都受制于长期以来所形成的社会分工。

综观江西省工业化进程的历史演变过程可以看到，江西省各区域的工业化发展是在不同的经济水平和工业水平上起步的，各区域间社会分工的历史差异在一定程度上影响了当前的工业化进程。在计划经济时代，北部地区凭借其优越的地理位置及丰富的资源优势，首先成为江西省重点投资建设的工业基地，如新余发展成为钢铁工业基地，萍乡发展成为产煤基地。因此可以说，江西北部从历史上一直是江西省国民经济发展的支柱，具有较为完善的工业体系、较好的基础设施、较理想的协作配套条件。而江西省南部的赣州等Ⅲ类地区，虽然有较好的资源优势，但由于其处于丘陵地带，这些地区的公路、铁路等运输网络在很长的一段时间内极不完善。因此，其资源开发的成本相对较高，同时开发所需的配套条件也不理想，从而导致投资的回报率比较低，影响了资金向这些地区的流入。这种以资源禀赋和地理位置为基础的社会分工使得其主要从事农业生产，工业基础相对比较薄弱，从而延缓了这些地区的工业化发展。

23.3 江西各区域工业化水平差异的主观性成因分析

江西各区域工业化水平差异形成和扩大的原因是多方面的。除了上述客观原因外，政策环境、人力资本水平等主观因素对区域工业化发展也有重要的影响，并且随着现代区域工业化的发展，这些因素已成为导致各区域工业化水平差异的主要原因。因此，本节将对这些主观性因素进行深入分析。

23.3.1 政府政策的支持力度对区域工业化发展水平的影响

政府的支持力度对区域工业化发展有着十分重要的影响。经济政策虽然是从全局的整体利益出发来调控经济发展的，但是在具体的实施过程中，当落实到各个区域时，给各个地区所带来的发展机遇和实际经济利益是不可能相同的。政府对工业化发展所需要的资金支持力度越大，优惠政策越多，该地区的工业化发展就越为迅猛，因此，这方面的差异会造成各地区之间工业化发展速度的差异。

从全国来看，我国区域经济的发展战略总体上经历了从"均衡"发展到"不平衡"发展的转变。尤其是改革开放以后，我国以"效率优先"为政策目标，在这样的大政策背景下，江西省也采取了北部省会城市及九江等工业基础相对较好的地区优先，农业比重高、工业基础相对薄弱的赣州、吉安等南部地区次之的区域发展政策。因此，政府在北部地区投入了大量的建设资金，修建各种基础设施，兴办各种工业园区，并给予园区内的企业种种优惠政策，极大地推动了北部地区的工业化进程；而Ⅲ类地区长期以来作为北部地区资源的提供产地和产品销售市场，政府对其投入的资金数量较少。根据《江西省统计年鉴 2007》，在2006 年城镇固定资产投资资金来源中，政府对江西省的国内贷款总额为3 112 018 万元，而其中用于Ⅲ类地区（赣州、吉安、抚州、宜春、上饶）的数额合计仅占全省的 25.8%；2006 年全省财政支出中用于基本建设的资金合计 488 751 万元，而这五个地区的总额只占全省的 39.7%[①]；相对于其 63.65% 的土地面积，政府对这些地区的资金投入力度严重不足，从而使其工业化进程相对缓慢。政策支持的倾斜虽然使得南昌等周边各地区的经济高速发展，并带动了全省经济的快速增长，但同时也使各区域间的工业化发展出现了明显的分化。

---

① 这些数据均由《江西省统计年鉴 2007》计算而得。

23.3.2 经济结构调整对区域工业化发展水平的影响

经济结构决定资源配置的效率，影响生产要素在各区域间的流动，因此地区工业化发展与区域经济结构的优劣、经济结构调整效率的高低有着直接的关系。这里所要阐述的经济结构调整包括产业结构调整和工业内部结构调整两个方面。

1）产业结构调整

产业结构调整的快慢是造成地区间工业化发展不平衡的一个重要原因。江西省工业化发展滞后的Ⅲ类地区三次产业之间发展不协调，其主要原因是工业技术的相对先进与农业技术的极端落后之间的不协调。这种不协调使得两次产业之间的相互渗透相当困难，工业不能为农业提供技术支持，农业也不能为工业提供劳动力及资源的有效配置，从而形成不能相互融合的二元结构，阻碍落后地区工业化的进一步发展。

尽管随着江西各地区工业化的发展，产业结构得到了不断的优化升级，各地区基本上达到了"二、三、一"的产业结构，但赣州、吉安等Ⅲ类地区产业升级的速度较发达地区仍然有一定的差距。一直以来，Ⅲ类地区第一产业的产值比重相对偏高。2006年Ⅲ类地区该指标的数值高于全省16.8%的平均水平，而二、三产业发展较慢，大部分低于Ⅰ、Ⅱ类地区，特别是第三产业中能为第二产业提供服务的行业发展严重滞后，见表23.2。

表 23.2　2006 年江西各地区三次产业产值结构比 （单位:%）

类别	地区	第一产业	第二产业	第三产业
	江西省	16.8	49.7	33.5
Ⅰ类地区	南昌市	6.5	54.3	40
	新余市	11	58.7	30.3
	鹰潭市	12.8	52.9	34.3
Ⅱ类地区	景德镇	9.3	54.1	36.6
	萍乡市	9.9	59.6	30.5
	九江市	15.5	51.9	32.6
Ⅲ类地区	宜春市	23.1	46.6	30.3
	赣州市	23.3	38.9	37.8
	吉安市	24.5	39.9	35.9
	抚州市	23.8	44.3	31.9
	上饶市	21.2	42.4	36.4

资料来源：江西省统计局，国家统计局江西调查总队．江西省统计年鉴2007. 北京：中国统计出版社，2007. 经整理而得

2）工业结构调整

从工业结构的调整变动角度看，可以将工业化过程归纳为三个阶段，即轻工业化阶段、重工业化阶段和技术集约化阶段，它们大致对应于工业化初期、中期和后期阶段。重化工业阶段又分为两个时期，即以原材料工业为主的时期和以重化工业为主的高加工度化时期，这两个时期又分别对应于工业化中期的第一阶段和第二阶段[26]。根据《江西省统计年鉴》，从全省来看，凡是工业化发展较快的地区重工业占有的比重就较大，从 2006 年规模以上工业企业总产值的数据中我们得到，作为处于工业化领先阶段的鹰潭，其重工业产值占工业总产值的96.4%，相比之下，发展较慢仍处于工业化初期前半阶段的抚州，其重工业产值仅占工业总产值的 46%，还不到工业总产值的一半，而轻工业总产值则占了将近 54% 的比重，说明该地区仍处于轻工业化阶段。

此外，从各区域支柱产业的发展来看，处于工业化初期的赣州、吉安、抚州、上饶等Ⅲ类地区依靠能源、原材料工业和技术含量低、附加值低的食品、纺织等初级产品加工工业的比重大，而依靠精深加工、增值程度和技术含量较高的冶金、机械等高加工度工业比重小。由此可以看出，各区域工业内部结构的差异性在一定程度上影响了江西省各区域的工业化发展。

23.3.3　城镇化水平对区域工业化发展水平的影响

城镇化与工业化之间存在明显的互动关系，工业化是城镇化的基础，城镇化又会进一步促进工业化水平的提高。

城镇化是一种经济社会变动过程，在这一进程中，农业人口比重逐渐下降，工业、建筑业和第三产业人口比重逐步上升，人口和产业向城市或城镇聚集，生产、交换乃至生活方式向规模化、集约化、市场化和社会化方向转换。其中最直接的表现是，城镇数量日益增多，城镇人口大量增加，城市经济规模迅速扩大[27]。一般来说，一个地区的城镇化程度越高，表明它的工业化和文明程度越高。本书在分析江西各区域的城镇化水平时，选取了城镇人口比重等具有代表性的若干指标，表 23.3 给出了江西省 2006 年各地区城镇化的发展水平。

从 2006 年的统计数据对比来看，南部欠发达的Ⅲ类地区在选取的衡量城镇化水平的三个主要指标上均远远落后于工业化水平高的Ⅰ类发达地区，见表23.3。其中，南昌的城镇人口比重为 48.3%，高于全省平均水平将近 20 个百分点，而上饶仅为 18.5%，低于平均水平近 14 个百分点，两者相差近 34 点，工业化水平落后的赣州、吉安、宜春、抚州的城镇人口比重也均低于全省平均水平。同样，表 23.3 中的另外两个指标也能反映这种差异，发达地区的城镇化水平普遍要高于省内欠发达地区,这些数据表明处于工业化发展初级阶段的地区城镇化水平低,城镇化进程相对缓慢,难以为其区域工业化的推进提供必要的动力,成为影响其工业化进程的一个重要因素。

表 23.3　2006 年江西省各地区城镇化发展水平比较（单位:%）

类别	地区	城镇人口比重	建成区面积比	城镇就业人口比重
	江西省	31.8	0.45	15.39
I 类地区	南昌市	48.3	2.27	31.56
	新余市	36.9	1.35	23.83
	鹰潭市	31.0	1.57	21.69
II 类地区	景德镇	38.6	0.36	23.54
	萍乡市	30.7	1.36	18.64
	九江市	27.5	0.67	16.55
III 类地区	宜春市	26.5	0.11	12.63
	赣州市	22	0.15	9.42
	吉安市	23	0.17	12.65
	抚州市	25.6	0.18	13.55
	上饶市	18.5	0.11	10.77

注:建城区面积比重 = 建城区面积/各地区总面积。

资料来源:江西省统计局,国家统计局江西调查总队.江西省统计年鉴2007.北京:中国统计出版社,2007.经整理而得

23.3.4　经济外向化程度对区域工业化发展水平的影响

　　一般而言,区域的开放度越高,则生产要素的区际流动就越迅速,区域资源配置的效率越高,区域工业化的进程也就越快。

　　江西省工业欠发达的 III 类地区多是边远地区或地处丘陵,交通不便,对外开放水平长期落后于北部地区。2006 年尚处在工业化发展初期的 III 类地区（赣州、吉安、抚州、宜春、上饶五地）的进出口贸易总额为 129 344 万美元,仅占全省进出口贸易总额的 20%,还不足工业化发展较快的 I 类地区（南昌、新余、鹰潭三地）对外贸易总额的 30%,见表 23.4。

　　在众多衡量地区对外开放程度的指标中,对外贸易依存度是被经常使用的一个重要指标,其计算公式为:外贸依存度 = 进出口总额/国内生产总值。通过计算江西省及 11 个地市 2006 年的外贸依存度,同样可以发现各区域对外开放程度存在显著的差异。赣州、吉安、抚州、宜春、上饶五个地区的对外贸易依存度平均仅为 4.25%,而南昌、新余、鹰潭三个发达地区平均为 34.7%,二者相差近

30 个百分点，如表 23.4 所示。这表明与工业化发达地区的迅猛发展相比，Ⅲ类地区的工业发展与外界联系不多，在对外开放上步伐缓慢，与Ⅰ类地区相距甚远。这些地区由于经济外向化程度低，生产要素的区际流动缓慢，从而进一步抑制了落后地区的工业化进程，拉大了地区之间工业发展的差距。

表 23.4　2006 年江西省各地区对外贸易比较

类别	地区	进出口总额/万美元	进出口总额占全省的比重/%	出口总额/万美元	出口总额占GDP 的比重/%	对外贸易依存度/%
	江西省	619 356	100	375 307	6.27	10.34
Ⅰ类地区	南昌市	248 952	40.20	172 370	11.36	16.40
	新余市	54 025	8.72	27 393	9.97	19.67
	鹰潭市	125 141	20.21	33 377	18.18	68.16
Ⅱ类地区	景德镇	22 275	3.60	12 023	4.17	7.73
	萍乡市	15 928	2.57	10 873	3.19	4.68
	九江市	23 691	3.83	14 746	2.27	3.65
Ⅲ类地区	宜春市	18 098	2.92	14 988	2.66	3.21
	赣州市	69 182	11.17	49 918	6.68	9.26
	吉安市	10 928	1.76	10 432	2.31	2.42
	抚州市	13 073	2.11	12 741	3.17	3.25
	上饶市	18 063	2.92	16 445	2.84	3.12

注：在计算对外贸易依存度时，按 2006 年的市场汇率 1：7.8 计算。

资料来源：江西省统计局，国家统计局江西调查总队. 江西省统计年鉴 2007. 北京：中国统计出版社，2007. 经整理而得

23.3.5　人力资本集聚对区域工业化发展水平的影响

在影响地区经济发展的诸多因素中，人力资本是唯一能发挥主观能动性和创造力的宝贵资源。人力资本只有与地区经济的市场化程度相协调、相互结合，才能促进人力资本发挥其巨大效能，从而推动该地区工业化的快速发展。而江西省各区域在人力资本水平方面也存在较大的差异，主要表现在以下两个方面：

第一，就人力资本集聚的质量水平来看，工业化发展相对缓慢的Ⅲ类地区，由于交通不便，与外界交往较少，一直以来都是采取自给自足的经济生产方式，不能及时接受市场信息，因此思想保守，观念落后，缺乏创新意识和开拓精神；同时，由于长期受"小富即安"思想的影响，缺乏忧患意识和创新创业精神，而且对外来投资者和经商者也有一种带有地方保护性质的抵触情绪和排外心理；

另外，在一些干部身上还存在着浓厚的"官本位"意识，对上级领导有很强的依附心理。相比之下，工业化发展迅速的Ⅰ类地区，人们的市场观念强、开放意识浓，并富有开拓创新精神，这为该地区工业化的快速发展提供了源源不断的精神动力和发展思路。因此，这些地区在发展现代市场经济的大潮中充满生机和活力。

第二，从人力资本的流动来看，高素质人才向发达地区的流动进一步扩大了江西各区域的发展差距。在非均衡增长条件下，一些主导产业或部门主要集中于南昌、新余等Ⅰ类发达地区，并以较快的速度优先得到发展，形成区域经济的增长极，其极大的吸引力和较强的辐射与带动能力使得高素质人才纷纷流向这些地区，导致发达地区更加发达，后进地区更加落后，地区之间工业化发展水平的差距趋于扩大，从而产生"极化效应"。根据《江西省统计年鉴2006》，Ⅲ类地区的人力资本投入水平并不低，以教育事业费支出占各地区财政支出的比重为衡量指标，我们发现上饶的教育费支出比例最高为20.62%，吉安、抚州的支出比重也均在18%以上，然而南昌的该项支出比仅为10.4%，这说明在工业化进程中，无论是高级人才还是普通劳工，其共同点都是由落后地区承担人力资本投资，而由发达地区获取人力资本投资的收益，这种投资主体与收益主体的错位，无疑会加剧发达地区与落后地区的发展差距，影响落后地区的自我发展能力。

23.3.6 技术创新对区域工业化发展水平的影响

工业化的持续发展离不开持续的技术创新，世界各国工业化的历史无一不表明，技术创新促进了工业经济的迅速发展，现代工业的出现和发展正是技术创新的必然产物。由技术创新带来的工业结构的变革不仅会引起工业部门劳动力、设备和资本投入的重大变化，而且产生了许多新型部门和新产品，促使工业由劳动密集型向资本和技术密集型转变，从而将工业不断推向更高的发展水平和更高级的层次结构。技术创新是一种整体能力，它对地区工业发展的影响主要表现在技术创新投入和研究开发能力两个方面：

首先，从技术创新的投入来看，江西工业化发展相对缓慢地区的技术创新投入不足，总体科技实力相对薄弱，不能为持续的技术创新提供强大的智力支持和资金供给。主要表现为：一是科技人才投入相对较少；二是科研经费投入远远不及发达地区。根据2007年《江西省统计年鉴》数据，2006年江西县级以上政府部门从事自然科学研究与开发的科技活动人员总计4553人，仅Ⅰ类地区（南昌、新余、鹰潭）的科研人员就占67%，而人口众多的Ⅲ类地区（赣州、吉安、抚州、宜春、上饶）的总人口占全省的65.8%，而五个地区科技人员总数仅占全省的 19.4%。同时，Ⅲ类地区的科技经费支出水平也只有全省的 14.6%，[①] 科研经费短缺造成科研基础设施落后，科技实力薄弱。

其次，从研究开发能力来看，Ⅱ类、Ⅲ类地区多采用技术模仿代替，申请专利数量相对较少，研究开发与创新能力不强。并且，由于各区域制度环境不同，制度转移的刚性又弱化了技术模仿的产出效率，使其工业化进入后发劣势之中。此外，与Ⅰ类地区相比，在工业化发展相对落后的Ⅲ类地区，大多数科技企业的规模小、产值低，结构不合理，发展后劲不足，不能发挥技术创新的主体地位功能。在以上两个方面的共同作用下，工业化发展相对落后的Ⅱ类、Ⅲ类地区的技术创新综合能力相对低下，加大了与Ⅰ类地区的发展差距。总之，随着工业化步伐的不断加快，技术创新的关键性作用将日益突出。

综上分析，我们可以看到，影响江西省各区域工业化水平差异的原因是多方面的，各区域工业化发展不均衡是主观和客观多种因素综合作用的结果。在以上诸多影响因素中，有些原因在某一特定时期可能是主要原因，但随着社会经济发展客观条件的变化，有可能转化为次要原因。因此，在分析和理解各区域工业化水平差异时，要全面地、联系地、发展地看待各种因素的作用，只有这样才能客观、正确地寻求实现江西各区域经济协调发展的有效途径。

---

① 该数据根据《江西省统计年鉴 2007》（江西省统计局，国家统计局江西调查总队编，中国统计出版社，2007 年）整理计算得到。

第 24 章

江西各区域工业化协调推进的思路与对策

　　各区域间工业化发展差异是区域经济差异的重要表现。工业化发展的不平衡直接影响到一个地区经济发展的整体效率，不利于资源的合理配置，从而减弱了整个社会的福利水平。江西地处中部欠发达地区，由于存在着自然、经济以及社会的差异性，特别是生产要素增长率的差异性及生产要素配置方式的差异性，使得各区域发展出现了不均衡的局面，尤其是随着近几年工业化进程的加快，各区域之间工业化发展的差距日趋严重。如果这种差距的发展趋势在一定时期内得不到缓解，将会严重影响江西省区域经济的协调和可持续发展。

　　以上各章运用定量与定性相结合的方法，对各区域工业化水平的差异及其产生的成因进行了较为深入和透彻的分析。本章旨在通过前述研究，针对政府在"十一五"时期所面临的如何协调各地区的利益关系这一问题，特别是如何通过加快落后地区工业化进程、缩小与发达地区的经济发展差距，给出具有理论和实践参考价值的具体解决思路和相关的政策建议。

24.1　江西各区域工业化协调推进的整体思路

　　《中共中央关于制定国民经济和社会发展第十一个五年规划的建议》（以下简称《建议》）从全面建设小康社会、加快社会主义现代化建设全局出发，完整地阐明了促进区域协调发展的总体战略布局，对促进区域协调发展，逐步实现"全面小康"具有重要的指导意义。江西省全面建设小康社会的难点在于县域农村和工业化欠发达地区，因此，缩小区域工业化发展差距要以科学发展观与"十一五"规划建议为指导，促进城乡经济协调发展，实行工业反哺农业、城市支持农村，推进社会主义新农村建设，促进城镇化健康发展，落实区域发展总体战略，形成南中北优势互补、良性互动的区域协调发展机制。

1. 充分利用市场机制和合理发挥政府作用，促进区域工业化协调发展

一方面，市场机制高效配置资源的效能是经济快速发展的无形力量，市场机制的完善和市场化程度的提高，可以从根本上保证经济资源的合理配置。工业化发展落后地区的发展水平低、发展速度慢的重要原因是市场化程度低，提高落后地区的生产要素价格及市场化程度，进一步扩大市场调节价格的范围是区域经济协调发展的重要手段。另一方面，由于市场也存在"失灵"的情况，只依靠市场机制来配置资源必然会带来经济调节的偏差。因此，在市场经济条件下合理发挥政府对经济发展的干预作用，可以弥补市场机制的缺陷，实现生产要素在区域间的高效流动。因此，"无形的手"和"有形的手"二者的有机结合是促进地区工业化协调推进的重要途径。

2. 健全区域协调互动机制，加强区域内外的合作交流

实现区域之间的良性互动是江西省"十一五"期间区域经济发展政策的重点内容。要以《建议》为指导，健全市场机制，打破各行政区域界限；健全合作机制，鼓励和支持各地区开展经济、技术和人才合作；形成互助机制，发达地区要采取多种方式帮助欠发达地区；同时，健全扶持机制，按照公共服务均等化的原则，加大政府对欠发达地区的支持力度，最终实现共同富裕和共同发展。

3. 形成合理的地区发展格局

合理的地区分工格局是解决区域经济差异问题的基础。各地区应根据资源环境承载能力和发展潜力，按照地区工业化的不同发展阶段和发展条件，明确不同区域的功能定位，确定差别化的目标任务和鼓励政策，激发各地创新发展的内在活力，推动各地各展所长、错位发展、优势互补、协调共进，逐步形成各具特色的区域发展格局。

4. 积极推进城乡统筹发展

一是要继续做大、做强、做优、做美中心城市，增强中心城市对农村的辐射带动作用；二是大力发展县域经济，加快社会主义新农村的建设步伐，努力缩小城乡差距，实现以城带乡、以工促农、城乡互动、协调发展。

5. 走新型工业化道路

新型工业化道路[28]是相对于传统工业化道路而言的，是总结以往工业发展的经验教训而形成的工业化道路。走新型工业化道路，第一，必须坚持以信息化

带动工业化。信息化是工业化的强大动力，它极大地拓展和丰富了工业化的内涵，为江西地区在高起点上加速推进工业化提供了可能。第二，必须坚持以科技进步为动力，以提高经济效益和竞争力为中心。要把工业发展建立在科技进步的基础上，提高科学技术对经济增长的贡献率。第三，必须坚持可持续发展战略。第四，必须坚持"以人为本"，充分发挥工业化欠发达地区人力资源丰富的优势。

24.2　江西各区域工业化协调推进的具体对策建议

要实现江西各区域经济的协调发展，必须结合该区域所处的工业化发展水平和阶段，深入各区域的内部。本节从江西各区域的实际情况出发，在遵循以上发展思路的基础上，对三大区域进行分类指导，提出具有针对性的相关对策和建议。

24.2.1　工业化先进地区在推进工业化进程中应注意的问题

1）发挥自身优势，巩固和加强主导产业的地位

首先，要把原有的、传统的优势工业做大做强。调整产品结构，培养后续产业，进一步巩固这些地区的工业基础地位，加快实现原材料工业向深加工工业、资源密集型产业向技术密集型产业的转移。其次，通过对同一层次的相同产业进行的制度变革、技术改进及生产组织方式的重大调整来加速产业优化升级的步伐。具体来说，如新余的钢铁产业、鹰潭的铜业，对于这些大型重工业要用高新技术改造传统产业，延长其产业链，实现产业升级，提高产品的附加值。实行围绕主导产业和向优势产品倾斜发展的新战略，提升产业竞争力，使之尽快形成新的竞争能力和发展后劲。

2）形成多个发展极，强化辐射带动作用

首先，积极扶持轻化工业发展极的形成。与重工业相比，Ⅰ类地区的轻化工业相对落后，而轻化工业处于工业价值链的下游，具有强大的发展极作用。因此，积极扶持轻化工业发展极的形成是加速该地区工业化进程的重要举措之一。其次，该类地区应在已有的先进技术的基础上，大力促进各级各类科技产业园的建立，形成高科技发展极网。通过高技术产业园的建设，力争在电子信息、生物技术与现代医药、光机电一体化、新材料、环保产业等一些关键产业和重点领域形成拥有自主发展能力的产业集群，用高新技术进一步推动南昌、新余、鹰潭的工业化跨越式发展。通过增强这些城市的集聚和辐射功能，将更多、更好的技术、经营管理经验等辐射和反馈给周围的中小城市和与其相联系的工业化欠发达区域，建立横向经济网络，带动它们的发展。

3）大力发展循环经济，走"生态工业化"之路

工业化先进地区凭借其丰富的资源以及工业区位优势，虽然工业发展较早，经济效益比较好，但工业密度较高，能源、原材料供应紧张。同时，人口膨胀、城市拥挤，大城市病日益严重。能源需求增长加快，能源约束矛盾不断加大，煤、电、油等生产要素供应不足将成为制约江西工业未来发展的突出矛盾。因此，要根据 I 类地区工业资源消耗量大、对外部依赖性强的客观实际，大力发展循环经济，走"生态工业化"之路。这既是实现工业可持续发展的基础，也是调整工业结构和转变发展方式的内在要求。具体来说，就微观层次而言，就是按照清洁生产的理念来组织工业生产，促进原料和能源的循环利用；就宏观层次而言，就是要大力发展工业生态链和兴建工业生态园，使企业之间形成共生系统，尽量消除废弃物的产生。

24.2.2　提高工业化中等发达地区工业化水平的相关对策

对于工业化中等发达地区来说，建议其内部各地市以自然禀赋为依托，以特色产业为核心，以小城市和县城为增长点，以运输通道为网络，形成若干经济协作区。

九江濒临"长三角"，其最大的优势就是拥有通江达海的长江港口资源和庐山、鄱阳湖等旅游资源。九江在主动接受"长三角"地区辐射、加强与武汉经济区协作的同时，进一步拓展对外开放的领域，着重把其产业发展放在石油化工、纺织服装等外向型产业上；加快临港产业开发，积极发展商贸旅游业，把自身建成江西省北部具有特色的现代化港口旅游城市、区域性物流枢纽和沿长江重要的工业开发基地。

景德镇应依托优越的地理环境及原有的工业基础，选择技术型工业化模式，积极发展新材料产业，研发高分子材料、新能源材料、特殊陶瓷材料，发展技术装备型产业，逐步建成具有一定规模的先进制造业、高新技术业的工业化体系。

萍乡应选择资源型工业化模式，依靠丰富的矿产资源，发展能源加工型产业，依托生态工业园区，建成循环工业化体系。在区域综合发展中，重点是实现传统煤炭产业的升级延伸和新型主导产业的培育发展，变资源型的被动发展为主动发展，同时依托本地资源优势，积极发展冶金、建材等特色工业。

24.2.3　加快工业化落后地区经济发展的若干建议

加快落后地区的工业化进程是江西省各区域经济协调发展的重中之重。只有提高落后地区的工业化水平，才能使江西省的整体工业化水平有一个质的飞跃。要加快 III 类地区工业化发展的步伐，应使客观条件和主观因素二者做到有机结

，主要是从优化产业结构、建设城镇化、提高劳动力素质、提升技术创新能力等多方面采取措施。

1）在政策上给予优惠，加大省政府和地方政府的宏观调节力度

江西工业化落后的Ⅲ类地区主要集中在南部地区，要加快这些地区的工业化进程，仅依靠市场的力量进行自发调节是远远不够的，还必须在市场机制的作用下，充分发挥政府的宏观调控力量对其进行指导。

世界上许多国家在缩小地区差距中，政府都起到了非常大的作用。通过借鉴这些国家的优秀经验，建议省政府和地方政府应该在以下方面做好工作：一是给予落后地区一定的政策倾斜，在引进外贸、金融发展和融资条件等多方面给予优惠，引导社会资金、技术流向落后地区。根据经济发展的资金需要，扩大省财政对工业化落后地区的税收返还和转移支付额度，缓解地方财力分配的不平衡。二是建立欠发达地区区域发展基金，支持欠发达地区发展，这也是世界许多国家在解决区域经济差异时普遍采用的较为行之有效的做法。建议政府组织专家对江西区域发展基金制度进行研究，包括基金的筹措方式、投向、使用与管理等。三是加大对欠发达地区基础设施和教育的投资力度。将政府的转移支付及发展基金用于这些地区的人力资源开发、基础设施建设，加强道路交通网络建设，构筑城乡一体的生活垃圾处理、供排水、公共交通等公共服务网络，促进城市基础设施向农村延伸，城市的公共服务向小城镇覆盖，通过建立起内外衔接、进出便利的现代化交通网络和通信系统，缩短各省之间、省内各地区及城乡之间的时空距离，从而提高落后地区的经济外向化程度，促进地区之间及省域之间的互通往来。四是，建立和完善生态环境建设补偿机制，使欠发达地区在生态建设过程中得到经济补偿。

总之，通过各种宏观调控措施，使欠发达地区在经济发展过程中赢得与发达地区相比较为公平的发展环境。

2）提高对外开放水平，承接发达地区高质量的产业转移

根据亚当·斯密的国际地域分工理论及大卫·李嘉图的比较优势理论，Ⅲ类地区应该依据各地的自然资源禀赋和工业区位差异，结合各地工业化发展的实际水平，承接发达地区的产业转移。

首先，扩大市场开放，逐步消除市场壁垒。一方面是加速与国际市场的接轨，有限制地放宽跨国公司进入的领域，只要不涉及关键产业和行业，市场就要尽量放宽。另一方面要加强国内、省内的区域合作与交流，承接发达地区的产业，应以上饶、抚州和赣州为突破口，分别承接长江三角洲、珠江三角洲和闽南三角洲的优质产业。根据产业梯度理论，只有在"四省一市"发展水平梯度最大的地方进行突破，浙江、江苏、福建和广东的资金才会流进来。因此，承接产

业转移的着力点应该分布在上饶、抚州、赣州等重要后方。

其次，合理选择承接产业[29]。对于发达地区转移过来的产业，欠发达地区要有选择性地承接。第一，Ⅲ类地区应立足于自身的资源优势和现有的基础，在保护好生态环境的前提下，选择食品工业、医药工业、纺织工业和建材等优势工业。因为在工业化欠发达地区，这几大行业有着丰富的资源基础，并形成了一定的生产能力，又有广阔的市场前景，而且还有利于促进以农业工业化为核心的农业产业化发展，只要逐步采用高科技进行改造和升级，必定能通过这些支柱产业的发展促进落后地区的工业化发展。第二，积极引进长珠闽地区的高新技术产业，并利用先进技术加强对机械、建材、陶瓷、纺织等传统优势产业的改造，提高其附加值。第三，在承接发达地区产业转移时，不能只着眼于较低层次的产业，被动地承接那些劳动密集型和资源消耗型产业，而应该提高产业转移的质量，严格限制高能耗、高污染、高耗水的产业。要吸取发达地区发展工业化的教训，坚持以科学发展观为指导，承接技术集约型和环保型产业，大力发展绿色生态产业，实现经济的可持续发展，不再重复发达地区工业化发展的老路。

3）进行产业链整合，提高工业发展层次

江西省工业化发展落后地区的工业经济效益和发展层次提高的关键，就是要进行产业链的整合，提高产业附加值，通过产业链的整合与延伸，有效地进行工业内部二元结构的转换，把技术提升、经济效益、可持续发展结合起来，使整个产业链条的附加值最大化，最终实现工业结构的高度化和工业经济效益的提高。

首先，江西工业化落后地区在推进工业化进程中，必须要打破不同性质、不同地域企业之间的分割运行体制，加强国有大型企业和民营中小企业之间、工业发达地区企业和落后地区企业之间的横向联系，促进具有较强市场竞争力的产业链的形成。国有大型企业和发达地区的企业可利用自身技术及经济优势通过产业技术和产品升级开发深度加工产品，而民营中小企业、落后地区企业应在产业分工中加强与上述企业的联系，发展与之衔接的各种加工部门，完善产业结构，优化产业链条，从而在特定的地理区域内形成互惠共生和协同发展的特色工业产业集群。其次，在产业发展模式方面，要实施集群战略，实现主导产业、上下游相关配套产业的集聚，加强企业之间的交流与合作，推进专业化分工。再次，优化产业布局。通过发展"三带三圈"，即昌九赣产业带、新宜萍产业带和沿江产业带及赣中南经济圈、赣东北经济圈和赣西北经济圈[30]，进一步加强产业链整合，提高工业发展层次。

4）推进二元工业化，加快城镇化进程

所谓二元工业化结构[31]，是指在中心城市一元工业结构的基础上，在广大农村发展工业，形成城乡二元工业结构体系，实现农村富余劳动力向非农产业和城镇的转移。通过全面实现广大农村的工业化，以工业化带动城镇化建设，走二元工业化结构与城镇化相结合的发展道路。

首先，在农村工业化的模式选择上，由于江西省各地区经济发展与自然条件的差异，应因地制宜。以赣州、吉安为代表的处于工业化初期的落后地区，应选择加工型工业化模式。它们作为重要的粮食、果业和畜牧养殖生产基地，应充分利用种植业、养殖业和山区土特产的资源优势，发展食品与日用品加工型产业，发展绿色经济产业化体系，通过农村工业化有效带动第三产业与服务业的发展，促进劳动力的有序转移和人口聚集，进一步推动城镇化建设与城市发展。

其次，在农村工业化的实现形式上，应大力发展作为小城镇支撑点的乡镇企业，培育若干个有地区竞争优势的大、中型龙头企业。Ⅲ类地区是重要的农产品生产基地，应把发展农产品加工业作为发展乡镇企业的主要方向。因为农产品加工业是农业向工业的延伸，能使农产品大量增值。特别是农产品加工业中的食品工业与农业相辅相成，对农业产业化有巨大的推动作用。鉴于此，赣州、上饶等以食品业作为支柱产业但农业产业化水平又不高的相对落后地区应有效利用这种方式，提高农村工业化水平和城镇经济效益。为了实现农村工业化与城镇化的良性互动，要尽量降低进城企业的用地成本，以优惠的土地政策积极吸引乡镇企业向小城镇工业园区集中。对分散在村落的乡村企业，根据其占地面积大小和土地质量好坏，可通过等量置换、异地置换来获得非农田保护区的土地。并采用适当方式，促使其向城镇集中。在城镇一、二产业不断壮大的基础上，积极发展城镇交通运输、信息、服务等第三产业，形成合理的城镇产业结构。通过发展乡镇企业，吸收大量的农村剩余劳动力，促进劳动力向城镇迁移。

最后，还要扩大社会保障制度的覆盖面，逐步建立城乡统一的社会保障制度，解决农民进城的后顾之忧。通过走"乡镇企业－小城镇"的农村工业化道路，可以使小城镇实现由以农业经济为主向以工业经济为主的跨越，实现工业化与城镇化的统一。

5）提高劳动力素质，实现劳动力在产业与地区间的合理流动

对于欠发达地区而言，当前既要提高劳动力的素质，又要遏制本地区人力资本的大量转移与外流，同时还要想方设法地吸引外部人力资本的流入，因此必须从以下两个方面着手实施积极的人才战略：

一方面，由于在落后的Ⅲ类地区第一产业劳动力所占的比例偏高，所以加大对农民的劳动技能培训对提高劳动力的素质有重要意义。政府可通过兴办各种技工学校，培训大批技术人员，甚至可同外省政府或外商联合举办专业学院和培训中心等措施，使原来一些无专业劳动技能的劳动力成为具有一技之长的劳动力；可以有计划、有步骤地将生源严重不足的中技、中专学校改为农民技能培训中

心，使第一产业劳动力向第二、三产业转移。大力发展农村职业教育，逐步形成完善的农村职业培训体系，为促进地区均衡发展和缩小工业化发展差距提供人力资本的支撑。

另一方面，为了减少落后地区人力资本转移和人才流失，还要注重区域环境的塑造，增强地区环境的磁力。人才流动特别是高层次人才流动的趋利性强，事业发展则成为高层次人才的首选目标，因此应为其提供与先进地区进行科研合作、学习交流的发展机会。同时集中大量资金，用于美化城市环境，改善交通，强化社会治安，全面提高生活质量，为吸引和聚集人才提供良好的工作环境和生活条件。

6）提升技术创新能力，促进二元产业层次的融合

在江西省落后地区的工业经济结构中，普遍存在着传统产业和高新技术产业并存的二元产业层次。要使落后地区工业获得长期发展的竞争力，必须通过提升技术创新能力来促进二元产业层次的融合。

从全局来看，现阶段应实行以技术引进为主的原则，在引进的基础上消化和创新，走引进、仿制、创新的道路，在此基础上完善以企业为主体的技术研发体制，逐步建立起本地化的技术开发能力，同时引进一些生产技术雄厚的国内外大型企业到本地投资。同时，各地方政府应加大科技经费的支出，改善科研基础设施，从金融、税收和制度建设等方面为企业技术创新提供环境支持。目前，传统优势产业在工业化滞后地区占有很大比重，但由于技术支撑能力不足，加之缺乏规模效应，这些产业慢慢趋于萎缩，如赣南的矿业、樟树的药业等，这些地区应该吸收国内外的先进技术参与产品的开发，提高产业的科技含量，加速工业化进程。与此同时，还应将技术创新与人力资本开发结合起来，处于工业化初期的地区在技术创新过程中应大力培养一批高技术人才、管理人才和掌握现代技术的熟练技工，将对物的改造与人的提高结合起来。

参 考 文 献

[1] 刘伟，魏杰．发展经济学．北京：中国发展出版社，2003：274～278

[2] 西蒙·库兹涅茨．现代经济增长．北京：北京经济学院出版社，1989（1）：76～135

[3] 约翰·伊特韦尔等．新帕尔格雷夫经济学大辞典（第二卷）．北京：经济科学出版社，1996：861～866

[4] 钱纳里·H．工业化和经济增长的比较研究．上海：上海三联书店，1995：56～205

[5] 张培刚．农业与工业化．武汉：华中科技大学出版社，2002：4～67

[6] 鲁道夫·吕贝尔特．工业化史．上海：上海译文出版社，1983：1～10

[7] 储东涛，党元丰．对我国工业化道路的再认识及评价．石家庄经济学院学报，2005，(8)：481～485

[8] Lewis W A. Economic development with unlimited supplies of labor. Manchester School of Economic and Social Studies, XXII, May: 139～191

[9] 罗斯托·W W．从起飞到持续增长的经济学．成都：四川人民出版社，1988：52～97

[10] 史东辉．后起国工业化引论．上海：上海财经大学出版社，1999

[11] 保罗·克鲁格曼．地理和贸易．北京：北京大学出版社，中国人民大学出版社，2000：69～76

[12] Krugman P. Increasing returns and economic geography. Journal of Political Economy, 1991, (99)：483～499

[13] 张秀生，卫鹏鹏．区域经济理论．武汉：武汉大学出版社，2005

[14] 魏后凯．现代区域经济学．北京：经济管理出版社，2006：109～113，129～136

[15] Myrdal G. Economic theory and underdeveloped regions. London：Duckworth，1957

[16] Hirschman A O. The strategy of economic development. New Haven：Yale University Press，1958

[17] 谭崇台．发展经济学．太原：山西经济出版社，2001：347～351

[18] Friedman J. Regional policy：a case study of venezuela. Cambridge, Mass I T Press，1966

[19] 张敦富．区域经济学原理．北京：中国轻工业出版社，1999

[20] Raymond, Vernon. International investment and international trade in the product cycle. Quarterly Journal of Economics，1966，(5)：190～207

[21] 陈佳贵，黄群慧，钟宏武．中国地区工业化进程的综合评价和特征分析．经济研究，2006，(6)：4～15

[22] 崔向阳．中国各地区工业化水平分析．经济纵横，2003，(6)：14～17

[23] 西蒙·库兹涅茨．各国的经济增长．北京：商务印书馆，1985：150～372

[24] 曾国安．试论工业化的条件．经济评论，1998，(1)：32～37

[25] 邓水兰，屠建洲．江西省区域经济协调发展探析．江西社会科学，2007，(11)：247～248

[26] 吕政，黄群慧，吕铁等．中国工业化、城市化的进程与问题——"十五"时期的状况与"十一五"时期的建议．中国工业经济，2005，(12)：5～13

[27] 吴海计，宏伟，王龙锋．对江西城镇化建设的思考．企业经济，2006（12）：117，118

[28] 徐新华．基于科学发展观的江西新型工业化实现途径研究．江西社会科学，2006（5）：

224～228

[29] 李秀香，冯馨．江西理性承接东部发达地区产业转移的思考．安徽农业科学，2007，35（34）：11312～11314

[30] 李吉雄，马小平．优化江西区域产业布局问题研究．求实，2006，（10）：66～69

[31] 安川金．中国二元经济结构及其发展中的矛盾与问题——二元工业化及二元经济结构问题研究之二．生产力研究，2005，（7）：88～90

附录 江西省和各地区工业化指标的评测值和综合指数

表1 1995年江西省和各地区工业化指标的评测值和综合指数

指标 / 地区	人均GDP				一、二、三产业产值比/%				制造业增加值占比/%		人口城镇化率/%		一、二、三产业就业比/%				综合指数
	各地GDP/万元	人均GDP/(元/人)	汇率平价法/(美元/人)	评测值	一	二	三	评测值	指标值	评测值	指标值	评测值	一	二	三	评测值	
江西省	12 051 100	2 896	1 046.4	0	31.1	37.4	31.5	28.42	6.3	0	20.88	0	51.0	25.0	24.0	19.8	7.84
南昌市	2 400 781	5 943	2 147.3	25.29	16	46	38	46.2	12.1	0	38.79	14.5	43.0	31.0	26.0	37.4	24
景德镇	541 052	3 771	1 362.5	3.89	16	46.9	37.1	46.2	17	0	34.62	7.62	43.2	33.3	23.5	36.96	15.43
萍乡市	540 068	3 149	1 137.8	0	19.9	50.9	29.2	33.33	4	0	29.26	0	40.2	34.8	25.0	43.56	10.82
九江市	1 430 763	3 295	1 190.5	0	31	40.7	28.3	28.46	3.8	0	19.33	0	54.9	19.0	26.1	11.22	7.16
新余市	490 650	4 737	1 711.6	13.41	21.2	50.8	28	32.51	6.5	0	29.32	0	46.4	32.1	21.5	29.92	14.37
鹰潭市	315 863	3 140	1 134.5	0	25.7	34.4	39.9	30.65	3.5	0	26.16	0	58.8	14.4	26.8	2.64	6.95
赣州市	1 618 154	2 127	768.5	0	44.3	30.2	25.5	0	2.7	0	15.3	0	61.4	14.5	24.1	0	0
吉安市	982 798	2 208	797.8	0	43.7	34.6	21.7	0	3.9	0	16.33	0	64.0	13.5	22.5	0	0
宜春市	1 236 515	2 492	900.4	0	43.2	29.3	27.5	0	7.5	0	19.36	0	43.2	29.3	27.5	36.96	2.96
抚州市	763 416	2 143	774.3	0	47.4	30.5	22.1	0	5.4	0	19.43	0	60.4	15.2	24.4	0	0
上饶市	1 253 258	2 011	726.6	0	41.7	30.7	27.6	0	5.2	0	14.66	0	51.7	15.0	33.3	18.26	1.46

资料来源: 江西省统计局. 江西省统计年鉴1996, 江西省工业经济统计年鉴1996. 经整理而得.

表2 2000年江西省和各地区工业化指标的评测值和综合指数

地区	人均GDP 各地GDP/万元	人均GDP/(元/人)	汇率平价法(美元/人)	评测值	一、二、三产业产值比/% 一	二	三	评测值	制造业增加值占比/% 指标值	评测值	人口城镇化率/% 指标值	评测值	一、二、三产业就业比/% 一	二	三	评测值	综合指数
江西省	20 030 700	4 851	1 530.5	5.26	24.2	35	40.8	31.27	22.8	4.62	27.7	0	46.6	24.4	29	29.48	12.15
南昌市	4 651 400	10 774	3 399.2	42.49	10.9	45.8	43.3	63.03	30.1	16.67	40.5	17.33	39.5	26.2	34.3	45.1	38.52
景德镇	937 900	6 365	2 008.2	17.2	13.3	51.9	34.8	55.11	40.5	34.65	34.5	7.43	35	34.3	30.7	55	31.23
萍乡市	995 600	5 676	1 790.8	11.77	14.4	54.3	31.3	51.48	17.7	0	28.1	0	43.4	35.9	20.7	36.52	18.48
九江市	2 131 200	4 771	1 505.3	4.63	20.2	45.0	34.8	32.92	19.6	0	21.4	0	46.7	17.1	36.2	29.26	11.25
新余市	690 400	6 420	2 025.5	17.64	21.5	42.5	36.0	32.38	29.7	16.01	30.8	1.32	47.7	23.8	28.5	27.06	19.32
鹰潭市	539 500	5 207	1 642.8	8.07	20.1	41.1	38.8	32.96	47.9	59.07	26.7	0	53.3	14.2	32.4	14.74	24.33
赣州市	2 662 000	3 407	1 074.9	0	34.6	29.4	36.0	0	11.0	0	17.1	0	55.2	15.7	29.1	10.56	0.84
吉安市	1 648 600	3 663	1 155.7	0	37.3	32.0	30.7	0	11.1	0	18.4	0	59.8	11.9	28.3	0.44	0.0352
宜春市	1 999 700	3 875	1 222.6	0	35.2	34.1	30.7	0	14.9	0	21.5	0	48.4	18.3	33.3	25.52	2.04
抚州市	1 391 300	3 814	1 203.3	0	35.3	37.3	27.4	26.69	13.9	0	20.4	0	60.1	14.3	25.6	25.6	5.87
上饶市	1 860 200	3 056	964.2	0	32.6	29.2	38.2	0	14.8	0	17.1	0	49.4	11.8	38.8	23.32	1.87

资料来源：江西省统计局．江西省统计年鉴2001，江西省工业经济统计年鉴2001．经整理而得

表3　2002年江西省和各地区工业化指标的评测值和综合指数

地区	人均GDP				一、二、三产业产值比/%				制造业增加值占比/%		人口城镇化率/%		一、二、三产业就业比/%				综合指数
	各地GDP/万元	人均GDP/(元/人)	汇率平价法(美元/人)	评测值	一	二	三	评测值	指标值	评测值	指标值	评测值	一	二	三	评测值	
江西省	24 504 800	5 829	1 980.3	14.94	21.9	38.8	39.3	32.22	24.4	7.26	24.1	0	45.3	22.7	32	32.34	16.65
南昌市	5 523 746	12 552	4 264.4	51.55	9.2	48.9	41.9	68.64	31.5	18.98	42.1	19.96	39.5	26.8	33.7	45.1	43.84
景德镇	1 162 452	7 750	2 633	30.66	10	53.3	36.7	66	42.8	42.24	35	8.25	34.0	33.1	32.9	57.2	40.42
萍乡市	1 204 051	6 758	2 295.9	22.54	12.7	56.1	31.3	57.09	22.9	4.78	28.3	0	39.0	36.2	24.8	46.2	25.42
九江市	2 633 549	5 791	1 967.4	14.63	18.5	45.7	35.8	37.95	20.8	1.32	22.3	0	49.4	17.8	32.7	23.32	15.77
新余市	900 100	8 240	2 799.4	33.84	15.7	48.3	36	47.19	35.2	25.08	32.7	4.46	41.0	28.5	30.4	41.8	31.96
鹰潭市	656 671	6 221	2113.5	18.15	18	43.6	38.4	39.6	43.9	45.87	27.5	0	49.5	17.9	32.6	23.1	27.19
赣州市	3 091 679	3 880	1 318.2	0	31.4	30.5	38.1	0	13.1	0	18.4	0	51.4	14.5	34.1	18.92	1.51
吉安市	1 800 000	3 932	1 335.8	0	33.5	33.7	32.8	27.43	11.8	0	20.5	0	58.4	12.6	29.0	3.52	6.32
宜春市	2 214 287	4 252	1 444.6	2.04	32.9	34.4	32.7	27.68	15.8	0	22.9	0	47.3	18.8	33.9	27.94	9.06
抚州市	1 492 000	4 017	1 364.7	0.11	31.5	40.2	28.3	28.26	13.4	0	23.4	0	54.6	22.2	23.2	11.88	7.21
上饶市	2 183 475	3 524	1 197.2	0	27.1	33.8	39.1	30.07	13.7	0	17.9	0	50.7	13.1	36.2	20.46	8.25

资料来源：江西省统计局. 江西省统计年鉴2003，江西省工业经济统计年鉴2003. 经整理而得

表4 2004年江西省和各地区工业化指标的评测值和综合指数

地区	各地GDP/万元	人均GDP/(元/人)	汇率平价法/(美元/人)	评测值	一	二	三	评测值	指标值	评测值	指标值	评测值	一	二	三	评测值	综合指数
	人均GDP				一、二、三业产值比/%				制造业增加值占比/%		人口城镇化率/%		一、二、三产业就业比/%				
江西省	34 567 000	8 097	2 597.7	26.53	19.2	45.3	35.5	35.64	28.1	13.37	26.1	0	41.0	27.0	32.0	41.8	23.68
南昌市	8 511 066	19 042	6 109.2	68.28	8.1	50.4	41.5	72.27	34.6	24.09	44.9	24.59	34.0	26.9	39.1	57.2	53.31
景德镇	1 667 330	10 948	3 512.4	40.25	10.7	51.8	37.5	63.69	36.8	27.72	38.1	13.36	32.7	33.5	33.9	60.06	41.01
萍乡市	1 909 257	10 574	3 392.4	38.87	12.6	56.6	30.8	57.42	29.9	16.33	30.3	0.49	36.7	40.6	22.6	51.26	34.38
九江市	3 602 200	7 803	2 503.4	24.37	17.3	49.7	33	41.91	29.4	15.51	26.4	0	58.3	21.3	20.4	3.74	21.7
新余市	1 440 600	13 022	4 177.8	47.87	14.2	53.3	32.5	52.14	45.7	51.81	34	6.6	37.1	35.0	27.9	50.38	44.92
鹰潭市	1 003 928	9 366	3 004.9	34.43	15.9	45.9	38.2	46.53	62.2	100	29.1	0	41.0	21.0	38.0	41.8	47.98
赣州市	4 262 257	5 263	1 688.5	5.69	28.9	32.2	38.9	29.33	20.4	0.66	20.3	0	50.8	19.9	29.2	20.24	10.27
吉安市	2 599 126	5 591	1 793.8	8.11	30.4	33.2	36.4	28.71	18.5	0	21.4	0	55.2	15.0	29.8	10.56	10.08
宜春市	3 246 400	6 141	1 970.2	12.15	28.8	38.8	32.4	29.37	21.5	2.48	24.3	0	46.5	24.0	29.5	29.7	13.76
抚州市	2 270 043	6 014	1 929.5	11.22	28.7	38.6	32.7	29.41	18.4	0	25.7	0	49.9	18.6	31.4	22.22	12.29
上饶市	3 337 332	5 307	1 702.6	6.02	23.4	40.9	35.7	31.6	17.5	0	19.5	0	49.0	17.0	34.0	24.2	11.05

资料来源：江西省统计局. 江西省统计年鉴2005，江西省工业经济统计年鉴2005. 经整理而得.

表 5　2006 年江西省和各地区工业化指标的评测值和综合指数

指标 地区	人均 GDP				一、二、三产业产值比/%				制造业增加值占比/%		人口城镇化率/%		一、二、三产业就业比/%				综合指数
	各地 GDP/万元	人均 GDP/(元/人)	汇率平价法(美元/人)	评测值	一	二	三	评测值	指标值	评测值	指标值	评测值	一	二	三	评测值	
江西省	46 705 300	10 798	2 706.0	24.99	16.8	49.7	33.5	43.56	41.46	37.82	38.7	14.36	39.1	27.6	33.4	45.98	33.00
南昌市	11 838 973	26 131	6 548.4	68.37	6.5	54.3	40	77.55	42.68	41.84	49.6	32.34	29.9	21.2	48.9	66.00	60.53
景德镇	2 247 759	14 582	3 654.2	39.15	9.3	54.1	36.6	68.31	45.86	52.34	41.2	18.48	31.4	33.2	35.4	62.92	48.36
萍乡市	2 654 942	14 544	3 644.7	39.05	9.9	59.6	30.5	66.33	44.39	47.49	47.06	28.21	34.2	40.6	25.2	56.76	47.49
九江市	5 062 201	10 825	2 712.7	25.13	15.5	51.9	32.6	47.85	39.91	32.85	39	14.85	33.2	26.6	40.3	58.96	34.00
新余市	2 142 709	19 172	4 804.5	51.48	11	58.7	30.3	62.70	62.56	100	46	26.40	33.3	35.0	31.7	58.74	62.81
鹰潭市	1 432 082	13 217	3 312.2	35.49	12.8	52.9	34.3	56.76	116.9	100	41.5	18.98	40.0	23.8	36.1	44.00	53.49
赣州市	5 827 320	7 098	1 778.7	5.11	23.3	38.9	37.8	31.64	34.06	23.20	37.6	12.54	47.2	24.6	28.2	28.16	18.12
吉安市	3 517 803	7 466	1 871.0	7.09	24.5	39.6	35.9	31.14	32.37	20.41	33.3	5.44	50.3	23.4	26.2	21.34	16.74
宜春市	4 397 203	8 210	2 057.4	11.09	23.1	46.6	30.3	31.72	35.74	25.97	34.5	7.43	42.0	24.1	33.9	39.60	21.28
抚州市	3 135 607	8 197	2 054.2	11.02	23.8	44.3	31.9	31.43	27.47	12.33	31.4	2.31	48.2	20.5	31.3	25.96	16.48
上饶市	4 514 277	7 082	1 774.7	5.03	19.4	44.5	36.1	34.98	29.56	15.77	29.5	0.00	41.2	22.9	35.9	39.38	16.74

资料来源：江西省统计局．江西省统计年鉴 2007，江西省工业经济统计年鉴 2007．经整理而得．